ACOMPANHAMENTO TERAPÊUTICO E
CLÍNICA DO COTIDIANO

Leonel Dozza de Mendonça

ACOMPANHAMENTO TERAPÊUTICO
E CLÍNICA DO COTIDIANO

1ª edição
São Paulo / 2017

agente publicações

© 2017 Agente Publicações

Título original: *Acompañamiento terapéutico y clínica de lo cotidiano*
Letra Viva, Buenos Aires (2015)
www.imagoagenda.com

Tradução: *Fernanda Zacharewicz*
Revisão: *Pedro Nagem*
Produção: *Antonieta Canelas*
Capa: *Niky Venâncio*
Aquarela: *Zoe Luísa Zacharewicz Frasseto*

Dados Internacionais de Catalogação na Publicação (CIP)
(Câmara Brasileira do Livro, SP, Brasil)

Mendonça, Leonel Dozza de
    Acompanhamento terapêutico e clínica do cotidiano / Leonel Dozza de Mendonça ; [tradução Fernanda Zacharewicz]. -- 1. ed. -- São Paulo : Agente Publicações, 2017. -- (Discursos psicanalíticos ; 5 / coordenação Fernanda Zacharewicz)

    Título original: Acompañamiento terapéutico e clínica de lo cotidiano
    ISBN: 978-85-5809-005-6

    1. Acompanhamento terapêutico (Psiquiatria) 2. Doentes - Aspectos psicológicos 3. Psicanálise 4. Psicologia 5. Winnicott, D. W., 1896-1971 I. Zacharewicz, Fernanda. II. Título III. Série.

17-05287   CDD-362.20425019

Índices para catálogo sistemático:
1. Acompanhamento terapêutico : Pacientes com transtornos psiquiátricos : Aspectos psicológicos : Bem-estar social
362.20425019

Direitos reservados:
Agente Publicações
Rua do Radium, 166
04637-050 São Paulo - SP
Tel.: (11) 98266.2831
agentepublicações@gmail.com
facebook: Agente Publicações

Sumário

Agradecimentos, 9
Prefácio, 11
Introdução, 17

1. DESENVOLVIMENTO EMOCIONAL PRIMITIVO NOS ESCRITOS DE WINNICOTT, 21
   1.1 Estado primário indiscriminado e fusionado, 22
   1.2 Processos de maturação e ambiente facilitador, 22
   1.3 Da dependência absoluta à independência, 23
   1.4 Necessidades egoicas e cuidados maternos, 28
   1.4.1 Necessidades do Eu e demandas pulsionais do Isso, 28
   1.4.2 Adaptação *versus* satisfação, 36
   1.5 O processo de ilusão-desilusão, 37
   1.5.1 Ilusão, 38
   1.5.2 Desilusão, 42
   1.5.2.1 Ambivalência, 49
   1.6 Objetos e fenômenos transicionais, 55
   1.7 O pai e a função paterna, 61
   1.7.1 As funções do pai, 62
   1.7.2 A função paterna, 63

2. FUNDAMENTOS PSICOPATOLÓGICOS E CLÍNICOS, 69
   2.1 Etiologia segundo a dependência relativa ao ambiente, 70
   2.2 Excesso da função materna e deficiência da função paterna, 75
   2.2.1 Uma lei sem lei: o império da anomia, 79
   2.3 Cuidados maternos e angústias psicóticas, 80
   2.4 Regressão à dependência e colapso psicótico, 83
   2.5 A estrutura psicótica e algumas de suas vicissitudes, 85
   2.5.1 Colapso pré-histórico do si-mesmo, 86
   2.5.2 Função sustentadora do delírio, 87
   2.5.3 Estrutura e funcionamento psicodinâmico, 89
   2.5.4 Dualidade cindida e anarquia psíquica, 91

2.6 Sobre as pretensões terapêuticas, 95
3. CLÍNICA DO COTIDIANO, 99
   3.1 Manejo clínico-assistencial, 101
   3.2 Enquadre aberto, 105
   3.3 Amizade profissional ou transicional, 113
   3.4 Da técnica ao método, 120
   3.5 Intervenções cênicas, 126

4. O ENQUADRE E SEUS PARADOXOS, 129
   4.1 A inconstância das constantes, 130
   4.2 Atitude mental e de conduta, 133
   4.2.1 O paradoxo da atuação contratransferencial, 135
   4.2.2 Caso clínico: excesso materno e enquadre, 144

5. TEMPO E ESPAÇO, 151
   5.1 Espaço, 151
   5.1.1 Monotonia e diversidade, 153
   5.2 O privado o público, 159
   5.2.1 O contexto doméstico-familiar, 160
   5.2.1.1 Violência necessária: ética da ocupação profissional do espaço alheio, 162
   5.2.2 No contexto comunitário: pertencimento e inserção, 168
   5.3 Tempo, 174
   5.3.1 Manejo flexível ou rígido dos horários, 175
   5.3.2 Tempo, dinheiro, amor e ódio, 178

6. AÇÃO INTERPRETATIVA, 187
   6.1 O interpretativo e os instrumentos de linguagem, 190
   6.2 Ação interpretativa, 192
   6.2.1 Ação concreta, 194
   6.2.2 Ação verbal, 198
   6.2.3 Ação passiva, 201
   6.3 Administração do interpretativo na Clínica do Cotidiano, 206

7. FUNÇÃO DE INTERDIÇÃO, 211
   7.1 Interdição e frustração, 211
   7.2 O pulsional e o excesso das funções, 215

Sumário

- 7.3 Interdição do excesso das funções: interdição primária, 218
- 7.3.1 Vinheta clínica: a caixa de correio, o psicótico, sua família e o carteiro, 218
- 7.4 Critérios para a administração da interdição: demanda e escuta, 222
- 7.5 Fronteira geracional e sexualidade, 226
- 7.5.1 Interdição da erotização ansiógena: interdição secundária, 230

8. FUNÇÃO ESPECULAR, 233
    - 8.1 A noção de especularidade, 234
    - 8.2 Especularidades defensivas e alienantes, 240
    - 8.2.1 Alienação encarnada, 242
    - 8.3 Desmarque especular, 245
    - 8.4 Estrutura especular da relação entre neuróticos e psicóticos, 247
    - 8.5 Desmontagem do discurso, 249
    - 8.6 Processamentos da clínica especular, 253
    - 8.7 Advertências e observações, 257

9. O BRINCAR E O HUMOR, 261
    - 9.1 Brincar, humor e especularidade, 261
    - 9.2 O riso e sua relação com o psicótico, 265
    - 9.3 Jogo de palavras, 271
    - 9.3.1 Desmontagem do discurso e ferida narcísica, 274
    - 9.4 Jogo de ações e trajeto poético, 278
    - 9.5 Brincando com o sintoma, 282
    - 9.6 Clínica do absurdo, 286

A modo de conclusão, 297
Notas, 309

Agradecimentos

MINHA MAIS SINCERA GRATIDÃO A TODAS AQUELAS PESSOAS QUE DE uma forma ou de outra acreditaram e confiaram em mim, fazendo o possível para que esse livro fosse escrito e para que eu permaneça deste lado do muro...

A Nelson Carrozzo quem, naquele ano de 1988, me selecionou para participar da equipe de Acompanhantes Terapêuticos do Hospital Dia "A CASA" (São Paulo). Esse Hospital e meus companheiros de equipe foram minha primeira escola e Nelson Carrozo será sempre o meu primeiro e grande mestre.

A Maurício Castejón Hermann pelo empurrão inicial que possibilitou a publicação desse livro em português.

A todos os usuários e profissionais da Miniresidência Alcalá de Henares, Centro Dia e Equipe de Apoio Social Comunitário Parla (e a Fundação Manantial em conjunto), com quem compartilho experiências e aprendizagens muito frutíferas, às vezes difíceis e intensas.

A Adrian Buzzaqui e Federico Suarez os quais, em diferentes momentos, me apoiaram com sua "super-visão" em meu percurso como Acompanhante Terapêutico, psicoterapeuta, coordenador de grupos e diretor de recursos de reabilitação.

A Bernardo Schutt e Daniel Ustarroz, por ajudar-me a sentir e pensar horizontalmente.

E a Gerardo Gutiérrez Sánchez, orientador da minha tese de doutorado que, com paciencia, afabilidade, licenças e sabedoria ensinou-me a caminhar às cegas na escuridão.

Prefácio

A FUNÇÃO CLÍNICA DO ACOMPANHAMENTO TERAPÊUTICO (AT), EM TODOS OS SEUS MATIZES

BRASILEIRO RADICADO EM MADRI, LEONEL DOZZA DE MENDONÇA INICIOU seu trabalho clínico como acompanhante terapêutico (at) em São Paulo, nos anos 1980, quando foi membro da Equipe de AT do Instituto A Casa. A trama do destino, todavia, quis que este "Acompanhamento terapêutico e Clínica do cotidiano" tivesse sido escrito, originalmente, em espanhol — até por ter sua origem em tese de doutorado defendida na Universidad Complutense de Madrid. Leonel, aliás, já nos confessou sua dificuldade atual para escrever em português, visto que vive na Espanha desde os primórdios dos anos 1990.

Nada mais justo, portanto, que este trabalho absolutamente original, rigoroso e necessário para o campo do Acompanhamento Terapêutico (AT) atravesse agora para o idioma português (ou brasileiro), tornando possível seguirmos seu percurso na língua natal do autor. Seguramente, para Leonel, este aspecto que menciono também agrega a esta edição um valor simbólico importante. Seja, então, muito bem-vindo, Leonel, à sua língua pátria e mátria. Nós brasileiros e, por que não, paulistanos (o autor nasceu em São Paulo, capital), também celebramos seu "retorno" à língua vernácula, com saudade — palavra nossa!

O primeiro ponto a ser desdobrado, referente à tese que nos é apresentada pelo autor, condiz com a própria ideia de clínica do cotidiano como algo que assume caráter próprio, dado que, em seu percurso clínico sustentado na Espanha, fora atravessado pelas particularidades daquele país, onde o caráter comunitário e/ou assistencialista está bem presente nas políticas públicas. Sua argumentação consiste, por consequência, em levantar a noção de cotidiano – ou sua proposta sobre a clínica do cotidiano – como uma categoria própria a ser teorizada, considerando a multiplicidade de discursos já reconhecidos, ponto que não merece passar desapercebido, apesar de estar consistentemente teorizado, quando acompanhamos sua letra.

Decorre desse aspecto incluir a função clínica do AT como uma possibilidade, diria eu, bastante especial para ilustrar aspectos da clínica do cotidiano ou, conforme suas palavras, "(...) diria que o deslocamento em direção ao comunitário, domiciliário e cotidiano problematiza de uma forma radical a prática e toda a conceitualização acerca do papel, tarefa, enquadre e intervenção; de modo que a noção de clínica do cotidiano seria uma tentativa de dar conta desta problematização (...)" Ora, sua preocupação teórica ou conceitual inclui um aspecto importante que vai ao encontro do que julgo ser o cerne daquilo que fazemos, quando fazemos AT. Em outros termos, a clínica do cotidiano, na condição de matriz conceitual que orienta a teorização específica da função clínica do AT, serviu ao autor, e nos serve, em nosso campo, para aprofundarmos o debate teórico sobre o caráter do exercício de nossa função clínica.

Isto não é sem consequências, uma vez que a função clínica do AT, por excelência, em seu propósito terapêutico e reabilitador, está sustentada por tarefas atreladas ao cotidiano vivido ou experienciado. Por isso mesmo, Leonel insiste em dizer que um at não é um psicanalista ambulante; ou então, alguém que incidirá, em sua intervenção, na perspectiva de interpretar uma situação-problema *in loco*. Há uma diferença entre um psicanalista que trabalha em um consultório particular e/ou em uma instituição pública – orientado metodologicamente pelo par associação livre/ atenção flutuante – e a função específica do AT. Em suas palavras, "a clínica do cotidiano está obrigada a não ser nunca uma clínica exclusivamente da relação dual. (...)". Tampouco o Acompanhamento Terapêutico está orientado em uma clínica dual, uma vez que é uma clínica sustentada pela produção de acontecimentos no espaço social, a cidade, e tendo a própria cidade como uma alteridade importante a ser incluída nesse fazer clínico.

É neste ponto que concordamos com Leonel, quando, por exemplo, fundamenta que o AT se localiza "entre o clínico e o assistencial". Nesta perspectiva, nos oferece uma metáfora interessante: o AT como uma multiplicidade de tons de verde. Brinca com isso, ao nos propor o azul como a "intervenção clínica", o amarelo como a "intervenção assistencialista" e o verde, sendo obviamente a junção dessas duas cores, podendo todavia apresentar tonalidades diversas a depender da quantidade de pigmento de uma ou outra cor empregadas. Na multiplicidade de verdes, temos o mais escuro que condensa, em sua mistura, mais azul; e o mais claro ou vibrante, que certamente contém mais amarelo. Nesse "entre", ou então, nessa correlação de forças instituída pelo clínico e pelo assistencial – às vezes mais clínico, às vezes mais assistencial –, é que se situa o método clínico no AT, que igualmente apresenta em sua especificidade matizes clínicos diversos. Os tons de verde colorem o AT!

Ora, é certo que, no cotidiano da clínica da psicose, por exemplo, um at pode, em determinada circunstância, lançar mão de sua escuta terapêutica para realizar um cálculo que lhe oriente em sua ação; ou, então, talvez – como num exemplo vivenciado por mim –, uma ação simples de arrumar o guarda-roupa pode ser construída desde a escuta clínica, porque aí já não se trata somente de arrumar o armário... Este fazer assistencial tem uma pertinência para a direção de tratamento e os decorrentes efeitos clínicos almejados. A proposta metodológica de Leonel, portanto, inclui essas duas dimensões, sem que uma negue a outra jamais. É isso que o autor sustenta, em suas preocupações teóricas frente à especificidade do AT, uma vez que sua hipótese clínica condiz com a premissa: o fazer no cotidiano tem consigo uma dimensão terapêutica, em seus efeitos, capaz de incrementar os recursos subjetivos do acompanhado para novas tentativas de inserção social e/ou laço social.

A hipótese clínica descrita encontra suporte ao longo de toda a obra, tendo uma particularidade notável, própria do pensamento do psicanalista inglês Donald Winnicott (1896-1971). Um texto qualquer da obra winnicotiana sempre tratará de um paradoxo; e, por que não, sua obra como um todo reside também nessa mesma dimensão paradoxal. *Mutatis mutandis,* Leonel, em sua tese, sustenta o mesmo estilo ao alicerçar suas propostas teóricas sobre o AT, mantendo sempre, em seus avanços conceituais, a tensão do jogo de forças entre duas tendências – repito-me –, sem que jamais uma aniquile a outra. Quando abre o capítulo 3, denominado "Clínica do Cotidiano", afirma que "(...) o paradoxo abriga uma relação de atravessamento entre os enunciados, de modo que o acompanhante terapêutico não necessita decidir por nenhum dos extremos. Este não ter que decidir é, paradoxalmente, a decisão mais radical: o paradoxo se sustenta pela decisão de não decidir".

De fato, o autor inicia seu livro com uma rigorosa apresentação conceitual dos fundamentos teóricos winnicottianos, desde o desenvolvimento emocional primitivo do ser humano, bem como seus respectivos fundamentos psicopatológicos e clínicos. Ponto de partida importante, uma vez que suas ulteriores elaborações não se desviam, sequer em nenhum momento, da proposta teórica assumida por ele... Nota-se isso quando nos convida a compartilhar sua experiência clínica.

O trato teórico rigoroso orienta a escrita de Leonel, em suas elaborações subsequentes, ao teorizar o AT em pontos fundamentais, tais como sua relevante proposta acerca do enquadre e seus paradoxos, ao se perguntar sobre a dificuldade de administrar distintas variáveis inerentes à clínica do AT. É recomendável que um at reconheça e se adapte às atitudes defensivas de seu paciente e entorno familiar; e esmiúça tal ideia ao nos sugerir, com outra metáfora (o mastro, a bandeira e o vento), a noção de que cada contexto específico exige uma leitura singular e decorrente adaptação do at ao que se apresenta, sem perder a responsabilidade frente à direção de tratamento.

O livro percorre, ainda, outros aspectos conceituais, não menos importantes, sobre os quais faço aqui apenas menção, tais como: a dimensão do tempo e espaço no próprio enquadre; a ação interpretativa; a função de interdição; a função especular e o jogo ou brincadeira com humor. Assim o faz, mantendo a mesma lógica do paradoxo, também ao nos ilustrar com exemplos de sua clínica. De modo que, tanto para os ats, quanto para psicanalistas interessados em geral, vale a pena seguir seu percurso, no decorrer do qual encontramos algo precioso: uma clínica aberta, como referência primordial, ilustrando as proposições teóricas expostas. Seguramente, a clínica de Leonel oriunda do AT também interroga e convoca ao trabalho a própria teoria de Winnicott. Podemos nos perguntar se sua proposta de "clínica do cotidiano" orienta suas elaborações sobre o AT, ou se o AT lhe ofereceu subsídios determinantes para que tenha conseguido alcançar as proposições acerca da "clínica do cotidiano". Quem veio antes: o ovo ou a galinha?

Por fim, pergunto-me: Será que o nosso "campo conceitual" permanece ainda carente de referenciais teóricos, como ocorreu no passado? Leonel o define assim; o corpo conceitual e clínico do AT, que se deu, em seu início, sem uma teoria... É verdade, foi mesmo a partir do trabalho de colegas argentinos, brasileiros e de outras nacionalidades; e não poderia ser diferente, pois falamos de uma função clínica que se iniciou de forma empírica, sem uma teoria para orientar seu método. Porém, será mesmo, conforme suas palavras, que nosso campo conceitual somente goteja? Sem entrar no mérito de um exaustivo levantamento bibliográfico, conforme os tradicionais procedimentos de pesquisa, sustento, por minha conta e risco, que já temos um campo constituído e com uma importante bibliografia publicada. Já temos um curso d'água e, seguramente, este "Acompanhamento Terapêutico e Clínica do cotidiano" contribui para ir muito além do gotejamento: que o leitor tire suas próprias conclusões. Boa leitura!

Maurício Castejón Hermann

Introdução

O ACOMPANHAMENTO TERAPÊUTICO É UMA PRÁTICA RELATIVAMENTE recente cujas "origens" poderíamos situar no final dos anos 70 e começo dos 80, principalmente na Argentina e no Brasil.

Quando, no ano de 1986, comecei a acompanhar meu primeiro paciente em São Paulo, só havia um livro publicado sobre o tema.[1] Além disso, circulavam alguns artigos inéditos de pouca relevância teórica, geralmente escritos por Acompanhantes Terapêuticos novatos que, mais do que transmitir alguns conhecimentos adquiridos, pareciam procurar compensar com a escrita a precariedade dos programas de formação e da bibliografia.

Os supervisores – única referência de certo saber – costumavam ser terapeutas de orientação psicanalítica, com experiência no tratamento de pacientes psicóticos em serviços abertos (hospitais dia, etc.), mas que não haviam trabalhado especificamente como Acompanhantes Terapêuticos.

No ano de 1989, nós da equipe de Acompanhantes Terapêuticos do Hospital Dia "A Casa" organizamos o "Primeiro Encontro de Acompanhantes Terapêuticos de São Paulo". Os trabalhos apresentados formam parte do segundo livro (dos que conheço) publicado sobre o tema.[2]

Desde então, o conta-gotas das publicações intensificou seu gotejamento, e ainda que até hoje esse gotejo nunca tenha chegado a ser um fluxo, talvez já comece a ser um filete.

Tudo isso aponta a uma ainda importante precariedade no que diz respeito à Clínica do Acompanhamento Terapêutico. Precariedade esta que parece derivada de seu curto tempo de existência; do fato de ainda hoje haver relativamente poucos Acompanhantes Terapêuticos com uma vasta trajetória nesse campo; e ainda, porque essa prática parece resistir em maior medida à conceituação, e isso talvez devido aos seus limites difusos (por exemplo: entre o clínico e o cotidiano), a tal ponto que, em seus começos, o Acompanhante Terapêutico era chamado de "Amigo Qualificado".

Além disso, a dificuldade para teorizar sobre essa prática parece dever-se a ao fato de que, em geral, as ofertas formativas e publicações psicanalíticas (e não psicanalíticas) sobre clínica dão por certo que a intervenção se dará em um espaço físico delimitado de tratamento e reabilitação, no qual o terapeuta administra uma série de variáveis do enquadre.

Dessa forma, esses limites difusos, junto a esse deslocamento em relação à comunidade e ao contexto doméstico-familiar do paciente, vão produzir, sobretudo em um primeiro momento, certo "desconcerto" no pensamento sobre a clínica, a atitude profissional, o enquadre, sobre o que é uma intervenção, como intervir, como conceituar, etc.

Por sua vez, esse "desconcerto" e essa precariedade são o que permitem, impulsionam e, inclusive, exigem uma potência criativa. Exigem "inventar" clínica e teoria, desconstruir o conhecimento instituído e questionar o supostamente sabido, principalmente quando ele já não dá conta dos fenômenos com os quais se depara o Acompanhante Terapêutico.

Portanto, essas especificidades do Acompanhamento Terapêutico requerem, impõem e, por isso mesmo, proporcionam outras teorizações e outros modos de teorizar; talvez imponham e possibilitem repensar a psicose em si mesma...

...porque quando a psiquiatria do século XIX dizia (e ainda diz) que o que hoje denominamos esquizofrenia,

Introdução

a cada novo surgimento, sempre estava associada com deterioração e sequelas irreversíveis, essa teoria sobre a esquizofrenia estava correta, mas justamente em função das formas que existiam para tratar os esquizofrênicos (confinamento e, posteriormente, com o tratamento moral e medicamentoso).

Com a abertura dos hospitais psiquiátricos tradicionais, a instauração de estruturas intermediárias e os recursos comunitários de tratamento e reabilitação, hoje em dia conhecemos um sujeito psicótico com mais capacidades cognitivas, psíquicas e de conduta que as que se acreditava que possuísse.

Hoje em dia estamos em processo de conhecer um "outro" sujeito psicótico, menos residual, menos deteriorado, dissociado e, certamente, menos condenado por uma suposta estrutura que lhe impõe uma deterioração progressiva sem retorno. Inclusive (e ao contrário do que dizem alguns na atualidade) um psicótico menos condenado por sua estrutura a não ter acesso ao pensamento simbólico, nem ao reconhecimento da alteridade, nem ao sentido do humor, nem ao desfrutar de uma sexualidade "plena", etc.

Algumas pesquisas recentes também apontam para um sujeito psicótico não necessariamente condenado a ter que tomar medicação psiquiátrica o resto de sua vida.[3]

Então não existe, ou não é viável, um estudo da psicose (e sua recuperação) por si só, porque esse objeto de estudo "não existe" como entidade isolada, e menos ainda em uma pesquisa que pretenda falar do psicótico desde a perspectiva de seu cotidiano domiciliar e comunitário.

O objeto de estudo existente é o vínculo, o psicótico em seu contexto histórico, cultural, comunitário e familiar de tratamento, e com todas as (im)possibilidades de inclusão e exclusão que isso acarreta.

Resulta que o Acompanhamento Terapêutico trata justamente de transformar e ampliar as possibilidades de inclusão no seio do processo de transformação permanente desse objeto de estudo que é a "psicose em seu contexto".

Não é errado dizer que os Acompanhantes Terapêuticos (como todo o trabalhador comunitário) são as principais testemunhas e os principais promotores de um sujeito psicótico "em permanente construção histórica", com capacidades desconhecidas para um grande número de psiquiatras, psicoterapeutas, psicanalistas, etc. (independentemente de sua teoria de base).

Poderia soar contraditório que eu tenha começado destacando a precariedade teórica do Acompanhamento Terapêutico para logo passar a presumir capacidades teorizadoras tão potentes. Mas não há nisso nenhuma contradição se for levado em conta que tais capacidades teorizadoras estão ainda por se desenvolver... como também estão por ser desenvolvidas muitas capacidades nos psicóticos, em suas famílias e naqueles que tratamos.

Pessoalmente, o tema me interessa imensamente e também me parece importante justamente por esse otimismo que inspira e em direção ao qual aponta (à diferença do pessimismo da teoria da deterioração progressiva e da cronicidade estanque), assim como pela grande dose de liberdade criativa que exige e permite no que diz respeito a desconstruir e criar teorizações.

1 DESENVOLVIMENTO EMOCIONAL PRIMITIVO NOS ESCRITOS DE WINNICOTT

ALGUMAS IDEIAS DE WINNICOTT SOBRE O DESENVOLVIMENTO EMOCIONAL podem ser empregadas como fundamentos psicanalíticos da Clínica do Acompanhamento Terapêutico. Nesse sentido, há pelo menos "três pontos de referência:"

1. As anormalidades no desenvolvimento emocional tendem a bloquear o processo de constituição do aparelho psíquico e predispor à psicotização do indivíduo.

2. A análise dos cuidados maternos suficientemente bons no desenvolvimento emocional primitivo pode servir como referência na hora de pensar sobre a intervenção com pacientes psicóticos.

3. Muitas das reflexões clínicas de Winnicott oferecem referências muito próximas à prática do Acompanhamento Terapêutico. Nesse sentido, destacaria suas perspectivas sobre o enquadre, a direção ambiental, o manejo clínico, o trabalho assistencial, os objetos e fenômenos transicionais, o brincar e o campo da experiência cultural, etc. Inclusive ele conta o caso de uma paciente que depois de dez anos de análise entrou em profundo estado de regressão à dependência, de modo que "era eu [Winnicott] quem visitava a paciente e, em verdade, tratava de seus assuntos e comprava-lhe comida".[4]

Ao enfatizar o papel da mãe sobretudo nas fases mais primitivas do desenvolvimento, Winnicott[5] adverte que ao empregar a expressão "cuidado materno" está se referindo ao cuidado recebido tanto da mãe quanto do pai. De qualquer forma, para uma primeira aproximação farei uma exposição sobre os termos usados por Winnicott, centrando a análise na figura da mãe. Ao final deste capítulo "aparecerá" o pai e a função paterna (função específica, mas não exclusiva, do pai).

Convém advertir, por outro lado, que nesse capítulo apresentarei uma exposição da leitura que faço dos escritos de Winnicott, permitindo-me, quando considere necessário, empregar termos e ideias que o autor não empregava (como, por exemplo, "constituição do aparelho psíquico").

1.1 Estado primário indiscriminado e fusionado

Os primórdios do desenvolvimento emocional se caracterizam fundamentalmente (ainda que não exclusivamente) pelo fato de que o lactante não discrimina o mundo externo e o interno. A esse estado psíquico, anterior à separação do eu e o não-eu (*me/not-me*), Winnicott[6] denominou "estado primário fusionado". Ainda que nesse contexto o bebê possa representar mentalmente (relação de objeto) a figura materna, ainda não se apercebe que se relaciona com um objeto não-eu, "[...] o conceito de objeto ainda não tem significado para a criança, mesmo que essa já experimente satisfação ao relacionar-se com algo que nós vemos como objeto".[7]

1.2 Processos de maturação e ambiente facilitador

A expressão "processos de maturação" refere-se a uma "tendência inata no sentido do crescimento e da evolução pessoal"[8]; quer dizer: aos processos inatos que conduzem à constituição do aparelho psíquico (repressão primária, sistemas consciente e inconsciente, separação do não-eu e o eu, integração do Eu, etc.).

No entanto, essa tendência inata ao crescimento e à evolução não garante nenhum resultado nesse sentido. A atualização dos processos de maturação depende de um *ambiente facilitador* satisfatório, que consiste em uma adaptação ativa às necessidades do lactante.

Nas primeiras etapas de desenvolvimento, o desamparo físico e psíquico do lactante demanda um ambiente facilitador que se adapte quase cem por cento às suas necessidades. Quando essa adaptação é efetiva, os processos de maturação vão se convertendo no que Winnicott[9] denominou *continuidade existencial* (*going on being*), o que assenta as bases do estabelecimento do si-mesmo primitivo[10].

Quando não há um ambiente facilitador que sustente os processos de maturação, é produzido o bloqueio ou ruptura da *continuidade existencial* e a ameaça de aniquilação do si-mesmo, devido à emergência de *agonias primitivas* ou *angústias impensáveis*[11], estreitamente relacionadas com as angústias psicóticas.

A intrínseca relação entre processos de maturação e ambiente facilitador fez com que Winnicott concluísse que "não podemos descrever o bebê sem descrever o meio ambiente"[12]. É daí que propôs o desenvolvimento em termos de *dependência* em relação ao ambiente[13].

1.3 Da dependência absoluta à independência

Winnicott[14] propõe três categorias de dependência que terão lugar no desenvolvimento do indivíduo, desde que este não sofra um bloqueio significativo. Essas categorias são:

Dependência absoluta
Dependência relativa
Rumo à independência

Dependência absoluta

Principalmente ao longo das primeiras semanas após o parto, devido ao seu desamparo físico e psíquico, o lactante se encontra em um estado de "dependência absoluta", ou "dupla dependência", em relação ao ambiente físico e emocional.

A expressão "dependência absoluta" significa que a continuidade existencial do lactante depende de forma absoluta da adaptação e da provisão ambiental. Ainda assim, convém diferenciar entre o que se observa e o que (se supõe que) acontece com o lactante. Se a dependência absoluta é um fato evidente para o observador, o lactante, por sua vez, ainda não é capaz de aperceber-se dessa dependência. Trata-se de "um estado que poderia descrever--se simultaneamente como de independência absoluta [desde a perspectiva do lactante] e dependência absoluta [para o observador]"[15]. A expressão "dupla dependência" faz referência a esta simultaneidade entre a dependência absoluta e a falta de apercepção pelo lactante.[16]

Nesse contexto o neonato ainda não pode organizar defesas intrapsíquicas adaptativas, de modo que pode somente se beneficiar ou sofrer as consequências caso a provisão ambiental seja satisfatória ou não.[17]

Para poder atender as necessidades do lactante e assim sustentar seus processos de maturação, a mãe terá que entrar em um estado emocional que Winnicott[18] denominou "preocupação maternal primária". Em termos gerais, esse estado emocional se caracteriza por:

- Uma sensibilidade exaltada no que se refere às manifestações de seu bebê. Essa sensibilidade é especialmente intensa ao final da gravidez e nas primeiras semanas depois do parto.

- Grande capacidade para identificar-se com o lactante sem perder a própria identidade e assim reconhecer e atender suas necessidades através de uma comunicação física e silenciosa.
- Disponibilidade para abrir mão de outros interesses pessoais e dedicar um interesse e devoção quase absolutos ao seu bebê.
- A mãe se torna emocionalmente mais vulnerável, ainda que isto muitas vezes não seja percebido devido ao círculo de proteção à sua volta (seu marido, sua própria mãe, a família em geral, etc.).
- Se não fosse pelo fato da gravidez e da existência do bebê, seria possível comparar a preocupação maternal primária a um estado doentio (reclusão, episódio esquizoide, tendência ao incremento das ansiedades paranoides). Em geral, pouco a pouco as mães se recuperam dessa "enfermidade" na medida em que o bebê conquista uma maior autonomia, ou seja: passa da dependência absoluta à dependência relativa.[19]

Fundamentalmente, estas são as características da preocupação maternal primária que possibilitam atender as necessidades do lactante e assim sustentar os processos de maturação que conduzem à dependência relativa.

Dependência relativa

Se na dependência absoluta o bebê não se apercebe da dependência, a capacidade para *aperceber-se* dessa dependência sobre a provisão ambiental será o fator decisivo que marcará o fim da fase (teórica) de dependência absoluta e o início da dependência relativa.

A diferenciação entre o eu e o não-eu é o que possibilita ao bebê aperceber-se da provisão ambiental e relacioná-la com suas necessidades e impulsos pessoais.[20]

Nesse contexto, o lactante vai adquirindo uma crescente capacidade para representar psiquicamente seu universo relacional (representação mental da mãe, lembrança que a frustração só dura um tempo determinado, etc.), e com isso desenvolve recursos psíquicos para processar as falhas ambientais (por exemplo, quando a figura materna se ausenta ou demora em lhe atender).

A apercepção da dependência institui mais uma mudança fundamental. Se na dependência absoluta a comunicação dependia quase exclusivamente da devoção e da identificação emocional da mãe, a partir do enlace entre as necessidades pessoais e o provisionamento ambiental já é possível observar a crescente (ainda que oscilante) capacidade do bebê de comunicar suas necessidades por meio de sinais, tais como as expressões faciais, sons, gestos, etc..[21] Vai se estabelecendo um sutil e complexo código de comunicação no qual o bebê terá que se arranjar para se comunicar com a figura materna enquanto fenômeno não-eu.

Em suma, aqui a dependência é *relativa* devido ao fato de o bebê começar a dispor de uma série de recursos psíquicos e comunicacionais, de modo que a relação já não depende de forma tão extrema da adaptação ativa da figura materna.

Rumo à independência

Ainda que essa fase siga até a vida adulta (posto que não se pode falar de uma maturidade e independência plenas), interessa assinalar as conquistas do desenvolvimento que marcam suas origens.

Se fosse o caso de estabelecer uma linha divisória entre essa etapa e a anterior, tal linha se encontraria no momento teórico em que se pode dar por concluída a constituição do aparelho psíquico. Em outros termos: a criança conseguiu alcançar a condição de *indivíduo* (separação do não-eu e o eu, integração, etc.), com um mundo interno povoado de representações e fantasias (instituição da representação primária e do inconsciente), uma organização egoica capaz de organizar defesas adaptativas e prescindir cada vez mais da função egoica exercida pela figura materna.

Contudo, esta linha divisória é um recurso teórico. Sobretudo no começo, em diferentes momentos a criança oscila entre avançar à independência e regressar a estados de maior dependência, principalmente em situações de ansiedade. A capacidade da mãe de captar e tolerar essas oscilações é fundamental, dado que a segurança de poder regressar e ser sustentado permite à criança arriscar-se em suas incursões a uma realidade na qual se encontra mais desamparado.

A instauração dos processos de integração e do mundo interno, entre outras coisas, permite à criança estabelecer trocas afetivas (projeção e introjeção) e relações com círculos sociais cada vez mais amplos (pessoas próximas, escola, grupos, instituições). Dessa forma, a criança ou o adulto "se acha em condição de viver uma experiência pessoal satisfatória ao mesmo tempo que se vê envolto nos assuntos da sociedade".[22] Esta ampliação dos círculos sociais passa pelos processos interativos e intrapsíquicos relacionados com a transicionalidade.[23]

1.4 Necessidades egoicas e cuidados maternos

Segundo Winnicott[24], no percurso que vai da dependência absoluta à dependência relativa, as três principais tarefas do desenvolvimento são:

Integração do Eu
Residência da psique no corpo (ou integração psicossomática)
Estabelecimento de relações objetais

Estas conquitas correspondem, de forma aproximada e respectivamente, com as três principais funções da figura materna, a saber:

Sustentação (*holding*)
Manipulação (*handling*) ou assistência corporal
Apresentação de objeto (*objet-presenting*)

Vistas em conjunto, estas três funções constituem a *função egoica auxiliar* através da qual a mãe oferece um ambiente facilitador que se adapta às necessidades do lactante.[25]

Sustentação[26]

Na dependência absoluta as necessidades do lactante são fundamentalmente físicas (corporais e fisiológicas). Isso não significa que o neonato não possui uma psicologia, mas sim que o cuidado físico equivale e se justapõe ao cuidado psicológico. O lactante só pode receber o amor materno através de demonstrações físicas desse amor.[27] No que se refere à sustentação física, é possível diferenciar duas modalidades: a ambiental e a corporal.

Na sustentação ambiental a mãe organiza o entorno com o objetivo de evitar estímulos que possam ameaçar a continuidade existencial de seu bebê (ruídos, pancadas, iluminação, temperatura, etc.). Trata-se de prover um ambiente sustentador (ou "enquadre") que proteja o lactante de situações nas quais necessite reagir à intrusão de estímulos ambientais.

No que diz respeito à sustentação corporal, com o nascimento o neonato passa da "era pré-gravitacional à gravitacional, passa de ser amado desde todas as direções [sustentado no útero] a ser amado somente desde abaixo [sustentado nos braços]".[28] Daí que as falhas significativas nessa modalidade de sustentação podem gerar a *angústia da queda interminável (comum em alguns estados psicóticos).*

Quando o lactante é sustentado adequadamente, sua psique pode se "alojar" no corpo da mãe, conseguindo constituir-se como unidade antes de que a integração seja um fato intrapsíquico relativamente estável. O costume de enfaixar os bebês parece ter a ver com a importância de lhes proporcionar essa "integração não integrada".

Assistência Corporal

A manipulação, ou "assistência corporal"[29], é uma modalidade de sustentação que se refere aos cuidados corporais que a mãe oferece ao lactante ao dar-lhe banho, trocar as fraldas, amamentá-lo, acomodá-lo no berço, etc.

No começo do Eu "é, primeiro e acima de tudo, um ego corporal"[30], fundamentalmente derivado das sensações provenientes da superfície corporal. Partindo do estado primário fusionado, a pele será a primeira referência de limite e diferenciação entre o eu e o não-eu.[31] Nesse contexto, o termo "integração" faz referência a uma *integração psicossomática, personalização ou residência da psique no corpo.*[32]

Tal como na sustentação, a assistência corporal não é somente uma questão de técnica, mas também depende daquela sensibilidade adquirida no estado de preocupação maternal primária. A personalização depende da "capacidade que a mãe ou a figura materna tenham de juntar o seu envolvimento emocional àquele que originalmente é físico e fisiológico".[33]

No âmbito de situações cotidianas, a partir de sua participação emocional, a figura materna se ocupa, por exemplo, em controlar a temperatura da água, contribuindo para que o banho seja uma experiência prazerosa. Ao trocar as fraldas, tomará cuidado para que essas não fiquem muito apertadas, nem que suas mãos estejam muito frias, etc.

Através de sua "técnica" de assistência corporal a mãe realiza duas tarefas fundamentais: ao mesmo tempo em que evita a intrusão ambiental e protege a continuidade existencial do lactante, enriquece ainda a sua relação com experiências prazerosas. Isso facilita a crescente integração entre a psique e o soma, o que constitui o fundamento do Eu-corpo e da diferenciação entre eu e não-eu. Além disso, ao não necessitar reagir ante a intrusão do ambiente, as bases para o que será uma relação de confiança com a realidade externa serão estabelecidas.

Apresentação de objeto

A função de apresentação de objeto faz referência à forma como a mãe apresenta o mundo e a si mesma ao seu bebê, levando em consideração sua condição psíquica e necessidades egoicas variáveis ao longo de seu desenvolvimento. Trata-se de apresentar os objetos de modo a *facilitar* o estabelecimento das relações objetais, ou seja, os processos através dos quais a realidade externa se faz psiquicamente significativa para o lactante. Em termos gerais, este aspecto do cuidado materno poderia ser definido em termos de *dosagem* e *constância*.

Quanto à dosagem, primeiramente o lactante não possui recursos egoicos para processar as frustações e fazer frente ao princípio de realidade. Por causa de sua condição psíquica, estabelece fundamentalmente relações com objetos que se encontram sob sua ilusão de controle onipotente.[34]

Nesse contexto a mãe apresenta o mundo ao lactante de modo que este possa criar e manter essa ilusão de controle onipotente, dado que a imposição prematura do princípio de realidade produziria uma reação ante a intrusão do fator externo. Cabe à figura materna reconhecer (intuitivamente) os limites e as possibilidades de seu filho, e não lhe impor exigências (princípio de realidade) às quais não pode responder "[...] ao apresentar ao bebê o mundo em pequenas doses, ao introduzir o mundo à criança em pequenas doses, isto é, ao adaptar-se às necessidades egoicas do bebê, a mãe dá tempo para que amplie suas capacidades, com o desenvolvimento que traz o amadurecimento".[35]

O lactante somente pode tirar proveito dessa dosagem se for acompanhada pela *constância* – no tempo, espaço e qualidade – dos cuidados maternos.

A *constância no tempo* é fundamental sobretudo na medida em que o lactante não conta com a *constância do objeto* enquanto representação psíquica. Para estabelecer relações objetais significativas e aceder à constância objetal, ele precisa da constância da presença física da pessoa da qual depende.[36]

A essa constância da presença física no tempo há de ser agregada a *constância da qualidade* dos cuidados maternos. Nesse sentido, Winnicott faz a seguinte advertência: "Isso não significa que um bebê de poucas semanas conheça a mãe como o fará aos seis meses ou com um ano. Nos primeiros dias, o que percebe é o padrão e a técnica do cuidado materno, e também o detalhe de seus seios, a forma de suas orelhas, a qualidade de seu sorriso, o calor e o cheiro de seu hálito".[37][38]

No que foi apresentado interessa assinalar que a constância do padrão e da técnica dependem da constância da qualidade afetiva (preocupação maternal primária). Uma mãe que constantemente muda de humor e de atitude não pode oferecer o marco ou "enquadre" necessário para a constância objetal, tampouco certa previsibilidade da conduta ambiental. Winnicott[39] diz que o pior tipo de quefazer materno é aquele no qual predomina a imprevisibilidade, a tal ponto que o lactante nem sequer poderá prever que o ambiente pode falhar.

Em termos gerais, estas são as necessidades egoicas impostas pela condição psíquica do lactante nas primeiras etapas do desenvolvimento emocional. A adaptação a estas necessidades através da sustentação, da assistência corporal e da apresentação de objetos facilita o desenvolvimento gradual da integração, da personalização (ou residência da psique no corpo) e das relações objetais.

Pelo fato da expressão *adaptação às necessidades egoicas* poder e costumar ser objeto de mal-entendidos, tanto no âmbito do desenvolvimento como no da clínica, é bom ter em conta que se adaptar às necessidades egoicas não é o mesmo que satisfazer as demandas pulsionais.

1.4.1. Necessidades do Eu e demandas pulsionais do Isso

A diferenciação e a relação entre as necessidades do Eu e as demandas pulsionais do Isso são referências fundamentais nos textos de Winnicott sobre o desenvolvimento e a clínica.

Em uma carta, Winnicott[40] manifestou certa insatisfação com seus colegas da Sociedade Psicanalítica Britânica que faziam referência quase exclusivamente à provisão ambiental que satisfaz ou frustra as demandas pulsionais do Isso. Esta posição crítica se baseia na ideia segundo a qual somente "sob condições de adequação do ego [Eu] é que os impulsos do id [Isso], sejam satisfeitos ou frustrados, se converterão em experiências do indivíduo".

Nas primeiras etapas do desenvolvimento, estas "condições de adequação do ego" ainda não são um fator intrapsíquico, mas sim algo proporcionado por uma provisão ambiental que oferece apoio egoico. Somente neste contexto de suporte o lactante "pode começar a existir e ter experiências do isso",[41] com suas correspondentes experiências de satisfação e frustração do pulsional.

A crítica de Winnicott consiste no fato de que, na descrição psicanalítica tradicional, era dado por certo que o cuidado materno atende às necessidades do Eu. Com isso, evitava-se aquilo que sustenta, e no que se sustenta, o pulsional como experiência do indivíduo. Em um capítulo intitulado "Necessidades do ego e necessidades do id" o autor comenta: "Devo pôr em relevo que ao fazer referência à satisfação das necessidades da criança excluo a satisfação dos instintos [pulsões]. No campo pelo qual agora se move meu exame [ou seja: da dependência absoluta] [...] os instintos podem ser tanto externos como podem ser os trovões ou os golpes. O ego da criatura está reunindo forças e, por conseguinte, aproximando-se de um estado em que as exigências do id serão percebidas como parte do ser [...]. Ao se produzir essa evolução, a satisfação do id converte-se em importantíssimo reforçador do ego, ou do ser verdadeiro".[42]

Se usamos como referência a experiência de amamentação, quando Winnicott fala das necessidades do Eu, entendo que se refere aí à necessidade (mais além da necessidade pulsional do leite) de ser sustentado nos braços em uma interação calma e calmante; à necessidade (como veremos mais adiante) de "sentir" que isso que lhe é oferecido de fora é parte de si mesmo (fusão) e se encontra sob seu controle onipotente, motivo pelo qual não é conveniente que a mãe force ou se precipite para que "pegue o peito". A mãe deve ter uma atitude de disponibilidade e proximidade para que o gesto de apropriação venha do bebê. "Para dizer a verdade, é possível satisfazer um impulso oral e com isso violar a função do ego na criatura [...]. A satisfação obtida na atividade de nutrição pode, de fato, constituir uma sedução e resultar traumática quando o bebê não se acha sob o amparo da funcionalidade do ego".[43]

A partir de uma (re)leitura global dos textos de Winnicott, considero que o preocupava *em que termos* eram descritas as primeiras etapas do desenvolvimento; e parece que propôs uma diferenciação entre a *linguagem das pulsões* e a *linguagem das necessidades do Eu*.

Talvez tenha sido em seu trabalho intitulado "Sobre os elementos masculinos e femininos ex-cindidos", no qual Winnicott (1989a) fez sua contribuição definitiva sobre essa questão. Nesse sentido, diferenciou entre a *relação de objeto do elemento feminino puro* e a *relação de objeto do elemento masculino puro*.

O elemento feminino puro seriam aquelas experiências calmas, do tipo não-culminantes, que sustentam o sentido de ser. Para *ser*, o lactante necessita de uma mãe que é, que se adapta às suas necessidades egoicas e favorece a fusão. No que se refere a esse elemento feminino puro (teórico), a relação de objeto nada tem a ver com o pulsional.[44] Já o elemento masculino puro apontaria para aquelas relações nas quais entram em jogo as satisfações e frustrações pulsionais.

Quando Winnicott estabelece a diferenciação entre a relação de objeto dos elementos femininos e masculinos puros, o que faz é empregar um recurso teórico para diferenciar e, ao mesmo tempo, relacionar dois níveis simultâneos de relação. "No extremo dessa comparação, descobri-me examinando um conflito essencial dos seres humanos, um conflito que já deve ser operante em data muito inicial, o conflito entre ser o objeto que tem também a propriedade de ser [elemento feminino] e, por contraste, uma confrontação com o objeto que envolve uma atividade e um relacionamento objetal respaldados pelo instinto ou pulsão [elemento masculino]." [45]

Como conclusão, diria que a linguagem das necessidades egoicas é um *momento teórico* anterior à linguagem das pulsões.

Este enunciado teórico tem seus correlatos na prática. Se a mãe satisfaz o pulsional sem oferecer apoio egoico, entre outras coisas, isso predispõe a que o indivíduo se desenvolva sobre a base de um si-mesmo falso. Até pode chegar a fazer coisas e inclusive adaptar-se socialmente, mas sem sentir-se real, dado que o elemento masculino (o que *faz*, o pulsional) "não resulta satisfatório para a identidade inicial, que necessita um seio que é, não um que faz".[46]

Além do mais, especialmente em casos de patologias graves e de psicose, observamos a manifestação compulsiva, impulsiva e anárquica do pulsional. Diria que se trata de *pulsões sem sujeito*, no sentido em que o pulsional não se encontra sob o amparo de uma organização egoica que o amarre.

Em termos clínicos, não se trata de intervir para que o paciente consiga uma elaboração intrapsíquica das vicissitudes do pulsional, mas sim de oferecer (pelo menos em um primeiro momento) uma provisão ambiental ou apoio egoico que sustente, module, dimensione ou oriente o pulsional. Isso costuma contribuir para a diminuição da sintomatologia e das angústias derivadas das pulsões sem sujeito.[47]

1.4.2 Adaptação versus satisfação

A diferenciação e relação entre necessidade egoica e demanda pulsional implica diferenciar e relacionar as noções de adaptação e satisfação, assim como as de não adaptação e frustração. A propósito das necessidades egoicas pode haver adaptação ou não, "e o efeito não é o mesmo que o da satisfação ou frustração de um impulso do isso".[48]

Especialmente na dependência absoluta, as falhas significativas de adaptação às necessidades egoicas geram uma reação à intrusão (*impingement*). Esta reação pode interromper a continuidade existencial do bebê e provocar, não a frustração e o ódio, mas a emergência de angústias primitivas, como pode ser a ameaça de aniquilação do si mesmo.[49]

O lactante é "um ser imaturo que em todo momento se acha na borda de uma angústia inconcebível"[50], angústia essa que ameaça aniquilar sua continuidade existencial.[51] Ante à falha de adaptação e à emergência da angústia impensável, a possibilidade de "defender-se" pode consistir em reagir pela "... interrupção do processo de desenvolvimento e pela psicose infantil".[52]

Aquilo que posteriormente serão *defesas adaptativas intrapsíquicas*, corresponde neste momento do desenvolvimento a ser descrito fundamentalmente em termos de *adaptação ativa* por parte da figura materna. A partir dessa perspectiva, o termo "sustentação" significa que a adaptação materna sustenta o psiquismo do bebê. Trata-se de atender à necessidade imperiosa de evitar a emergência da angústia impensável.

Por outro lado, tanto a frustração quanto a satisfação do pulsional podem cumprir um papel importante no desenvolvimento primitivo, que consiste em começar a "educar a criança sobre a existência do mundo 'que não é ele'".[53]

Da perspectiva do lactante, o termo *frustração* somente tem sentido quando há uma organização psíquica capaz de aperceber-se da dependência. O apercebimento gera expectativas para com o objeto, e a frustração se produz quando a conduta do objeto não responde a tais expectativas. Nesse *momento teórico*, o lactante "aprende" a odiar o objeto que frustra,[54] e é a partir daí que o ódio será um "ingrediente" essencial para o desenvolvimento normal (desidealização), e também para o patológico.[55]

Winnicott também reconhece o papel positivo da falha de adaptação, desde que essa não seja excessiva e que possa ser reparada a tempo. "A primeira organização do eu procede da experiência de ameaças de aniquilação que não conduzem à aniquilação e a respeito das quais há *recuperação* por repetidas vezes. Partindo de tais experiências, a confiança na recuperação começa a ser algo que leva a um ego e a uma capacidade do eu para se enfrentar com a frustração".[56]

Se no começo do desenvolvimento a principal função da figura materna consiste em adaptar-se às necessidades do lactante, na medida em que o desenvolvimento avança o bebê *necessita* que a figura materna comece a "falhar", ou seja, diminuir o grau de adaptação.

O interjogo desta dupla tarefa do cuidado materno (adaptação e desadaptação) constitui a base do processo de ilusão-desilusão.

1.5 O processo de ilusão-desilusão

O processo de ilusão-desilusão surge no contexto das primeiras relações interpessoais que sustentam o estabelecimento de relações objetais e também a constituição do aparelho psíquico. Para descrevê-lo, toma-se como referência a latância natural, dado que o "seio", ou "mamilo", é o primeiro objeto que a mãe apresenta ao lactante. Por outra parte, Winnicott adverte que: "Incluo toda a técnica da maternagem. Quando se diz que o primeiro objeto é o seio, a palavra "seio" é utilizada, acredito, para representar tanto a técnica da maternagem quanto o seio físico".[57]

Devido à amplitude e complexidade do tema, evitarei as complicações relativas ao uso da mamadeira, os problemas derivados de anormalidades físicas ou fisiológicas no lactante ou na mãe, assim como aqueles casos em que não é a mãe biológica que dá o peito.[58]

1.5.1 Ilusão

Para descrever o início do processo de ilusão, Winnicott formulou o conceito de "primeira lactação teórica", que "está representada pela soma das experiências precoces de muitas lactações".[59]

Na primeira lactação teórica ainda não há material mnêmico ou um universo representacional que possibilite a alucinação.[60] Aqui, a fome tira o recém-nascido de um estado "calmo" e produz um "excitado",[61] ou seja, a expectativa de encontrar "algo" em "algum lugar" que elimine seu desprazer. Se houvesse material mnêmico, um objeto seria alucinado, mas como não há objeto a que alucinar se produz então mais "uma direção da expectativa do que um objeto em si";[62] por isso que "algo" e "algum lugar" aparecem entre aspas.

Esta situação constitui o fundamento do conceito de "criatividade primária".[63] Desde o começo o neonato está dotado da capacidade de estabelecer relações com objetos subjetivos e criar algo sobre a base desta "direção da expectativa".

De fato, a ilusão de haver criado o seio, ou mamilo, somente será possível depois da primeira lactação teórica, quando existir material mnêmico que possibilite a alucinação. Esse material será proporcionado pelas impressões sensoriais registradas durante as experiências de amamentação.[64] "O bebê eventualmente tem a ilusão de que esse seio real é exatamente o resultado da criação surgida da necessidade, da avidez e dos primeiros impulsos de amor primitivo. A visão, o olfato e o paladar se registram em alguma parte, e depois de um tempo o bebê pode criar [mediante alucinação] algo muito parecido ao seio que a mãe lhe oferece."[65]

Na primeira lactação teórica, quando ainda não há objeto para alucinar, é produzida uma "alucinação sensorial".[66] Ao falar do princípio do prazer, em uma nota de rodapé, Freud já advertia que: "Ele [o lactante] provavelmente alucina a realização de suas necessidades internas; revela seu desprazer, quando há um aumento de estímulo e uma ausência de satisfação, pela descarga motora de gritar e debater-se com os braços e as pernas, e então experimenta a satisfação que alucinou."[67]

Logo vão sendo estabelecidas conexões entre essa satisfação alucinada (sem objeto, mediante o grito e o esperneio) e o material mnêmico acumulado através das experiências reais de amamentação. Tais conexões fundam a capacidade para alucinar.[68]

Desde sua adaptação ativa, a *mãe suficientemente boa* apresenta o seio no momento e lugar adequados, de modo que o recém-nascido *encontra na realidade* aquilo que estava disponível para ser criado ou alucinado. A partir da "perspectiva" do bebê, este objeto encontrado e, por sua vez, alucinado, foi criado por ele, é uma extensão de si mesmo e se encontra sob seu controle onipotente.

Nesse aspecto Winnicott critica certas práticas de enfermagem que consistem em forçar o lactante a que pegue o peito, não oferecendo as condições para que o crie desde seu próprio gesto. "[...] o bebê não tem necessidade imediata do leite, fato bem conhecido em pediatria. O bebê que descobriu o mamilo, e cuja mãe está acessível para oferecê-lo à sua mão ou à sua boca no momento oportuno, pode levar tempo, se é necessário, para começar a sugar. Talvez haja um período de mastigação, e desde o princípio cada bebê executa sua própria técnica." [69]

É importante que o objeto seja apresentado de modo que o gesto de apropriação venha do lactante. Para além da satisfação pulsional proporcionada pelo leite, está a necessidade (egoica) de estabelecer um contato psíquico com o objeto e criá-lo. Do lado da mãe, é importante destacar que sua adaptação ativa complementa o gesto espontâneo (criador) do lactante. "O bebê disse (sem palavras, claro): "Tenho vontade de..." e nesse instante preciso a mãe vem e muda de posição, ou vem para alimentá-lo, e o bebê pode finalizar a frase: "...mudar de posição, pegar o peito, a mamadeira, etc., etc." Devemos dizer que o bebê foi quem criou o seio, mas não poderia fazê-lo se a mãe não houvesse lhe dado exatamente nesse momento. A mensagem para o bebê é: "Entra no mundo criativamente, cria o mundo você mesmo; somente o que você cria tem sentido para você."[70][71]

A adaptação materna instaura o que Winnicott[72] denominou "relação do Eu" (*ego-relatedness*), ou "relação de objeto de tipo não orgiástico",[73] a partir da qual a satisfação da necessidade do alimento (e demais demandas pulsionais do Isso) pode reforçar o desenvolvimento do Eu.

No que se refere ao estabelecimento de relações objetais, a tarefa da mãe *suficientemente boa* consiste em possibilitar a justaposição entre o alucinado e o real, ou em confirmar as ilusões e alucinações do lactante, convertendo-as em fatos.

Se é certo que o lactante encontra-se desamparado, também o é que a adaptação materna o converte em uma espécie de "deus onipotente". Somente "a partir dessa experiência inicial de onipotência o bebê pode começar a experimentar a frustração, e chegar um dia [...] a ter o sentimento de ser somente uma partícula no universo."[74]

No âmbito dessa "justaposição" entre o alucinado e o real é estabelecido o primeiro "vínculo" com a realidade externa; um "vínculo" como modo de união fusional (objeto subjetivo) entre o lactante e a mãe. Ainda que pareça contraditório, o acesso aos atravessamentos do princípio da realidade se constitui a partir do processo de ilusão. "A mãe está capacitando o bebê a ter a ilusão de que objetos da realidade externa podem ser reais para ele, isto é, que eles podem ser alucinações, uma vez que são apenas estas que são sentidas como reais. Se se quer que um objeto externo pareça real, então o relacionamento com ele tem de ser o relacionamento que se tem com a alucinação. "[75]

Somente as alucinações "são sentidas como reais": esse é o imperativo imposto pela condição psíquica do lactante para que a realidade externa não resulte intrusiva e comece a se fazer significativa.

O que dá acesso aos atravessamentos do princípio de realidade é o fato de que, num primeiro momento, a figura materna não impõe exigências nesse sentido. Dessa forma evita a intrusão do fator externo e protege a continuidade existencial de seu filho, cujo desenvolvimento pode se dar sobre a base de um si-mesmo verdadeiro. Desse modo, trata-se de oferecer um ambiente facilitador que possa *sustentar* os processos de maturação que conduzem ao estabelecimento de relações objetais e à constituição do aparelho psíquico.

Disso deriva a importância de pensar o desenvolvimento emocional primitivo não tanto em termos de princípio de prazer e princípio de realidade, mas enquanto *processo de constituição do aparelho psíquico*. Se esse desenvolvimento é satisfatório, uma consequência "natural" será o acesso aos atravessamentos do princípio de realidade.

A partir dessa perspectiva é possível fazer uma exposição positiva da ilusão enquanto conquista do desenvolvimento. Nesse sentido, Winnicott privilegia o aspecto criativo e estruturante do processo, e não o surgimento da onipotência e da alucinação, como medidas defensivas ante a incapacidade para tolerar as frustrações impostas pelo princípio da realidade.[76]

Em resumo: o processo de ilusão (na dependência absoluta) tem lugar sobre a base de relação de objeto do elemento feminino puro (relações egoicas de tipo não-culminante), que protege a continuidade existencial do lactante e garante a atualização dos processos de maturação. Isso facilita o estabelecimento da fusão e de relações com objetos subjetivos (em um primeiro momento mediante a alucinação). Nesse contexto tem lugar o início das relações objetais e da "significância" da realidade externa, as quais assentam as bases do processo de constituição do aparelho psíquico.

Na medida em que o processo de ilusão sustenta essas conquistas, as instáveis capacidades e necessidades do lactante demandam uma mudança de direção no que se refere aos cuidados maternos. A partir desse ponto teórico, a *desilusão* começa a ganhar protagonismo.

1.5.2 Desilusão

Quando Winnicott fala de uma adaptação *quase* absoluta às necessidades psíquicas do bebê, o termo "quase" já indica que desde o começo há um certo grau de desadaptação. Ainda assim, é possível delimitar o começo teórico do processo de desilusão em função de uma série de transformações qualitativas na atitude mental e de conduta da mãe, que acompanham as do bebê.

No que se refere à mãe, há uma saída gradual do estado de preocupação maternal primária, o que leva a uma diminuição do grau de devoção e adaptação (retirada materna).

Na medida em que o processo de ilusão sustenta o desenvolvimento dos processos de maturação, pouco a pouco o lactante adquire recursos psíquicos que lhe permitem fazer frente à frustração e à desadaptação gradual às suas necessidades. Entre os acontecimentos que ampliam a capacidade de enfrentar essa retirada materna, cabe destacar:

1. O estabelecimento de relações com objetos subjetivos e a experiência de onipotência, que conduzem a:

2. A "confiabilidade no meio ambiente expectável médio",[77] que, pouco a pouco, se converte em um sentimento de "confiança na fidedignidade da mãe".[78] Tudo isso é possível graças às sucessivas experiências no sentido de que a frustração, assim como as falhas de adaptação, têm um limite de tempo e podem ser reparadas.

3. O estabelecimento de uma representação psíquica da mãe possibilita que ela esteja presente (enquanto representação) em sua ausência (física). A capacidade para passar pela frustração e falhas de adaptação aumenta na medida em que cresce a capacidade do bebê de manter viva essa representação psíquica (constância objetal).[79]

Essas conquistas acontecem durante a passagem da dependência absoluta à dependência relativa, o que implica a separação do eu e do não-eu e o apercebimento da dependência. Portanto, para compreender o processo de desilusão deve-se atentar aos processos interpessoais implicados na separação de eu e não-eu.

No processo de ilusão o lactante estabeleceu relações objetais como fusão com objetos subjetivos que se encontram sob seu controle onipotente. Há relação do objeto, mas não capacidade de relacionar-se com o objeto, isto é: reconhecer sua exterioridade, características próprias e autonomia. Winnicott [80] dirá que há uma relação de objeto, mas não a capacidade para *usar o objeto*.

Para passar da relação ao uso, o lactante teria que colocar o objeto fora de sua área de controle onipotente, perceber "o objeto como fenômeno externo, não como entidade projetiva [ou alucinada], e, na realidade, reconhecê-lo como uma entidade por seu próprio direito".[81] Por sua vez, colocar o objeto fora de sua área de controle onipotente implica destruir o objeto fusionado. "É importante notar que não se trata apenas de o sujeito destruir o objeto porque este está situado fora da área de controle onipotente. É igualmente importante enunciar isto ao contrário e dizer que é a destruição do objeto que o situa fora da área de controle onipotente do sujeito."[82]

Esta destruição não está motivada pela frustração do pulsional nem pelo ódio. A destrutividade com ira pertence a um momento posterior do desenvolvimento (ver na continuação). Nesse momento fundante, se trata de uma destrutividade derivada da atualização dos processos de maturação, que gera no bebê a necessidade egoica de "romper" a fusão e começar a existir enquanto fenômeno autônomo e separado da figura materna.

Sob outro ponto de vista, a "finalidade" dessa destrutividade sem ódio é encontrar/criar a exterioridade do objeto. É uma *destrutividade* que *constrói* a (percepção da) uma realidade externa compartilhada.[83] Esses processos se manifestarão através de diversos matizes de conduta. Stern comenta que: "As mães sabem muito bem que os bebês podem afirmar sua independência e dizer um decisivo "NÃO" desviando o olhar aos quatro meses, por gestos e entonação vocal aos sete meses."[84]

Em determinados momentos é possível que o bebê rejeite o peito ou a comida que a mãe lhe oferece, ou que ataque fisicamente (quando morde, protesta, arranha, etc.). Ao não diferenciar fantasia e fato, os ataques fantasiados e reais se equivalem (entendendo que o termo "ataque" também se refere às manifestações de rejeição por meio do olhar, gestos, etecetera).

No contexto interpessoal, a principal tarefa da mãe é *sobreviver* ao ataque, o que significa não adotar uma atitude de retaliação, vingativa, moralista ou de abandono. Por exemplo, a mãe não deixará de atender a seu filho porque esse não aceita sua comida ou se nega a olhar para ela durante uns poucos minutos. Assim, para o bebê pode resultar extremamente significativo se, por algum motivo (morte, doença, etc.) a figura materna se ausenta (física ou emocionalmente) por muito tempo.

Quando não há sobrevivência, o si-mesmo sofre a ameaça de aniquilação, pois a destruição no âmbito da relação de objeto produz a destruição real do objeto que sustenta o universo objetal do bebê. Uma consequência possível é o bloqueio da destrutividade estruturante, de modo que toda destrutividade é vivida como "algo que não pode ser abrangido ou algo que só pode ser mantido sob a forma de uma tendência a ser um objeto de ataque."[85] Esse mecanismo seria um dos percursores das ansiedades paranoides.

De fato, o termo "destruição" se refere não tanto ao impulso destrutivo do lactante, mas sim à possibilidade de que o objeto não sobreviva. Se sobrevive, a destruição é uma destruição potencial na "fantasia inconsciente";[86] uma destruição que será restituída uma e outra vez pela sobrevivência do objeto que se encontra na realidade externa compartilhada. A sobrevivência, que se contrapõe à destruição potencial, fará com que o bebê localize o objeto fora de sua área de controle onipotente (reconheça sua autonomia e características próprias). "Em outras palavras, por causa da sobrevivência do objeto, o sujeito pode agora começar a viver uma vida no mundo dos objetos e tem assim a ganhar de maneira imensurável, mas o preço tem de ser pago pela aceitação da destruição continuada na fantasia inconsciente relativa ao relacionamento com objetos".[87]

Na medida em que o objeto é colocado fora da área de controle onipotente do sujeito, os mecanismos projetivos atuam sobre a estruturação da percepção, "mas eles não são a *razão pela qual o objeto está lá*".[88] A razão pela qual o objeto se encontra na realidade externa compartilhada é a sobrevivência à sua destruição, o que consiste em uma das vertentes da "primeira" versão da separação entre o eu (mundo interno, fantasia, "te destruo!") e o não-eu (mundo externo, realidade, "você sobrevive!").

Com o processo de destruição-sobrevivência, o bebê pode experienciar uma série de situações em que seu impulso destrutivo não produz a destruição efetiva, o que conduz a uma crescente diferenciação entre o imaginado e o real, entre os fatos fantasiados (eu) e os da realidade externa (não-eu).[89]

Por sua vez, a confiança na sobrevivência conduz a uma maior liberdade no que se refere ao fantasiar e ao uso de objetos externos, assim como a uma maior capacidade para empregar a destrutividade nas atividades construtivas e reparadoras (em um primeiro momento, fundamentalmente através do brincar).

Se antes falávamos da ilusão de onipotência, agora corresponde apontar que, devido ao desamparo egoico do bebê, também a mãe vivencia certa ilusão de onipotência; mas, na medida em que deixa o estado de preocupação maternal primária, deve abandonar ("destruir") essa ilusão e formar uma concepção de seu filho enquanto fenômeno autônomo e separado. Gradualmente, começa a "desinteressar-se" dos cuidados maternais e a resgatar outros interesses pessoais (trabalho, marido, amigos, atividades socioculturais).

Definitivamente, no processo de desilusão a mãe deve ser capaz de tolerar as feridas narcísicas derivadas de não ser a encarnação real do objeto que atende onipotentemente às necessidades e demandas de seu filho.

Por outro lado, sobretudo no começo do processo de desilusão, as necessidades do bebê são extremamente oscilantes. "Isso se torna extremamente difícil para as mães, já que as crianças flutuam entre um e outro estado; em efeito, num momento dado estarão fundidos com a mãe e necessitarão de sua identificação emocional, e em questão de segundos se encontrarão separados dela, e então, se a mãe conhece de antemão suas necessidades, se converterá em um perigo, em uma espécie de bruxa."[90]

O termo "bruxa" significa que se a mãe não é capaz de se desiludir e de desiludir seu filho e assim atender sua necessidade de existir como fenômeno autônomo e separado, aquilo que seria um espaço materno protetor se torna em um espaço materno aterrorizante.[91]

Quando estabelece a separação entre eu e não-eu, o bebê alcança formas mais complexas de comunicação e desenvolve outros recursos para elaborar a retirada materna. Entre eles cabe destacar o início da compreensão intelectual. "O pensar faz parte do mecanismo pelo qual o bebê tolera tanto o fracasso da adaptação à necessidade do ego, quanto a frustração...".[92]

No começo trata-se de um pensar simples sobre a base de reflexos condicionados. Por exemplo: já que o bebê começa a ser capaz de observar a conduta do ambiente e de prever o que vai acontecer, os ruídos que chegam da cozinha lhe informam sobre a iminente aparição da mãe e da comida, o que contribui à capacidade de espera. Assim, o pensar vai se transformando em um importante "aliado" da figura materna, sempre que esta seja confiável.[93]

Ao falar da passagem do princípio do prazer ao princípio da realidade, Freud assinalou como a descarga motora, ao associar-se com os processos de representar e com o pensar, transforma-se em ação, cuja função é a "alteração apropriada da realidade".[94] De outra perspectiva, Winnicott assinala que essa passagem da descarga motora à ação de modo eficaz demanda uma mudança fundamental na comunicação entre a mãe e o bebê: "Poderia se dizer que se agora a mãe sabe perfeitamente o que necessita a criatura, isso é magia e não proporciona nenhuma base para uma relação objetal. [...] Dito de outra maneira, ao finalizar a fusão, quando a criatura se separou do meio ambiente, uma das características fundamentais da nova situação é que a criatura tem que dar um sinal."[95]

Esse *sinal* é o começo da ação de modo eficaz proposta por Freud. Aos poucos o bebê começa a "se dar conta" de que não basta necessitar para que o objeto apareça magicamente (experiência de onipotência). Para que suas necessidades e demandas sejam atendidas terá que se *comunicar* com o objeto. Na medida em que o bebê é capaz de se aperceber da dependência e emitir um sinal, a mãe deve deixar de comportar-se como se fosse uma "alucinação encarnada" (ilusão).

Essa mudança na configuração comunicacional é um dos aspectos do processo de desilusão que contribui para que a alucinação e a descarga motora sejam substituídas pelo pensar e pela ação.

A mãe administra a desilusão segundo a crescente capacidade do bebê para lidar com esse processo; de modo que o "destronamento" da experiência de onipotência somente se dá na medida em que o Eu do sujeito (com suas defesas e com sua ação sobre o mundo externo) é capaz de incluir as falhas maternas, frustrações e feridas narcísicas no âmbito de sua onipotência pessoal.[96]

Freud assinala que "a substituição do princípio do prazer pelo princípio da realidade não implica a deposição daquele, mas apenas a sua proteção".[97] Na onipotência pessoal (entendida aqui como um nova conquista do desenvolvimento e não como defesa) "... a onipotência e a onisciência são retidas, *juntamente com* uma aceitação intelectual do princípio de realidade".[98] O termo "juntamente" aponta a uma terceira área de experiência, intermediária e transicional.[99]

Partindo da experiência de onipotência, a evolução consiste em que agora se trata de controlar de forma onipotente objetos não-eu através da ação. Deste modo o bebê se inicia no campo da sedução e da conquista, da manipulação de objetos externos, da intercomunicação e, finalmente, no âmbito sociocultural.

1.5.2.1 Ambivalência

Com a separação entre eu e não-eu e com a apercepção da dependência, pouco a pouco o bebê estabelece vínculos de amor e ódio, segundo a correspondência ou não da conduta do objeto não-eu com as suas expectativas. Nesse contexto, as experiências de satisfação e frustração ganham] um maior protagonismo, uma vez que se organizam as concepções de um objeto idealizado (que satisfaz) ou denegrido (que frustra). A partir desse ponto teórico o processo de desilusão abre o acesso à ambivalência, que inclui a "quebra", partindo ódio derivado da frustração, do objeto idealizado (em algum lugar Winnicott diz que se trata de abarrotar a idealização com excrementos).

Mas, primeiramente, há que se referir a um momento anterior, no qual ainda não corresponde utilizar os termos "amor" e "ódio". Freud assinalou que: "Em última instância, poderíamos, forçando o uso do termo, até dizer que uma pulsão "ama" o objeto por meio do qual aspira a obter satisfação. Mas, se disséssemos que uma pulsão "odeia" um objeto, isso nos soaria tão estranho que acabaríamos por perceber que as relações de amor e ódio não poderiam ser utilizadas para se referir às relações das pulsões com seus objetos, e sim que estariam reservadas para a relação do Eu-total com seus objetos."[100]

Na perspectiva de Winnicott, seria mais acertado dizer que os vínculos de amor e ódio não são aplicáveis ao começo, já que pressupõem a separação do eu e do não-eu e a integração do Eu.[101]

A apercepção possibilita ao bebê reconhecer e odiar o objeto que falha e frustra, ao mesmo tempo que estabelece vínculos de amor com aquele que o atende e satisfaz. Contudo, em um primeiro momento, ainda não se pode falar de ambivalência; a "forma mais primitiva de resolver o conflito consiste em separar o bom do mau".[102] [103]

A partir desse ponto teórico, o que possibilita o acesso à ambivalência é a capacidade da mãe para aceitar seus próprios sentimentos ambivalentes para com seu filho. O ódio (ambivalente) da mãe será o fundamento, ou "combustível", do processo de desilusão.[104]

Invariavelmente, "a mãe odeia ao bebê antes que este a odeie, e antes que o bebê possa saber que sua mãe o odeia".[105] Segundo Winnicott,[106] há várias razões pelas quais uma mãe pode odiar seu bebê. Entre elas, cabe destacar:

- O lactante constitui um perigo para o corpo da mãe durante a gravidez e o parto. Além do mais, muitas vezes o danifica, sobretudo o peito.
- No princípio, é o lactante quem domina a relação, "exigindo" (em função de sua condição psíquica) uma adaptação quase absoluta às suas necessidades.
- Interfere na vida privada da mãe, que – sobretudo no começo – terá que renunciar em grande medida aos seus outros interesses pessoais.
- O lactante nunca é exatamente como a mãe esperava que fosse (frustração).
- Devido ao seu "amor cruel", ou à sua "crueldade inocente", ele trata a mãe como se fosse uma escrava que deve estar disposta a atendê-lo sem esperar sinais de gratidão (pelo menos no começo).
- Constantemente faz com que a mãe se sinta impotente, pois, em muitas situações, ela não sabe o que acontece com o bebê ou o que fazer.

A mãe suficientemente boa deve ser capaz de tolerar e processar seu ódio (ambivalente) sem adotar uma atitude vingativa ou taliônica. Durante o processo de ilusão, terá que tolerar seu ódio sem fazer nada a respeito. Se não pode odiar apropriadamente, "deve apoiar-se em seu masoquismo".[107][108]

Uma possível "válvula de escape" do ódio podem ser as canções de ninar, através das quais a mãe expressa seu ódio sem pôr em perigo a continuidade existencial do lactante. Nesse sentido, Winnicott relembra uma canção de ninar que diz:

Dorme criança na copa da árvore,
Quando o vento soprar o berço será embalado
Quando o galho se quebrar o berço cairá
Cairá a criança, com berço e tudo"[109]

No Brasil, há uma canção de ninar que diz:
"Nana, neném, que a Cuca vem pegar,
Papai foi para roça,
E mamãe volta já.

Obviamente, o bebê jamais dormiria se entendesse o significado semântico dessas canções. Se dorme, é devido ao balanço do corpo da mãe e a doce melodia que se dissociam da hostilidade explicitadas nas letras (dissociação instrumental, operativa). Dessa forma, uma vez que descarrega parte de seu ódio, a mãe mantém uma relação amorosa e protetora com seu filho.

De outro lado, com a crescente capacidade do bebê para se aperceber das falhas ambientais e odiar o objeto que as provoca, a mãe pode e deve expressar seu ódio através do processo de desilusão. Se o grau de desadaptação não resulta traumático, as falhas maternas oferecem ao bebê "motivos objetivos" para que a odeie e efetue a "quebra" da concepção idealizada que tem dela.[110] "Na normalidade, quando a criança consegue a fusão, o aspecto frustrante do comportamento objetal resulta valioso para educar a criança sobre a existência de um mundo "que não é ele". As falhas de adaptação são valiosas *na medida em que a criança possa odiar o objeto*, quer dizer, [ao "final" da fusão e] na medida em que saiba conservar a ideia do objeto como fonte potencial de satisfações ao mesmo tempo em que se dá conta de que não se comporta satisfatoriamente."[111]

Com a crescente integração egoica, o bebê começa a se aperceber de que "o objeto que na fantasia é tão impiedosamente atacado é o mesmo que é amado e necessitado".[112]

Pouco a pouco a "crueldade inocente" (sem ódio nem culpa) cede espaço à *preocupação pelo outro.* "A destruição somente passa a ser responsabilidade do eu quando existe uma integração e uma organização do eu suficiente para a existência da ira e, por conseguinte, do medo do talião. Assim que seja possível detectar a ira e o medo, segue havendo lugar para o reconhecimento dos desenvolvimentos do eu antes dos quais não é sensato falar da ira do indivíduo."[113]

Se o Eu do bebê é capaz de conter a responsabilidade por sua destrutividade, então poderá tolerar os sentimentos de culpa e modificá-los através da reparação.[114] Mas isso já é muito avançado e sutil. Nesse contexto importa destacar que a capacidade de reparação do bebê depende da capacidade de sobrevivência e reparação da mãe.

Winnicott, ao falar das mães deprimidas e pouco tolerantes no que se refere a seus sentimentos ambivalentes, oferece um exemplo de como esse processo pode se ver bloqueado: "... essas crianças estão fazendo reparação não com referência à sua própria destrutividade e suas próprias tendências de destruição, mas com respeito às tendências destrutivas da mãe. A realização, para estas crianças, é a realização de consertar algo de errado na mãe e, por conseguinte, a realização as deixa sempre sem qualquer progresso pessoal".[115]

Resumindo, o lactante necessita do ódio para odiar, e assim seguir a trilha do desenvolvimento que conduz à ambivalência. Se a mãe não é capaz de tolerar e de administrar seus sentimentos ambivalentes (assim como suas feridas narcísicas por não ser a encarnação real do objeto idealizado), encontrará dificuldades no que se refere ao processo de desilusão: o temor de seu próprio ódio fará com que tema os resultados do ódio que possa despertar em seu filho, na mesma medida em que esse ódio conduz à "quebra" de idealização e à crescente autonomia do bebê.

A partir do exposto, é possível esboçar uma descrição sequencial aproximada do desenvolvimento normal nos seguintes termos:

Ausência de relações objetais.

Estabelecimento de relações objetais com objetos subjetivos (ilusão, fusão, alucinação).

Os processos de maturação impulsionam a destruição (sem ódio) do objeto fusionado.

O objeto sobrevive ao ataque, e é colocado para fora da área de controle onipotente, reconhecido enquanto fenômeno não-eu, pertencente à realidade externa compartilhada.

O sujeito pode usar o objeto e estabelecer com ele vínculos de amor (satisfação, idealização) e ódio (frustração, difamação).

A mãe elabora seu ódio através do processo de desilusão (o que implica experiências de frustração), oferecendo assim "motivos objetivos" para que seu filho a odeie e processe a "quebra" do objeto idealizado; a qual abre o acesso à ambivalência (desde que a figura materna tolere a ferida narcísica por não ser a encarnação real da idealização).

Para finalizar, deve-se lembrar que não há um processo de ilusão e desilusão puro nem linear. Se a descrição teórica revela certo purismo é com o único objetivo de tentar uma dissecção instrumental que contribua para uma melhor compreensão de estruturações e processos muito mais complexos que a descrição em si.

A "ruptura" da fusão, o "destronamento" da experiência de onipotência, a capacidade para usar objetos não-eu, etecetera, são processos que apresentam variados matizes e paradoxos, os quais conduzem ao tema dos objetos e fenômenos transicionais.

1.6 Objetos e fenômenos transicionais

Ao longo do desenvolvimento o bebê realiza uma série de transições e conquistas. Sem dúvida, uma das principais contribuições de Winnicott consistiu em investigar os estados intermediários entre os fenômenos psíquicos mais primitivos e as conquistas posteriores do desenvolvimento. Mesmo na vida adulta não é possível falar de um cumprimento definitivo de tais transições, sendo melhor falar das vicissitudes do transicional ao longo da vida.

Winnicott formulou o conceito de *área intermediária de experiência* para designar as experiências caracterizadas pelo atravessamento ou casamento entre o interno e o externo, criatividade primária (subjetivo) e percepção do real (objetivo), estado de fusão e capacidade de relacionar-se com objetos não-eu, ilusão de controle onipotente e renúncia a tal ilusão.

Não se trata de abandonar um extremo para alcançar outro, mas sim de que o fundamental da experiência humana se encontra nessa área intermediária.

Quando essa área intermediária é deficitária, o indivíduo pode oscilar entre ficar preso em seu mundo interno-subjetivo ou alienar-se no externo-objetivo; perder-se em relações fusionais ou não conseguir nenhum tipo de vínculo significativo com o mundo externo; viver em um estado de onipotência improdutiva ou sucumbir à impotência plena.

No desenvolvimento normal, os processos que promovem essa área intermediária giram ao redor daquilo que Winnicott denominou "fenômenos e objetos transicionais".

Ao longo de diversas situações cotidianas, o bebê estabelece relações com uma série de objetos, tais como o cobertor, paninhos, bonecas (cujo protótipo mais conhecido é o ursinho), etc. Os progenitores insuflam vitalidade e significação a esses objetos, por exemplo, brincando que um boneco tem vida própria e fala com o bebê, ou em diversas situações nas quais aquele paninho verde está presente (na hora de comer, sair, se deitar, etc.).

Baseando-se em situações experimentais, Stern faz a seguinte descrição: "Enquanto e imediatamente depois que a mãe imbui o brinquedo com as ações, movimentos, afetos de vitalidade e outros atributos invariantes das pessoas, o interesse do bebê no brinquedo fica aumentado (...) Uma vez que ela tenha imbuído assim um objeto e se retire, é provável que o bebê continue a explorá-lo sozinho, pois esse objeto retém a animação da personificação. Ele se tornou, no momento, um auto-regulador, e pode alterar dramaticamente a experiência de eu".[116]

Por volta do sexto mês (com amplas variações) o bebê tende a "eleger" e desenvolver um intenso interesse por um desses objetos personificados, que se torna seu objeto transicional, ou seja, um substituto ou representante da figura materna. Ao ser uma representação materializada, o objeto transicional serve de defesa contra a ansiedade ou angústia de separação. Nesse sentido, o objeto transicional potencializa a capacidade do bebê para tolerar a "ruptura" da fusão e a retirada materna no processo de desilusão, sem que isso implique o colapso do si mesmo.[117]

Nesse contexto também cabe levar em conta a constância e *confiabilidade* dos cuidados maternos. Considerando que o objeto transicional é uma representação materializada do objeto interno, se a mãe se ausenta por muito tempo ou sua conduta não é estável, o objeto internalizado se "dilui" e o objeto transicional perde significação. "Em outras palavras, o objeto de transição é simbólico do objeto interno que é mantido vivo pela presença viva da mãe".[118]

Mais do que falar de constância objetal (intrapsíquica), aqui importa destacar também a constância da presença e das qualidades do objeto transicional. Nesse sentido, os pais costumam tê-lo disponível para oferecê-lo ao bebê e para que ele o *acompanhe*, por exemplo, quando viajam, quando vão ao pediatra, na hora de dormir, etc.. Em determinados casos, "sabem" que não podem lavá-lo, já que seu (mau) cheiro pode ser um estímulo fundamental para a continuidade de sua significação ou personificação.[119]

Em suma, a constância dos cuidados maternos sustenta a significação do objeto transicional. Por sua vez, a constância desse último sustenta o universo representacional do bebê, assim como aquilo que virá a ser a constância objetal.

Considerando que o objeto transicional é uma personificação da figura materna, ele será a primeira *possessão não-eu* do bebê. O termo "possessão" significa que "é parte de mim e se encontra sob meu controle onipotente" (objeto fusionado), de modo que a primeira posse não-eu é um objeto pré-simbólico que, para o bebê, "é e não é parte de mim", "se encontra e não se encontra sob meu controle onipotente";[120] e é nesse sentido que o objeto transicional é testemunha e promotor da área intermediária de experiência.

No processo de ilusão a figura materna acomodou o real àquilo que o bebê estava disposto a criar a partir de seu gesto espontâneo. Se o princípio de realidade fosse introduzido brutalmente, isso bloquearia o desenvolvimento do si-mesmo verdadeiro, assim como suas relações com a alteridade. Por sua vez, sem os atravessamentos do princípio de realidade, o sujeito ficaria preso nas vicissitudes de seu mundo intrapsíquico. "Amiúde ouvimos falar das frustrações reais impostas pela realidade externa, mas não tão frequentemente ouvimos referências ao alívio e à satisfação que dá tal realidade. [...] A questão reside no fato de que na fantasia as coisas funcionam magicamente: a fantasia não tem freio e o amor e o ódio produzem efeitos alarmantes. A realidade externa sim tem freio [...] O subjetivo possui um tremendo valor mas resulta tão alarmante e mágico que não pode ser desfrutado salvo paralelamente ao objetivo."[121]

Daí a importância de uma área intermediária de experiência, para que o sujeito não fique preso nas vicissitudes de seu mundo interno e nem submetido às imposições do mundo externo e do princípio de realidade.

A fundação dessa área intermediária deriva do fato de, com a separação do eu e do não-eu, ser estabelecido um *espaço potencial* entre o bebê e a mãe; um espaço virtual de "separação" que o bebê pode encher com objetos signos da união, e que em um primeiro momento será o objeto transicional ou primeira possessão não-eu.[122]

Paradoxalmente, trata-se de uma separação que não é tal sempre que o sujeito possa empregar os signos da união. Isso possibilita processar a "ruptura" da fusão, sendo a delimitação da onipotência e as feridas narcísicas daí derivadas.

Na perspectiva da onipotência dos processos intrapsíquicos, o objeto transicional não "está sob controle mágico, como o objeto interno, nem tampouco fora de controle, como a mãe real".[123] Nesse sentido, marca a transição "do domínio onipotente (mágico) para o controle pela manipulação (envolvendo o erotismo muscular e o prazer de coordenação)".[124] Nessa passagem podemos admitir a anulação ou delimitação da onipotência, mas também seu reasseguramento através de uma série de atividades e interações.

Esse é o paradoxo que o objeto transicional encarna e que, se pudesse, o bebê expressaria dizendo: "Este objeto faz parte da realidade externa e eu o criei".[125] Nesse sentido, a principal tarefa da mãe é tolerar e não tentar resolver o paradoxo, o que implica não apresentar exigências unilaterais. "Sobre o objeto transicional se pode decidir que se trata de um acordo entre nós e o bebê, no sentido de que nunca lhe formularemos a pergunta: "Você concebeu isso ou lhe foi apresentado a partir do exterior? O importante é que não se espere decisão alguma sobre esse ponto. A pergunta não é para ser formulada."[126]

Se a mãe é capaz de tolerar o paradoxo e atuar dessa forma, o bebê "começa a gozar de experiências baseadas em um 'casamento' da onipotência dos processos intrapsíquicos com seu domínio do real".[127] Esse paradoxo que o objeto transicional encarna é fundamental para que a "ruptura" da fusão não produza o colapso do si-mesmo nem a perda de significância da realidade externa. Por sua vez, isso contribui para que os atravessamentos do princípio de realidade dimensionem mas não bloqueiem a criatividade primária, assim como o viver criativo derivado do "casamento" entre o subjetivo puro e a objetividade do real.

É nessa área intermediária de experiência onde Winnicott[128] localiza a área do brincar; uma área caracterizada por um contexto de interações no qual a ilusão está permitida, dimensionada, mas não anulada pelo princípio de realidade. O passo seguinte consistirá no acesso ao brincar compartilhado, isto é, na possibilidade de sobrepor ou de compartilhar duas ou mais áreas do brincar, o qual funda o acesso à *intersubjetividade* e à possibilidade de compartilhar experiências subjetivas no âmbito de um marco cultural. "Se um adulto nos reivindicar a aceitação da objetividade de seus fenômenos subjetivos, discernimos ou diagnosticaremos nele loucura. Se, contudo, o adulto consegue extrair prazer da área pessoal intermediária sem fazer reivindicações, podemos então reconhecer nossas próprias e correspondentes áreas intermediárias, sendo que nos apraz descobrir certo grau de sobreposição."[129]

Se o paradoxo é aceito, essa área do brincar compartilhado "através da vida, é conservada na experimentação intensa que diz respeito às artes, à religião, ao viver imaginativo e ao trabalho científico criador".[130]

Esses desenvolvimentos posteriores derivam de que, em sua qualidade de objeto fundacional, o objeto transicional está destinado a "desaparecer", no sentido em que não "é esquecido e não é pranteado. Perde o significado";[131] e isso devido à sua significação se estender pouco a pouco a outros objetos, pessoas, atividades e interesses culturais. Winnicott o resume nos seguintes termos: "Há uma evolução direta dos fenômenos transicionais para o brincar, do brincar para o brincar compartilhado, e deste para as experiências culturais".[132]

Ainda que Winnicott não o propusesse nesses termos, poderia se pensar que essa extensão do transicional é possível na medida em que aqueles processos que têm lugar ao redor do objeto transicional passam a fazer parte da constituição do aparelho psíquico.[133]

Já não se trata somente de um objeto específico, concreto, pré-simbólico e transicional, mas sim da aquisição de um "lugar simbólico" intrapsíquico, o qual possibilita estender o símbolo da união para uma série de atividades, objetos e pessoas; para a experiência cultural e a intersubjetividade.

Esse "lugar simbólico" será fundamentalmente um "lugar" vazio, da falta, da perda e da separação que não são tais, lugar da angústia desejante que impulsiona satisfazer em certa medida, através de interações com pessoas e objetos, a ausência fundacional do ser desejante.[134]

Depois de dizer que as propostas de Winnicott sobre o objeto transicional e o paradoxo apresentam uma estreita relação com certos conceitos da literatura e da arte contemporânea, Khan comenta que: "Por essa razão, nos últimos anos de sua vida Winnicott se dedicou cada vez mais a descobrir de que modo a cultura, com todo o seu vocabulário de símbolos e atividades simbólicas, pode ajudar o indivíduo a se encontrar e se realizar. O conceito de objeto transicional ajudou o pensamento psicanalítico a reavaliar o papel da cultura, definindo-a como uma contribuição positiva e construtiva na experiência humana e não somente como uma causa de mal-estar".[135][136]

Esses acessos à transicionalidade e à cultura – a essa área intermediária de experiência cujas origens remetem a esse terceiro objeto (transicional) que media o bebê e o objeto materno –, tudo isso está possibilitado pelos atravessamentos da ordem do paterno.

1.7 O pai e a função paterna

Depois de fazer alguns comentários que apoiam o pensamento de Winnicott, Green assinala algumas críticas: "em particular, um emprego restritivo do conceito de pulsão, o lugar apagado atribuído ao pai, a discrição que testemunha a sexualidade parental e o poder mobilizador do fantasma da cena primitiva, e certa negligência para com o papel da linguagem".[137]

Green não comenta nem justifica essas críticas ou reservas. No que se refere ao "emprego restritivo do conceito de pulsão", já vimos[138] o lugar que o pulsional ocupa nos escritos de Winnicott sobre o desenvolvimento primitivo.[139]

No que se refere ao "lugar apagado atribuído ao pai",[140] não é necessário ser um profundo conhecedor de Winnicott para perceber que o termo "pai" aparece poucas vezes em seus escritos, sobretudo se o ponto de comparação é o número de vezes que aparece a palavra "mãe". Por outro lado, uma (re)leitura atenta faz pensar que Winnicott emprega "mãe/materno" e "pai/paterno" com sentidos muito diferentes e para significar questões distintas.

Por exemplo, no que se refere à expressão "cuidado materno", o autor adverte que pode tratar-se do cuidado "recebido tanto do pai quanto da mãe".[141] Sobre a preocupação materna primária, assinala que o pai "até certo ponto se encontra em um estado similar".[142] Também diz que alguns "homens maternais" podem ser melhores "mães" que suas esposas, ainda que em um caso favorável convém que o pai assuma um papel diferente do da mãe, sobretudo quando essa última e o bebê necessitam que ele esteja aí como homem.[143]

Ou seja: apesar de o termo "mãe ou materno" poder incluir o pai, seria um erro supor que Winnicott não leva em consideração a distinção das funções segundo o sexo dos progenitores.

1.7.1 As funções do pai

No que se refere às diferentes funções que os progenitores desempenham durante o processo de ilusão, em princípio (ainda que não necessariamente) a mãe biológica é a pessoa mais preparada para adaptar-se às necessidades do lactante, fundamentalmente devido às mudanças fisiológicas e à preparação emocional que supõe os meses de gravidez e a experiência do parto.[144]

Por sua vez, uma das funções específicas (mas não exclusiva) exercida pelo pai nas primeiras etapas consiste em ocupar-se do ambiente físico e emocional, contribuindo para que a mãe possa submergir-se no estado de preocupação maternal primária sem que esse estado resulte demasiadamente ansiógeno.[145] Não seria equivocado dizer que enquanto a mãe dá suporte ao bebê, o pai dá suporte à mãe. Noutra perspectiva, trata-se de ser e representar o terceiro objeto que modula a dualidade fusional.[146]

Se não há um pai real, a mãe e o bebê podem fazer uso de outra pessoa significativa, ou inclusive da *"imago* do pai na realidade interna da mãe".[147] [148] No entanto, nos casos em que não há um pai real, a tarefa será mais árdua: para a mãe, porque terá que se encarregar de duas funções (complementares e antagônicas), e para o bebê, devido ao fato de que "para a criança é mais fácil ter dois progenitores: poderá sentir que um deles é fonte de amor, enquanto outro é odiado, e isso em si mesmo tem um influxo estabilizador".[149]

Nessas etapas mais avançadas (nas quais se pode falar de amor e ódio, etc.), Winnicott será mais explícito sobre a importância e funções do pai, que, além do mais, exerce a função de representar o "ambiente indestrutível" capaz de conter as investidas do menino/menina e de proteger a figura materna de seus ataques (fantasiosos ou reais).[150]

1.7.2 A função paterna

Para além dos termos "mãe" e "pai", sugiro levar em consideração a diferenciação e o atravessamento entre as funções materna e paterna. Em certa medida, há nisso uma proposta de reler Winnicott, no sentido em que, onde o autor escreve "mãe", pode ser que seja mais acertado ler "materna" ou, inclusive, "paterna"; e onde se lê "pai maternal ou como substituto materno", convém ler "função materna".

Em termos estritos a *função materna* (função específica, mas não exclusiva da mãe) aponta uma atitude mental e de conduta do tipo relação de objeto do elemento feminino, isto é: relações egoicas (de tipo não-culminante) que facilitam o processo de ilusão e a fusão. Aqui prevalecem as interações em nível sensorial e de imediatismo, assim como um princípio de amor harmônico e de devoção incondicional.

Já a função paterna (função específica, mas não exclusiva do pai) faz referência à atitude mental e de conduta que aponta à discriminação, à terceiridade, à intercomunicação, à mediação, ao amor condicional (e portanto o ódio e a desilusão), o pulsional e seus embates com o objeto, etecetera; ou seja: a relação de objeto do elemento masculino. São estabelecidas aqui relações triangulares (eu, tu, ele) e um princípio de diferenças e discórdia e, portanto, a necessidade de um eixo organizador e de uma lei mediadora.

O fundamental a se considerar é o atravessamento e a complementariedade entre as funções materna e paterna; algo que poderia ser descrito em termos metafóricos como sendo a imagem de uma bandeira ao vento. A bandeira (materno) não apenas exerce oposição sobre o vento (necessidades e demandas do bebê), mas também se adapta a ele deixando-se dançar em função dos fluxos e contrafluxos de seu sopro, convertendo-se, assim, numa imagem em movimento (iludir; dar forma ao gesto espontâneo ou criador).

Para que essa dança não se converta em um caos sem referência, a bandeira deve estar amarrada ao mastro paterno, eixo organizador e modulador da adaptação materna. Pode ser que o vento e a bandeira inclusive "se queixem" de que esse mastro lhes tira a liberdade, de que não lhes deixa dançar sem limitações; mas o certo é que sem o mastro não haveria dança, mas somente um voo decadente.

Partirei da hipótese segundo a qual a condição psíquica nos inícios do desenvolvimento demanda alguns cuidados que apontam fundamentalmente à ordem do materno (ilusão), ainda que seja um grave erro excluir ou menosprezar a importância do paterno (o que é muito comum em famílias de psicóticos).

De fato, alguns autores[151] parecem propor que nas primeiras etapas do desenvolvimento haja algo como uma "presença ausente" da ordem do paterno. Isso aponta ao que denominei função paterna primária (que incide sobre o materno, e somente indiretamente sobre o bebê).

Estabelecendo um paralelismo com a mitologia, Farjani oferece um ponto de partida interessante para pensar sobre essa questão: "O mesmo sol que possibilita a eclosão das sementes e o crescimento das plantas, tem o poder de queimá-las através de uma exposição excessiva. Representante do Princípio Masculino por excelência, o sol necessita da cooperação do Princípio Feminino, a Mãe mítica, para que possa permitir a continuidade da vida que ele originou. A semente, a criança-deus recém-nascida, necessita ser ocultada (semeada) e protegida pelo manto materno (a terra) da ação nefasta do olho paterno (o sol causticante), para que possa desenvolver-se".[152]

Usando outros termos, a citação aponta para a economia das funções materna e paterna no processo de ilusão--desilusão, no qual o materno modula aquilo que em um primeiro momento se converteria na "ação nefasta do olho paterno". Isso não significa que deva haver uma ausência da função paterna, mas sim que o nefasto seria a apresentação prematura e direta da terceiridade, do amor condicional e o ódio, do princípio de realidade, da desilusão, etc.[153]

Por outro lado, sem o calor indireto do sol-pai que esquenta a terra-mãe, a semente ficaria fechada em um espaço materno aterrorizante, escuro e frio. Em termos míticos, isso também aparece representado pelas imagens da esfinge e da sereia, que segundo Farjani poderiam ser traduzidas respectivamente por "aquela que abraça e sufoca" e "aquela que asfixia".[154]

Em termos aritméticos, a função paterna primária deve ser representada com o número zero. O zero representa uma presença ausente, como o sol em relação à semente. Do ponto de vista do observador, o sol é a presença de um terceiro (3) que modula a dualidade fusional; mas, do ponto de vista da semente, o sol é ausência, no sentido em que o paterno incide sobre o materno (0). No contexto do atravessamento entre ambos os pontos de vista, o três e o zero se equivalem (3=0).

A respeito da função paterna primária, talvez haja algo que Winnicott não terminou de explicitar ou desenvolver: para que a ordem do paterno se instaure no psiquismo do bebê, é necessário que esteja instaurada no psiquismo dos pais, e também entre estes e o bebê. Por mais que o bebê não se aperceba (mas se beneficia) do efeito modulador exercido pelo sol e pelo mastro paterno, a triangulação sol-terra-semente, mastro-bandeira-vento, teve sempre que estar presente.

Em uma das poucas passagens em que Winnicott faz uma referência explícita à função paterna que modula a materna, diz que o pai "torna humano algo na mãe e retira dela o elemento que de outra forma se torna mágico e onipotente e prejudica a própria função materna".[155] Ao "humanizar" o materno, a função paterna contribui para que aquele "espaço materno protetor", caracterizado fundamentalmente pela sensorialidade, a ilusão e o amor incondicional, não se converta em um "espaço materno aterrorizador" do qual o bebê não pode se diferenciar.

As falhas significativas dessa função paterna costumam configurar a estrutura familiar mais corrente sobretudo nos casos graves de psicose: um pai "fraco" (que nunca chega a aparecer como terceiro, modulador, mediador, "interditor") e um filho submetido ao excesso das defesas, demandas e ataques da figura materna.[156]

Já o começo da função paterna secundária tem lugar no momento teórico em que o bebê está preparado para afrontar o processo de desilusão. Aqui, os delineamentos de Winnicott sobre a desadaptação, retirada materna, administração do ódio, atravessamentos do princípio de realidade, etecetera, fazem todos referência à função paterna, para além do uso dos termos "mãe" ou "materno".

De fato, muito do que Winnicott escreveu sobre o processo de desilusão e transicionalidade aponta para a função paterna.

No que se refere à transicionalidade, esta deriva do processo de desilusão que funda um "espaço vazio", que é o espaço potencial de separação e união. No artigo sobre "O pai na psicanálise", Resnik diz que: "O modelo de toda comunicação se constitui sob a forma de um triângulo linear: um, o espaço e o outro. O pai é o laço, mas também a pausa, o que separa e abre o espaço entre um e outro. O vínculo tem a dupla significação de uma ponte que une as margens do rio e, ao mesmo tempo, é testemunha da separação".[157]

Essa ponte que une e é testemunha da separação é uma definição bastante precisa do objeto transicional, que "é o laço mas também a pausa" e que Resnik define como sendo o pai.

Partindo da ideia que as funções específicas não são exclusivas, conclui-se que se no desenvolvimento emocional há a necessidade do pai, a função paterna é imprescindível. Melhor dizendo: o imprescindível é a relação de atravessamento entre as funções materna e paterna.

Esse modelo genérico oferece um marco conceitual para fazer uma análise dinâmica de cada família em particular, no sentido de avaliar o grau de atravessamento entre as funções materna e paterna; ou, em um caso patológico, em que medida e de que maneira atua a dissociação ou anulação entre essas funções.

Este modelo conceitual baseado no grau de atravessamento ou dissociação entre as funções materna e paterna também pode ser empregado para avaliar diferentes modalidades de relação terapêutica, assim como o funcionamento de equipes ou instituições que trabalham com pessoas com patologias mentais graves.

2 FUNDAMENTOS PSICOPATOLÓGICOS E CLÍNICOS

No capítulo anterior vimos como os processos de amadurecimento sustentados por um ambiente facilitador se atualizam ao longo do desenvolvimento. Nesta perspectiva, a boa saúde mental corresponde à maturidade psicológica segundo a etapa do desenvolvimento. "Se a saúde é a maturidade, então a imaturidade, do tipo que for, é a má saúde mental."[158]

Por outro lado, mais além do grau de imaturidade ou da estrutura psíquica, as manifestações dinâmicas e doentias das psicoses dependem, em grande parte, do universo vincular atual do indivíduo. Por isso, ao longo desse capítulo analisarei o seguinte:

O momento do desenvolvimento em que aconteceram as falhas ambientais significativas, assim como as angústias que emergem e as defesas que se organizam.

As condições ambientais patogênicas em um contexto familiar que se caracteriza pelo excesso da função materna e a deficiência da função paterna. Cabe adiantar que com essa análise não se trata de adotar uma atitude culpabilizadora, seja em nível teórico ou prático, em relação aos familiares, por mais que nossa linha de investigação trate de recolher as possíveis *implicações* entre o contexto familiar e os processos vinculares de psicotização e cronicidade.

Algumas questões relativas ao ambiente atual. Para além do fato da psicose já estar instaurada no psiquismo do sujeito, suas manifestações (patológicas, estereotipadas, antissociais, etc.) dependem em grande parte da conduta ambiental.

2.1. Etiologia segundo a dependência relativa ao ambiente

A investigação sobre a etiologia psicológica da psicose demanda uma análise "do meio ambiente e dos tipos de anormalidade dele, assim como o ponto de desenvolvimento individual em que atuam essas anormalidades".[159] Ao estabelecer uma relação entre imaturidade e doença mental, Winnicott afirma que: "Na verdade, se examinarmos nossas descrições de pessoas esquizoides, descobriremos que empregamos os mesmos termos com que descrevemos crianças pequenas e bebês, e é aí realmente que esperamos encontrar os fenômenos que caracterizam nossos pacientes esquizoides e esquizofrênicos."[160]

No entanto, essa fórmula não poderia ser tão simples, entre outras coisas porque "em nossos pacientes analíticos produziu-se uma fusão dos elementos primevos com outros posteriores".[161] Além disso, a observação de bebês constata que muitos dos fenômenos primitivos observados em pacientes adultos não pertencem à idade infantil como se acreditava.[162]

Numa outra perspectiva, ao reconhecer determinadas correspondências entre o psiquismo infantil e o psicótico, Winnicott[163] advertiu que isso não quer dizer que os psicóticos se comportem necessariamente como crianças, mas que a incompletude de determinados processos na primeira infância pode predispor à psicose.[164]

Uma das diferenças fundamentais consiste em que, enquanto na primeira infância existem mecanismos primitivos que possibilitam o desenvolvimento, na psicotização o que se observa é a estagnação e a distorção do desenvolvimento através desses mecanismos. "Não podemos diagnosticar doença psicótica pelo fato de encontrar mecanismos mentais primitivos. Naturalmente, na doença psicótica o que encontramos são as defesas primitivas, defesas que não necessitam estar organizadas se nas primeiras fases de dependência quase absoluta existe realmente uma provisão ambiental satisfatória."[165]

Winnicott aponta aqui que a adaptação ativa do ambiente cumpre uma função defensiva nas primeiras etapas do desenvolvimento; de modo que, nesse contexto, haveria que se falar em uma *organização defensiva interativa, interpessoal e estruturante*.

Nesse ponto convém advertir que, mesmo sendo possível fazer uma exposição teórica sobre a relação entre desenvolvimento emocional e patologia posterior, com isso não se pretende defender uma concepção unívoca e linear. Não é possível predizer traços clínicos específicos em função dos agravantes produzidos nos diferentes momentos do desenvolvimento. Sendo assim, Stern (1985) questiona em que medida há continuidade entre desenvolvimento emocional e patologia, e em que medida essa suposta continuidade deve ser entendida antes como um modo de metáfora clínica. "A maioria dos terapeutas concordaria que se trabalha com a metáfora reconstrutiva que tem mais força e poder explanatório em relação à vida do paciente, ainda que não se possa chegar à 'edição original' da metáfora. Embora só aparentemente essa teoria do desenvolvimento seja sustentada, a prática prossegue. Há um amplo reconhecimento de que as teorias do desenvolvimento, quando aplicadas a um paciente, não oferecem nenhum ponto de origem real confiável para as tradicionais questões clínicas do desenvolvimento. Esses pontos reais de origem da patologia aplicam-se apenas aos bebês teóricos, que não existem."[166]

Seguindo Stern,[167] proponho duas diretrizes para ler o que vem em seguida:

Considerar que as hipóteses sobre as relações entre os danos produzidos em etapas infantis específicas e o desenvolvimento posterior da patologia são hipóteses válidas e simultaneamente questionáveis, as quais convém seguir pondo à prova.

Por sua vez, isso não invalida tomar tais hipóteses como metáforas clínicas, e nesse caso, o que se trata é de avaliar sua validade conceitual e sua eficácia terapêutica.

Sendo a clínica o eixo central desse estudo, convém desenvolver de uma forma mais exaustiva essa segunda perspectiva. De toda maneira, para introduzir essa linha de reflexão serão consideradas algumas propostas de Winnicott sobre os momentos de desenvolvimento (dependência absoluta, dependência relativa e até a independência) em que se produzem falhas ambientais significativas, e de como essas falhas podem fomentar pelo menos a predisposição ao desenvolvimento da patologia.

Rumo à independência

Aqui a provisão ambiental possibilitou o acesso à constituição do aparelho psíquico (separação do eu e não-eu, repressão primária, instituição dos sistemas consciente e inconsciente, integração, etc.) e o estabelecimento de relações triangulares; de modo que as defesas se organizam sobretudo ao redor das ansiedades relacionadas com o complexo de Édipo. O ambiente pode influenciar o talante e rigidez dessas defesas e predispor à doença psiconeurótica; mas aqui o fator decisivo é o universo fantasmático do sujeito, em função do qual se organizam as defesas.

Estaríamos aqui no âmbito da estrutura neurótica. Em termos gerais, os pacientes psicóticos, com patologias graves, citados nessa investigação, não alcançaram esse ponto ou "o fizeram" fundamentalmente com um si-mesmo falso que oculta e protege o verdadeiro.

Dependência relativa

Winnicott[168] estabelece uma diferenciação entre *privação* e *perda*. Na *privação* a falha ambiental escapa por completo à apercepção e à compreensão porque tem lugar na dependência absoluta.[169]

Ao contrário, na *perda* a falha acontece sobre um êxito, isto é: houve uma adaptação inicial satisfatória que possibilitou a passagem à dependência relativa. No entanto, em determinado momento algum acontecimento faz com que o bebê ou criança tenha a vivência de haver perdido o objeto (suficientemente) bom. Esse acontecimento pode ser a morte real de uma das figuras significativas ou uma separação abrupta, uma mudança significativa na dinâmica familiar, na atitude da figura materna, etc.

Nessa fase caracterizada pela separação do eu e do não-eu, assim como pelo início da integração e do pensar, o sujeito já pode aperceber-se da dependência e das falhas ambientais. Ainda que em um nível precário, aqui já há um *sujeito psíquico* capaz de experienciar os acontecimentos.

As falhas ambientais nessa etapa intermediária entre a dependência absoluta e a independência predispõem, em primeira instância, à *tendência antissocial* (na infância). Essa costuma manifestar-se como furtos, surtos de agressividade, caráter desafiador, molhar a cama, exigências e demandas sobre o tempo, a atenção e o dinheiro dos demais, etecetera.

Através dessas atuações como demanda, a criança manifesta sua esperança e exigência de que o ambiente restitua a perda.[170]

A tendência antissocial não é um diagnóstico, e é possível observá-la tanto em casos de neurose como de psicose, inclusive em pessoas (sobretudo crianças) sem patologia evidente.[171]

Winnicott descreve dois tipos de tendência antissocal: "[...] em uma, a doença apresenta-se como roubo, ou como exigência de atenção especial [busca do objeto] [...]; na outra, há destrutividade que provoca uma direção firme [...]. É possível dizer que o primeiro tipo de criança está carente no sentido de ter perdido o cuidado materno ou "um bom objeto"; no segundo o está em termos do pai ou da qualidade na mãe que demonstra que tem o apoio de um homem."[172]

No "psicopata, o que ocorre é uma continuidade dessa compulsão de fazer a realidade externa remediar o dano sofrido...".[173] A tendência antissocial se faz crônica e se consolida como transtorno de caráter ou psicopatia quando os benefícios secundários são vividos como algo que anula ou preenche a perda do objeto, "mitigando o sofrimento e interferindo com o impulso individual de procurar ajuda ou aceitar a ajuda que é oferecida".[174] Quase não há esperança de que o ambiente restitua a perda, e aquilo que o indivíduo busca é o benefício secundário em si, como se esse benefício fosse a materialização daquilo que foi vivido como perda.

Em termos gerais, há certa correspondência (pelo menos teórica) entre as falhas ambientais na dependência relativa e o desenvolvimento de *patologias graves* não psicóticas ou *boderlines* (transtornos de personalidade, narcisista, obsessivo-compulsivo, esquizoide, drogadição), que costumam estar acompanhadas de altos níveis de demandas sobre o tempo, o dinheiro e a atenção dos demais, assim como condutas auto e heterodestrutivas.

Dependência absoluta

Aqui as falhas ambientais significativas escapam por completo à apercepção e à compreensão. Trata-se de uma privação no sentido em que desde seus primórdios o si-mesmo nascente foi privado de receber uma adaptação ativa satisfatória; com a qual há um bloqueio na estrutura fundante dos processos de maturação que conduzem à constituição do aparelho psíquico. É produzido um bloqueio nos "processos de instauração da personalidade e de diferenciação do ser",[175] assim como na organização defensiva ou "estrutura do ego".[176]

Nesse contexto é necessário fazer referência à emergência de "agonias impensáveis",[177] contra as quais se organizam defesas primitivas como bloqueio.[178] Nos casos mais graves, as alternativas defensivas consistem fundamentalmente na "... interrupção do processo de desenvolvimento e pela psicose infantil".[179]

Mesmo no autismo, o que se observa é uma organização defensiva contra as agonias impensáveis, que se fossem experimentadas seriam indescritivelmente dolorosas. Essas agonias constituem a matéria prima das angústias psicóticas, que são o mais próximo às agonias impensáveis que se pode chegar a conhecer.[180] A função do bloqueio defensivo é isolar e assim proteger ao si-mesmo verdadeiro, de tal forma que o sujeito alcança certa invulnerabilidade e "... não precisa experimentar jamais a angústia impensável".[181]

Concluindo, as falhas ambientais significativas nessa etapa predispõem à estruturação psicótica.[182]

2.2 Excesso da função materna e deficiência da função paterna

Leonel, você não encontraria um pai para mim? É que minha mãe é marido dela mesma.

O universo é imenso, e por isso colide; tudo colide, porque me acostumei a viver no apartamento da mulher e então não vi o mundo.

Ninguém é filho de duas pessoas. Todo mundo diz que eu tenho um pai e uma mãe; mas eu sou filho só da minha mãe, porque foi ela que me gerou. Se eu sou filho de dois, fico imperfeito. Minha irmã tem um pai e uma mãe.

A mulher me tirou o corpo; assim, olha: como quem rouba uma carteira.

— Pedro, um paciente com esquizofrenia

A partir de uma proposta de releitura dos escritos de Winnicott, vimos que é fundamental a relação de atravessamento entre as funções materna (sensorialidade, imediatismo, incondicionalidade; ilusão) e paterna (presença da ausência, moduladora, legisladora, condicional; desilusão).

Por sua vez, Pedro — a partir de sua esquizofrenia — ilustra de uma forma bastante precisa como na família do psicótico costuma prevalecer a dissociação e anulação entre tais funções, estabelecendo-se o império de um espaço materno terrorífico que tende a anular aqueles aspectos vinculares que apontam para a ordem do paterno. Nesse contexto vincular o (futuro) psicótico converte-se em *objeto do excesso materno*.

Ser objeto do excesso materno implica ser colocado no lugar da encarnação real do objeto capaz de proporcionar ao outro a - para sempre perdida, e sem dúvida mítica - plenitude fusional e narcísica.

Se é certo que o psicótico está preso na tentativa de eliminar a incompletude ("Se eu sou filho de dois, fico imperfeito."), é também certo que ele é convocado a ser a encarnação real do objeto capaz de eliminar a incompletude do outro.

Frente ao excesso do materno, o "sujeito" não pode discriminar-se e avançar no desenvolvimento que conduz à transicionalidade (o "não vi o mundo" do qual fala Pedro) e à constituição do aparelho psíquico, inclusive a integração psicossomática ("a mulher me tirou o corpo").

Ainda que nos casos de psicose o excesso do materno costume vir fundamentalmente da mãe, pode ocorrer que seja o pai quem estabeleça esses modos patogênicos de vinculação. Searles[183] dá diversos exemplos clínicos nos quais aparece o tema do "pai esquizofrenogênico".

No entanto, costuma ser a mãe quem assume o rol ativo no que se refere ao excesso do materno. Por sua vez, o pai costuma adotar uma atitude de submissão e não intervenção, às vezes intercambiável com demonstrações de agressividade e prepotência que, em última análise, denunciam a impossibilidade de "fazer ouvir sua voz".

Ao falar do excesso do materno por parte da mãe, não se pode esquecer que o pai também está aí, submetendo-se à situação ou se afastando dela. De outra perspectiva, Winnicott diz que "muitas vezes o pai sadio retira-se para resguardar a própria sanidade, mesmo à custa de submeter os filhos à psicose do outro progenitor".[184] Para além desse delineamento, da parte da mãe costuma haver um movimento ativo de exclusão do pai.[185]

Segundo Winnicott, há fundamentalmente dois tipos de transtornos maternos que podem distorcer o desenvolvimento emocional:

"Num extremo, temos a mãe cujos interesses próprios têm caráter tão compulsivo que não podem ser abandonados".[186] A este tipo de mãe custa submergir-se no estado de preocupação maternal primária, posto que isso supõe níveis de regressão e contato com afetos primitivos que ameaçam sua precária integração.

No outro extremo "temos a mãe que tende a estar sempre preocupada, e nesse caso o bebê torna-se sua preocupação *patológica*".[187] [188] Aqui podem ser observadas com maior facilidade as consequências (para a mãe e o bebê) da deficiência da função paterna moduladora. E uma das consequências será que, ao invés de se estabelecer uma relação fusional estruturante (ilusão), o que se observa é uma simbiose patológica.[189]

A simbiose patológica deriva de uma "preocupação maternal invertida", no sentido de que toda preocupação com o bebê é uma preocupação com a precariedade da própria condição psíquica. Enquanto na preocupação maternal há uma adaptação às necessidades psíquicas do bebê, na "invertida" será o bebê que deverá *amoldar-se* às necessidades e à organização defensiva da figura materna.

Se numa situação estruturada dessa forma fosse possível conceber a noção de núcleo de si-mesmo do bebê, não seria equivocado dizer que esse núcleo começa nas margens externas da organização defensiva da figura materna.[190]

Aqui não estão dadas as condições para que o lactante alcance a fusão, e ainda que alcançasse não poderia abandoná-la, posto que a figura materna não pode desiludir seu bebê, que, por sua vez, se converteu em seu apoio egoico.

Entre outras coisas, a incompletude do processo de desilusão bloqueia tanto o processo de destruição-sobrevivência do objeto, quanto a quebra, pelo ódio, do objeto idealizado. A impossibilidade de estabelecer relações que viabilizem a expressão estruturante da destrutividade e o ódio farão com que esses se manifestem sob a forma de condutas auto e heterodestrutivas, e também como expectativa de ser atacado ou aniquilado (ansiedades e delírios paranoides).

No que se refere a essa figura materna patologicamente (des)preocupada e aos objetos transicionais, Winnicott adverte que: "Às vezes, encontramos a mãe sendo usada como se ela própria fosse um objeto transicional, e isto pode persistir e dar origem a grandes problemas. Exemplificando, um paciente com quem tive de lidar recentemente usava o lóbulo da orelha da mãe. Adivinharão que, nestes casos em que a mãe é usada existe quase certamente algo nela – uma necessidade inconsciente do filho ou filha – em cujo padrão a criança está se encaixando".[191]

É possível que mães com depressões graves, como modo de defesa, compensem seu estado de ânimo dirigindo uma atenção e preocupação exacerbadas a seu filho. Esse último, em um gesto de "fidelidade involuntária", desenvolve-se sobre este padrão de existir para compensar a depressão ou algum déficit psíquico da figura materna.

Portanto, a simbiose patológica caracteriza-se por uma relação complementária, sem mediação paterna, entre a precariedade da condição psíquica do "sujeito" (bebê, psicótico) e o excesso da função materna. Esse excesso deriva dos excessos de uma organização defensiva que explora aquela precariedade. Logo, e sobretudo com a cronificação da doença, já não é possível especificar quem tiraniza a quem, inclusive porque quem e quem não existem como sujeitos psíquicos diferenciados.

2.2.1 Uma lei sem lei: o império da anomia

No excesso do materno não há uma "lei da ordem humana" que regule a relação; há somente a "lei" da organização defensiva.

Em uma conversa que tive com um paciente e sua mãe, em determinado momento ela disse a seu filho: "Eu não tenho regras, tenho defesas!" (SIC). Esse é um postulado que costuma organizar o "enquadre" nessas famílias. Nesse sentido, Aulagnier-Spairani estabelece uma analogia entre a anomia do excesso materno e o jogo de cartas:

"Para jogar já não é necessário saber que o rei é superior à dama, nem que a ordem estabelecida determina o valor: para triunfar não há necessidade alguma de conhecer o valor simbólico dos signos, mas basta o signo em si mesmo e se pode tornar a criar, em cada ocasião, uma lei nova."[192]

Decorre disso mais um dos fatores que marcam a diferença entre relação fusional estruturante e simbiose patológica: nesta última o materno não está mediatizado pelo processo secundário nem por uma lei paterna e cultural da ordem humana, tampouco por uma fronteira geracional e tudo aquilo que aponte à intervenção de uma alteridade legisladora.

2.3 Cuidados maternos e angústias psicóticas

A partir dos apontamentos globais dos fatores ambientais patogênicos anteriormente descritos, convém especificar algumas consequências ocasionadas pelas falhas de ordem ambiental e de suporte, mas agora tendo em conta as funções básicas dos cuidados maternos e as angústias em torno das quais se organizam as defesas.

No que se refere à *sustentação*, as falhas significativas (que se transformaram em um padrão ou não podem ser reparadas) podem produzir angústias relacionadas com as sensações de *se partir em pedaços* e de *queda interminável*.

A sensação de se partir em pedaços deriva do colapso da nascente estrutura do Eu e do sentido do si-mesmo, assim como da impossibilidade ou atraso no que se refere a iniciar a integração desde a não-integração. A principal defesa é a desintegração, com a correspondente sensação de se partir em pedaços. Na etapa posterior, a desintegração pode ser uma defesa contra as ansiedades depressivas associadas à integração.[193]

Sobre a sensação de queda interminável, Winnicott[194] assinala que com o nascimento o neonato passa da era pré-

-gravitacional (na qual é sustentado de todas as direções no ventre materno) à era gravitacional, na qual é sustentado por baixo. Portanto, as falhas significativas nesse sentido podem produzir a sensação de queda interminável, contra a qual são organizadas defesas ao modo de autossuporte.[195]

A sensação de queda interminável não vem somente das falhas do suporte físico, mas fundamentalmente em razão de que as falhas de adaptação, em suas diferentes manifestações, "deixam cair" (colapsam) o si-mesmo do bebê.

Por sua vez, as falhas significativas na *assistência corporal* fomentam a emergência de agonias primitivas provenientes de uma *relação psicossomática deficiente* (falha na personalização ou na residência da psique no corpo). Isso tende a bloquear os processos que conduzem à tonificação e coordenação muscular, assim como o usufruir das experiências corporais (inclusive as satisfações e frustrações pulsionais estruturantes). O "sujeito" se converte em uma psique sem corpo ou em corpo "sem alma", o que pode manifestar-se sob a forma de despersonalização, angústias hipocondríacas, transtornos psicossomáticos graves, certa dificuldade para perceber as sensações de fome/saciedade, frio/calor etc.[196]

Em 1.5.2 *supra* vimos como o pensar pouco a pouco se constitui em um importante aliado da mãe, já que possibilita ao lactante tolerar a espera e as falhas maternas. Segundo Winnicott,[197] a mente (que possibilita o pensar) é uma forma ulterior de funcionamento psicossomático. Nessa perspectiva, as falhas ambientais significativas predispõem a que o pensar se cinda do psique-soma e substitua o rol da mãe (o que seria uma forma de autossuporte); "encontramos o *funcionamento mental tornando-se uma coisa em si,* praticamente substituindo a mãe boa".[198] Se essa defesa não falha completamente, o sujeito pode chegar a desenvolver "um falso *self,* sob a forma de um intelecto explorado".[199]

Além das questões relativas à assistência corporal, o intelecto explorado encontra-se estreitamente relacionado com a imprevisibilidade dos cuidados maternos, a qual vai contra o princípio de constância e de confiança na mãe. Em termos tipológicos poderia se falar de uma figura materna caótica, de tal forma que o pensar se dissocia em uma tentativa falida de estabelecer uma previsibilidade onde não há.

Sugiro que o máximo do intelecto explorado manifesta-se no delírio, no qual o sujeito constrói uma "teoria" sobre as falhas ambientais significativas.[200] Trata-se, porém, de uma "teoria" na qual "o funcionamento mental se torna uma coisa em si" (Winnicott) e não alcança os atravessamentos do princípio de realidade e da intersubjetividade. Daí que o pensamento delirante constantemente dê voltas sobre si mesmo em um circuito fechado.

No que se refere à apresentação de objetos, deve-se lembrar que essa função facilita o início da significância da realidade externa através do estabelecimento de relações com objetos subjetivos. Portanto, as falhas significativas nesse sentido podem bloquear tudo o que é relativo ao estabelecimento da fusão e ao processo de ilusão. Além disso, "bloqueiam ainda mais o desenvolvimento da capacidade da criança de sentir-se real em sua relação com o mundo dos objetos e dos fenômenos".[201]

Tudo isso aponta para a emergência de angústias relacionadas com a perda do sentido do real e com a sensação de "Completo isolamento, já que não existem meios para se comunicar."[202] Aqui as defesas se organizam fundamentalmente como exploração do narcisismo primário e dos estados autistas, nos quais se estabelece uma relação exclusiva (ou quase) com os fenômenos do si-mesmo.[203]

2.4 Regressão à dependência e colapso psicótico

Apesar das dificuldades descritas nos itens anteriores, e ainda que com certas limitações e déficits, o desenvolvimento do indivíduo pode seguir avançando. No entanto, em determinado momento algum acontecimento ou fator atual pode desencadear o colapso. Esse fator desencadeante pode ser um novo trabalho ou o stress, a reestruturação do ambiente familiar ou acontecimentos aparentemente insignificantes.

Em termos arquitetônicos diria que, apesar das dificuldades, a construção do edifício do aparelho psíquico segue adiante. Não obstante, esse seguir adiante está sustentado por estruturas deficitárias que, se suportam bem um número de andares, a partir de determinado momento não poderão suportar o edifício (colapso psicótico). Uma alternativa consiste em parar a construção e assim evitar o colapso, o que implica levar uma existência limitada.

Em outros casos, é difícil identificar o fator desencadeante devido à sua aparente insignificância. Às vezes o simples fato de acrescentar um tijolo desencadeia o colapso que já estava a ponto de se produzir. Trata-se, nesses casos, de um "tijolo detonador" insignificante e, ao mesmo tempo, decisivo; um tijolo que, em sua qualidade de representante de um último gesto de construção, desencadeia o desmoronamento e a desintegração dos escombros nos quais se perde.

Na hora de pensar sobre a psicose, Winnicott propõe renunciar a tomar como referência o complexo de Édipo, assim como a regressão a áreas erógenas e pontos de fixação.[204]

Por isso, adotou o conceito de regressão à dependência, cuja ênfase recai sobre o desenvolvimento do Eu e sobre a dependência em relação à provisão ambiental[205] "A regressão representa a esperança que o indivíduo psicótico tem de que certos aspectos do meio ambiente que originalmente falharam poderão ser repetidos, com a ressalva que desta vez, ao invés de fracassar, o meio ambiente triunfará em sua função de possibilitar a tendência herdada do indivíduo a desenvolver-se e amadurecer."[206]

Ainda que essa tendência regressiva possa impulsionar à saúde, Winnicott diferencia dois tipos de regressão: "... uma delas é simplesmente uma retroação numa direção que constitui o oposto do movimento para a frente do desenvolvimento. Vê-se aspectos regressivos aparecerem e reconhece-se que os mecanismos de crescimento do indivíduo tornaram-se bloqueados. O outro tipo de regressão é inteiramente diferente, embora clinicamente possa ser semelhante. Neste tipo, o paciente regride por causa de uma nova provisão ambiental que permite a dependência".[207]

Dessa forma, Winnicott distingue os casos em que simplesmente há um colapso daqueles em que o colapso regressivo deve-se à provisão de cuidados satisfatórios e confiáveis.

Para além do suporte oferecido por um profissional, o sujeito pode encontrar em seu entorno imediato (amigos, vizinhos, grupos de pertencimento e instituições) as condições (sobretudo a confiabilidade) que necessita para regressar.[208]

Em termos gerais, independentemente da regressão se dever ou não a uma provisão ambiental satisfatória, em todos os casos "o meio ambiente se vê indiretamente incluído, uma vez que a dependência implica em um meio ambiente que atenda à dependência".[209]

Essas considerações são importantes na hora de entender e justificar a função ambiental exercida no Acompanhamento Terapêutico. Os casos nos quais se solicita a intervenção do Acompanhante Terapêutico costumam estar implicados em contextos ambientais insatisfatórios (familiar, institucional). Em tais contextos, a regressão à dependência se faz crônica e estereotipada, e de modo que muito frequentemente manifesta-se sob a forma de infantilismo, dependência patológica, tirania vincular, etc.

Essa função ambiental consiste em adaptar-se às necessidades primitivas do paciente, o que inclui oferecer um suporte afetivo e efetivo no que se refere a aspectos de sua vida cotidiana. Numa outra perspectiva, inclui também uma série de intervenções sobre a dinâmica patogência e cronificante que é comum observar sobretudo no ambiente familiar.

Concluindo, se na psicotização o ambiente é o fator decisivo, também o será no processo de Acompanhamento Terapêutico.

2.5 A estrutura psicótica e algumas de suas vicissitudes

Na dependência absoluta não é possível descrever o lactante sem descrever o ambiente. Antes de falar da organização defensiva intrapsíquica do bebê, é necessário considerar que a adaptação ativa da figura materna cumpre funções defensivas como eu auxiliar ou suporte.

Stern comenta que as perturbações clínicas nas primeiras etapas do desenvolvimento "[não são] sinais ou sintomas de qualquer conflito intrapsíquico dentro do bebê. Eles são o reflexo exato de uma realidade interativa em processo";[210] de modo que "... a patologia pré-edípica se deve a déficits ou eventos baseados na realidade – e não a conflitos, no sentido psicodinâmico."[211]

Do mesmo modo, não é possível falar da etiologia psicológica da estrutura psicótica sem descrever as falhas ambientais nas primeiras etapas do desenvolvimento.[212]

A noção *individual* de estruturação psicótica inclui, por definição, o *ambiente*.

Isso não significa que "os efeitos prejudiciais de semelhante falta [ambiental] não possam ser descritos como deformação do ego e das defesas contra as angústias primitivas, ou seja, em termos individuais".[213]

A partir de uma descrição em termos individuais, na psicose a *"cisão toma o lugar do inconsciente reprimido do psiconeurótico"*.[214] Em maior ou menor medida, o inconsciente não está instituído desde a repressão primária (*Urverdrängung*), o que implica dizer que não se completou o processo de constituição do aparelho psíquico.

Nas primeiras etapas do desenvolvimento e na psicose "o inconsciente quer dizer que a integração do ego não é capaz de abranger *algo*".[215] Esse "algo" são as falhas ambientais que escapam por completo, ou quase, às possibilidades de significação.

Esses elementos oferecem um ponto de partida para discriminar estruturalmente neurose e psicose.

2.5.1 Colapso pré-histórico do si-mesmo

Em seu artigo intitulado "O medo do colapso" (1963), Winnicott[216] diz este é o medo de um colapso que já aconteceu, mas que aconteceu em um momento no qual não havia um sujeito ou uma organização egoica capaz de experenciá-lo, significá-lo e organizar defesas adaptativas.

Esse colapso primitivo fica registrado no "psiquismo" (que ainda não se constituiu), ainda que não seja registrável como acontecimento psíquico, pois a organização egoica não tem notícia daquilo que aconteceu mas não foi experenciado.[217] É nesse sentido que na psicose "o inconsciente quer dizer que a integração do ego não é capaz de abranger algo".[218]

As falhas de suporte e a intrusão ambiental produzem um colapso pré-histórico do si-mesmo que, ao carecer de registros de significação, na eclosão da psicose tende a aparecer como vivência sensorial-concreta (alucinação visual, auditiva, cinestésica; sensação de partir-se em pedaços, etc.). Isso faz pensar que esses níveis da experiência psicótica estão relacionados às falhas naqueles processos de justaposição e conexão estruturante entre o alucinado e o real (ilusão), através dos quais o indivíduo pode atingir uma terceira área de experiência que possibilita estabelecer atravessamentos transicionais.

2.5.2 Função sustentadora do delírio

Além das vivências sensório-concretas anteriormente mencionadas, dado que o colapso pré-histórico não é explicável para o sujeito, tende então a aparecer como delírio. Esse último seria uma tentativa de significar, enquanto teoria e encenação, aquele inexplicável que teve lugar, mas não foi experenciado.

Sobretudo no delírio paranoide o "sujeito" constantemente se vê ameaçado por alguma forma de intrusão do fator externo que deve ser mantida sob controle e/ou da qual deve defender-se. Por isso que o delírio é uma mentira que diz a verdade. Sua veracidade deriva do fato de ter havido uma intrusão real do fator externo, que ao não poder ser registrada nem ser acessível à significação, somente pôde ser vivenciada e "explicada" a partir da lógica dos processos psíquicos não mediatizados pelos atravessamentos do princípio de realidade e o processo secundário; uma lógica não acessível à transicionalidade e à intersubjetividade.

Como o inconsciente, o delírio não conhece a dúvida nem a negação de seus pressupostos. Seria possível dizer que o delírio é o "inconsciente" do psicótico; mas se trata aqui de um "inconsciente absolutamente fechado" (no que diz respeito à sua lógica), e por sua vez "absolutamente aberto" (no sentido de que aparece encenado, "sonhado" na realidade externa).

Aquilo que no desenvolvimento normal evolui para teorias (científicas, populares, religiosas) da experiência humana acessíveis à intersubjetividade, no delírio se constitui como "teorias" regidas pelos processos psíquicos não mediatizados.

Dessa maneira, cabe destacar que a possibilidade de alcançar uma construção delirante organizada representa um avanço de "significação teorizante" fundamental.

O psicótico delira para circunscrever um cenário e convocar personagens que façam tangível o absolutamente sem sentido que aconteceu mas não foi experenciado. Com isso consegue restituir o sentido do si-mesmo em suas relações com o mundo. Por mais terrível que seja a trama do delírio, sempre será um mal menor se comparada às angústias impensáveis não acessíveis à significação.

Os objetos que o psicótico usa para a construção do delírio não costumam ser seus objetos primários ou seus progenitores. Em alguns casos, o objeto do delírio são pessoas ou personalidades com as quais o delirante não pode ou dificilmente poderia ter relações (políticos, famosos, o Rei, etc.); são personagens históricos ou míticos que ele "pega emprestado" da cultura para explicar aquilo intangível (sem objeto) e inexplicável que aconteceu em suas relações primárias.

No entanto, isso não é suficiente; em alguns casos necessita procurar pessoas de carne e osso que viabilizem interações real-imaginárias. Se os vizinhos são eleitos especialmente para encarnar essa função, isso não é causado pelos conflitos interpessoais, mas sim pelo fato do vizinho estar situado em uma posição arquitetonicamente estratégica para representar a encarnação de uma "alteridade" que ameaça e deve ser posta sob controle ou destruída.

No âmbito do delírio, a noção de objeto e sobretudo sua alteridade carece de sentido para o psicótico, o que não significa que isso será assim em todas as suas relações.

2.5.3 Estrutura e funcionamento psicodinâmico

Numa perspectiva estritamente estrutural, não seria certo empregar expressões tais como "parte psicótica da personalidade" em indivíduos neuróticos, ou "parte não psicótica ou neurótica da personalidade" em psicóticos.[219]

Seguindo a linha de metáforas arquitetônicas, diria que a psicose e a neurose são dois andares de uma casa; que a psicose é o porão e a neurose o primeiro andar. Certamente o "chão da neurose" está muito perto do "teto da psicose", mas é outro andar, outra estrutura. Entre o "teto da psicose" e o "chão da neurose", marcando essa diferença estrutural, está a repressão primária e a instituição dos sistemas consciente-inconsciente.

Se na sintomatologia neurótica entra em jogo o retorno do reprimido, na psicose prevalece a manifestação escindida ou anárquica do psiquismo.[220]

Por outro lado, haveria que perguntar se há vias de acesso entre um andar e outro; quer dizer, se seria válido pensar em escadas que possibilitam certo nível de trânsito entre os dois andares, entre neurose e psicose. A questão é complexa e ampla, de modo que convém circunscrevê-la perguntando se um indivíduo estruturalmente psicótico pode transitar psicodinamicamente por territórios neuróticos. Diria que sim, mas não. Sim, porque pode alcançar isso psicodinamicamente; mas não, pois esse acesso sempre se dá sobre a base de uma estrutura psicótica.

A questão seria: o que possibilita esse acesso? Em que consiste essa escada que, supostamente, possibilitaria ao psicótico alcançar psicodinamicamente o andar da neurose?

A escada, esta ponte, paradoxalmente costuma ser o delírio (ainda que não exclusivamente). Paradoxalmente porque o delírio é um elemento decisivo para diagnosticar a psicose, mas é precisamente a função sustentadora do delírio que possibilitará ao indivíduo subir as escadas e contemplar, a meio corpo entre o porão e o primeiro andar, o território neurótico e, inclusive, transitar por ele em nível psicodinâmico (o que não é pouco). Isso não o faz um indivíduo estruturalmente neurótico, nem com uma "parte neurótica da personalidade", ainda que nos permita atribuir-lhe capacidades supostamente acessíveis apenas aos neuróticos, como pode ser a capacidade de pensamento simbólico, níveis de conflito intrapsíquico, o reconhecimento da alteridade, o acesso à intersubjetividade (fora do âmbito do delírio), etc..

Uma possível fonte de mal-entendidos e confusão parece decorrer de que a delimitação de estruturas claramente diferenciadas faz supor que o funcionamento psíquico de um indivíduo psicótico será sempre e em todos os aspectos o negativo do funcionamento da estrutura neurótica. Sugiro que isso não seja necessariamente assim; que não costuma ser assim.

No mínimo, haveria que diferenciar entre aqueles pacientes extremamente desorganizados e regressivos, e aqueles cujas manifestações da estrutura psíquica ficam limitadas (mesmo que nunca totalmente) ao âmbito de uma construção delirante, e sobretudo se tal construção resulta relativamente inofensiva para si mesmo e seu entorno.

Aquelas pessoas com psicose que conseguem um maior nível de delírio organizado e específico são as que costumam estar psicodinamicamente menos doentes, e também as que tem um melhor prognóstico. Além do mais, são as que atingem um maior nível de funcionamento normalizado, inclusive em nível simbólico, principalmente naqueles âmbitos não relacionados com o delírio.

No entanto, a partir de uma perspectiva estrutural, é melhor dizer que a estrutura psicótica pode funcionar psicodinamicamente de um modo "normalizado", e nesse âmbito alcançar níveis de pensamento simbólico, etecetera, sempre que o sujeito consiga sustentar a circunscrição e a significação (proporcionados pela construção delirante) daquele inexplicável que aconteceu, mas não foi experenciado.[221]

Se fosse possível "desconstruir" o delírio, o funcionamento psicótico-delirante se estenderia praticamente a quase todo o âmbito da experiência do indivíduo, com o agravante de que se produziriam manifestações de um funcionamento psíquico anárquico (perda da circunscrição e da significação). Por isso, sugiro discriminar entre pelo menos dois modos de funcionamento psíquico da estrutura psicótica, a saber: o funcionamento "cindido a modo de dualidade" (delírio organizado, paranoia) e o funcionamento "anárquico" (esquizofrenia).

2.5.4 Dualidade cindida e anarquia psíquica

No desenvolvimento emocional, a cisão é uma conquista do desenvolvimento que possibilita uma "catalogação como dualidade" das vivências. Trata-se de uma modalidade de funcionamento psíquico que segue vigente na vida adulta, ainda que de formas menos intensas e absolutas.[222]

Em psicopatologia, essa dualidade cindida se manifesta como vivências de vínculos absolutos, não mediatizados, que oscilam entre os extremos da idealização-denigração e proteção-perseguição. Isso é mais intenso e observável nos casos de paranoia (com delírio organizado) e em patologias graves de tipo fronteiriço (transtornos de personalidade, narcisista, obsessivo-compulsivo, esquizoide, drogadição).

Em termos de desenvolvimento emocional, nas patologias graves a estrutura e o funcionamento psíquico se organizam em um nível correspondente ao da dependência relativa. Incluem-se entre os transtornos pré-edípicos, mas não são psicoses. Tampouco são neuroses, ainda que, como assinala Fiorini sobre o tratamento do narcisista, "compreendem também conflitos e defesas de nível neurótico [...], de modo que se apresentam problemas de diagnóstico diferencial."[223]

É importante não perder de vista toda a problemática derivada da grande diversidade de manifestações psicopatológicas, assim como da tentativa de delimitar estruturas conceituais mediante a categorização verbal.

Diferentemente dos psicóticos, pacientes com uma estrutura fronteiriça não chegam a estabelecer um funcionamento delirante; pelo menos não no sentido estrito. Antes observam-se relações e conflitos interpessoais muito intensos baseados na idealização-denigração e proteção-perseguição, que podem acontecer com alguma atividade deliroide passageira.

Se no delírio a conduta do objeto externo apenas tem importância (no sentido de que, faça o que fizer o vizinho, o delirante o encaixará na trama de seu delírio), nos chamados casos fronteiriços ou patologias graves; nas vivências e reações do sujeito estão estreitamente relacionadas a uma hipersensibilidade às manifestações do outro (o que também pode acontecer com os psicóticos fora do âmbito do delírio).

Os momentos de maior ansiedade, sobretudo, ativam os sistemas e modos de vinculação baseados na idealização--denigração e na proteção-perseguição. Por um lado, são estabelecidas intensas relações de fascinação e dependência patológica (em relação ao objeto idealizado, protetor) com pessoas, grupos ou instituições, drogas; e também

Fundamentos psicopatológicos e clínicos

intensas demandas sobre o tempo, o dinheiro e a atenção dos demais.[224] De outra parte, Ogden aponta que "cada vez que o objeto bom resulta decepcionante, já não é tido como um objeto bom – nem sequer como um objeto bom decepcionante – mas como o descobrimento de um objeto mau que havia se mascarado como objeto bom."[225]

Assim, com suma facilidade, o objeto idealizado é vivido como denigrido, e o protetor como persecutório.

Não é pouco frequente que as experiências de decepção--denigração e ameaça de perda de controle produzam surtos de agressividade física e psíquica (insultos, atormentar o outro com culpabilizações e demandas, etc.), assim como gestos autolíticos.

A ansiedade depressiva e a culpabilidade não podem ser toleradas. O sujeito cria "falsas reparações" fundamentalmente mediante a negação rude, a mentira, as fantasias reparadoras onipotentes ou mágicas e o auto castigo como modo de erradicar a culpa.[226] Apaga-se a memória e a historicidade, como se dissesse: "aqui não aconteceu nada".

As ansiedades implicadas nessas intensas relações de dualidade costumam fomentar altos níveis de isolamento psicossocial e despersonalização.

Por essas patologias graves se relacionarem com a dependência relativa e, portanto com a destrutividade e a agressividade com ira, o eixo central da tarefa terapêutica consiste na sobrevivência do terapeuta.[227]

Por sua vez, nos casos menos regressivos de psicose (sobretudo na paranoia) a dualidade escindida costuma manifestar-se sob a forma de delírio de perseguição, messiânico, etc.; ou (como já foi exposto) em relações não necessariamente delirantes que apontam a formas absolutas de relação baseadas na dualidade sem mediação.

Segundo a "classificação" aqui sugerida, esse modo de funcionamento psíquico corresponde aos casos "menos graves" ("menos psicóticos" ou regressivos, mas não necessariamente menos doentes), já que a dualidade cindida facilita a circunscrição e "catalogação" das vivências do si-mesmo em suas relações com o mundo. Isso facilita, por sua vez, a construção de um delírio organizado.

Já nos casos mais regressivos de psicose (esquizofrenias), o funcionamento psicodinâmico opera mais como anarquia psíquica, que aponta para a condição psíquica de pacientes que praticamente não alcançaram um funcionamento cindido enquanto dualidade.[228]

Nesses casos costuma-se observar uma atividade delirante desorganizada e indiscriminada (não referida a objetos específicos), que se estende a praticamente todos os âmbitos de relação e vivencial.

Além disso, o termo ansiedade persecutória aponta diretamente para uma ameaça de aniquilação do si-mesmo. Nessa é possível apenas uma depositação relativamente estável e delimitada (no vizinho, etc.) que possibilite gerir a ameaça. Em outras palavras, é relativamente mais fácil "defender-se" do vizinho que é a reencarnação de Adolf Hitler (dualidade), do que "defender-se" de "algo" que ameaça, por todos os lados, invadir e aniquilar o si-mesmo.

A partir de outra perspectiva, Grinberg, Sor e Bianchedi afirmam que: "[...] estes pacientes muito regressivos carecem do recurso que os ajudaria a "mapear" a realização do espaço mental e a ter uma noção discriminada da existência do espaço exterior. Frente a uma experiência em que pacientes menos regressivos usariam a identificação projetiva para localizar os aspectos fragmentados do *self* nos objetos externos, estes outros pacientes sentem-se impedidos de projetar as partes cindidas de sua personalidade porque não têm a noção de continentes nos quais possa acontecer essa projeção. Em troca, surgirá neles a "identificação projetiva explosiva" em um espaço vasto, sem limites, que não pode ser representado de maneira nenhuma."[229]

Em tais casos, talvez, as vivências somente podem ser representadas e referidas no âmbito do microscópio (vírus que entram pelos poros, etc.), coletivo e mitológico.

2.6 Sobre as pretensões terapêuticas

Se "na análise a neurose de transferência deriva-se do id",[230] na psicose a transferência deriva das primitivas relações do Eu; de modo que na regressão transferencial o paciente tende a experienciar as situações primitivas em que se produziram as falhas ambientais.[231]

Partindo desses pressupostos, Winnicott considera que através da regressão à dependência "a cura se produz ao permitir que o desenvolvimento emocional do paciente siga adiante a partir do momento em que ficou detido".[232]

Winnicott estava convencido de que através da regressão à dependência é possível "corrigir as experiências precoces"[233] e "alterar o passado do paciente, de maneira tal que um paciente cujo ambiente maternal não foi suficientemente bom possa converter-se em uma pessoa que teve um ambiente facilitador adequado".[234]

Outra forma de pensar essa questão é oferecida por Carrozzo, baseando-se, ao que parece, em uma perspectiva lacaniana. "A possibilidade de vivenciar, no tratamento, experiências fundantes e primevas, não significa que seja possível (ou que se queira) fazer uma neurotização deste indivíduo. A estrutura não é transformável, e o que buscamos é fabricar, acompanhar a construção de condições para que esta estrutura psicótica possa funcionar de forma viável nesta sociedade."[235]

Numa perspectiva estrutural, advogo em favor dessa concepção (contrária à de Winnicott), mas sem descartar totalmente a ideia segundo a qual podem chegar a se produzir mudanças significativas. Nesse sentido, é muito ilustrativa a descrição que faz Sechehaye da evolução de uma paciente com uma esquizofrenia grave. No primeiro parágrafo da introdução, a autora diz: "Desejo contar aos psicanalistas minhas experiências com uma jovem doente mental, cuja cura confirmou-se faz alguns anos e que, desde então, não teve recaída nenhuma. Trata-se não somente de uma remissão (volta ao estado anterior), mas de uma verdadeira cura: o estado de minha antiga paciente permite um desenvolvimento e um progresso psíquicos com novas aquisições espirituais iguais às do desenvolvimento normal."[236]

A descrição do tratamento evidencia os anos de intensa dedicação profissional e pessoal por parte de Sechehaye; a tal ponto que, entre outras coisas, convidou a paciente a morar com ela, e se converteu em sua "mamãe" (termo empregado por ambas). Ainda que o leitor tenha todo o direito de suspeitar da validade do proposto por Sechehaye nessa introdução, o relato do tratamento (tanto pela autora, quanto pela própria paciente) corresponde a uma descrição bastante completa do processo de constituição do aparelho psíquico. Se nos ativermos ao texto, há uma verdadeira neurotização da paciente.

A partir de uma concepção estritamente estrutural, dir-se-ia que por mais que seja evidente o fato de que houve uma evolução favorável, a estrutura não é transformável. Por outro lado, aos que defendem decididamente essa perspectiva haveria que se perguntar: do mesmo modo que Sechehaye, quantas vezes e em que medida um terapeuta, ou equipe, ofereceu uma devoção quase absoluta a um paciente psicótico, chegando inclusive a converter-se em sua "mamãe"?

No fim das contas, das propostas de Sechehaye e Winnicott obrigam a questionar em que medida a estrutura pode ser transformada, e sobretudo o quanto os resultados terapêuticos dependem não somente da qualidade, mas também da quantidade de disponibilidade e devoção do terapeuta ou da equipe. É claro, não se pode recriminar ninguém por não fazer o que Sechehaye fez; mas não por isso deixaremos de apontar essa questão.

Para além dessa discussão, considero que no Acompanhamento Terapêutico convém deixar de lado o dilema sobre a possibilidade de gerar mudanças estruturais. É mais produtivo centrar os esforços terapêuticos no saneamento daquelas manifestações estereotipadas, alienadas, auto e heterodestrutivas; isto é, nas manifestações psicodinâmicas doentias da estrutura psicótica (ou "fronteiriça"). Em todo caso, trata-se de "curar" isso, o que não é pouco. Pode-se afirmar com um certo grau de segurança que muitos pacientes conseguem uma melhoria considerável (inclusive a curto prazo) no sentido de estar psicodinamicamente menos doentes, o que não implica que estejam menos psicóticos do ponto de vista estrutural.

Resumidamente, as principais pretensões terapêuticas são:

1. Diminuição da intensidade de angústias primitivas e, consequentemente, das defesas não adaptativas e disruptivas. Trata-se de oferecer uma provisão ambiental que ampare o colapso psicótico e suas manifestações patológicas.

2. Contribuir para ressignificar as dinâmicas vinculares (incluindo as familiares) patogênicas e alienantes, isto é: aqueles vínculos em que a regressão à dependência se estereotipa e cronifica sob a forma de infantilismo,

dependência patológica, abandono de si mesmo, etc.

3. Facilitar a inserção no âmbito da transicionalidade, dado que esta inserção pode ser altamente benéfica no que diz respeito a um funcionamento satisfatório da estrutura psicótica. Essa inserção inclui atividades e interações com objetos, espaços físicos e pessoas.

As intervenções e modos de vinculação através dos quais se pretende fazer efetivas tais pretensões serão amplamente discutidas e ilustradas ao longo dos próximos capítulos.

3 CLÍNICA DO COTIDIANO

Minha contribuição é solicitar que o paradoxo seja aceito, tolerado e respeitado, e não que seja resolvido. Pela fuga para o funcionamento em nível puramente intelectual, é possível solucioná-lo, mas o preço disso é a perda do valor do próprio paradoxo.

Winnicott[237]

É COMUM OBSERVAR UMA SÉRIE DE CONFLITOS E IMPASSES AO QUE SE refere à tarefa e ao rol do Acompanhante Terapêutico. Especialmente aquele que está iniciando nessa prática tende a oscilar entre:

a) Sentir-se e atuar como se fosse uma "empregada" ou uma "babá" a quem se paga para cumprir ordens (de familiares, psiquiatra).

b) Fazer-se de amigo do paciente ou adotar uma postura profissional rígida. Entre outras coisas, esse último pode conduzir a:

c) Adotar uma atitude de "professor" no sentido clássico da palavra, ou ater-se quase exclusivamente aos aspectos assistenciais da tarefa. Outra alternativa consiste em adotar uma série de atitudes que terminam por ser uma caricatura da técnica psicanalítica clássica.

A partir de uma conceitualização do que é o paradoxo, é possível esboçar uma tentativa de desvincular--se desses extremos. O paradoxo encerra uma relação de atravessamento entre os enunciados, de modo que o acompanhante terapêutico não precisa decidir por nenhum dos extremos. Esse não ter que decidir é, paradoxalmente, a decisão mais radical: o paradoxo se sustenta a partir da decisão de não decidir.

Não se trata aqui de um relativismo absoluto e ingênuo no qual tudo pode ser dito e desdito. Mesmo sabendo que não se deve resolver o paradoxo, convém enunciá-lo e analisar suas possibilidades teóricas e clínicas. Green comenta: "Se eu resumisse em uma frase as razões pelas quais a obra de Winnicott me toca, diria que, depois de Freud, nenhum psicanalista levou mais longe a reflexão sobre a experiência dos limites e do pensamento paradoxal. Winnicott nos ensinou a pensar na situação analítica aquilo que denominarei conjunto de bordas difusas situado na intersecção das relações analisando-analista".[238]

Portanto, a importância do paradoxo na conceituação e na prática clínica não é um fato isolado e específico do Acompanhamento Terapêutico. Por outro lado, uma série de especificidades do Acompanhamento Terapêutico impõe, em maior medida, uma conceituação em termos paradoxais. Por isso, nesse capítulo enunciarei os paradoxos relativos à "Clínica do Cotidiano", à "Amizade Profissional", à "Técnica Afetiva ou Método" e ao "Enquadre Aberto". Nos próximos capítulos também veremos algumas questões relativas ao *paradoxo do enquadre* e à *atuação contratransferencial*, à *inconstância das constantes (do enquadre)*, à *passividade como forma de ação*, etc.

3.1 Manejo clínico-assistencial

A noção de manejo[239] é de grande utilidade na hora de pensar sobre a tarefa e o rol do Acompanhamento Terapêutico.

Um dos princípios básicos do manejo consiste em que "na terapia tentamos imitar o processo natural que caracteriza o comportamento de qualquer mãe em relação à sua criança".[240] Levando-se em conta que o paciente não é um bebê, seria melhor dizer que os cuidados maternos podem servir de protótipo na hora de conceituar o manejo. Por isso que em sua acepção global, o manejo remete à ideia de cuidado, suporte afetivo e efetivo, amparo, intervenção em aspectos da vida cotidiana, etc.[241]

Ao fazer uma leitura global, pode-se diferenciar duas modalidades de manejo: o clínico e o assistencial. As propostas sobre o manejo clínico derivam sobretudo do trabalho terapêutico que Winnicott realizou com pacientes graves. No âmbito dessa tarefa, o termo "manejo" aparece contrapondo-se à técnica psicanalítica clássica; ou, em termos positivos, como uma *técnica psicanalítica modificada*, baseada fundamentalmente no manejo clínico da relação transferencial.

Winnicott enfatizou a questão do manejo principalmente para manifestar seu desacordo com a pretensão do grupo kleiniano de tratar pacientes psicóticos com a técnica psicanalítica clássica.

Em uma reunião da Sociedade Britânica, ocorrida em 21 de janeiro de 1953, Segal e Rosenfeld apresentaram seus trabalhos sobre a psicanálise com pacientes psicóticos. No dia seguinte, Winnicott escreveu a eles. Sobre o trabalho de Segal, disse ter entendido que, segundo ela, "não há nenhuma diferença essencial entre as necessidades de manejo de um paciente psicótico e de um neurótico. Se realmente quis dizer isso, que os céus ajudem seus pacientes psicóticos

[...] Eu diria que os problemas de manejo são essencialmente diferentes, de acordo com o nível de desenvolvimento. Se for esse o caso, então os problemas de manejo devem ser diferentes na análise de psicóticos e neuróticos".[242]

Nesse mesmo dia, escreveu para Rosenfeld para dizer-lhe que apoiava a ideia de que seria possível analisar pacientes psicóticos, mas considerava que ele (Rosenfeld) não havia avançado nessa questão por ter deixado de lado tudo o que era relativo ao manejo: "Sei de um analista que conheceu seu paciente e disse que todo o trabalho de manejo era um negócio muito especializado e que, pelo que se podia ver, o trabalho que o senhor fez por meio da análise não fizera nenhuma diferença apreciável para o paciente".[243]

Parece que Winnicott estava questionando o fato de que na hora de teorizar e apresentar-se perante seus companheiros da Sociedade Britânica, Rosenfeld não levava em conta tudo o que era relativo ao manejo, ainda que o tivesse considerado na prática clínica.

Especialmente no âmbito da clínica da psicose, alguém pode chegar a fazer coisas "tecnicamente más" que ajudam o paciente, mas logo tem "vergonha" de contar aos demais. Essa questão tem a ver com os aspectos reprimidos das teorias, advindos dos compromissos corporativos entre profissionais.[244] Nesse sentido há que se agradecer a esses autores "sem vergonha", tais como Winnicott, Searles, Sechehaye, Khan – presentes na bibliografia desse livro.

Por outro lado, o manejo assistencial está relacionado com formas de cuidado de tipo mais direto, pragmático e cotidiano (alimentação, medicação, moradia, ócio, etc.). Tais cuidados costumam ser assumidos pelos profissionais de um hospital ou residência, familiares e amigos do paciente.[245]

Ao falar do tratamento de crianças que padecem de uma doença mental, Winnicott[246] assinala que, em alguns casos, convém deixar o que for relativo ao manejo assistencial nas mãos de um "assistente social psiquiátrico", o qual pode assumir a responsabilidade do caso, ou seu trabalho pode complementar o trabalho psicoterapêutico. Por outro lado, ao falar do trabalho do assistente social em termos de apoio egoico e provisão social (isto é, de manejo assistencial), reconhece que: "Constantemente nos vemos enredados nisto que, como analistas, não é nossa função".[247]

Como exemplo de atravessamento entre manejo clínico e assistencial, Winnicott conta o caso de uma paciente que, depois de dez anos de análise, entrou em um profundo estado de regressão à dependência. Nessa etapa: "era eu quem visitava a paciente e, em verdade, tratava de seus assuntos e comprava-lhe comida".[248]

Não é possível saber por que ele mesmo, Winnicott, encarregou-se desse aspecto assistencial do manejo, quando em outros artigos sugeria que um trabalhador social realizasse tal tarefa.[249]

Por outra parte, considero que a clínica do Acompanhamento Terapêutico apresenta matizes diferenciais a respeito de algumas propostas de Winnicott sobre o trabalho assistencial. Por exemplo: "Quanto à assistência social, suponhamos que, por exemplo, o paciente afirma que o assistente social lembra a sua mãe. Bastará que o assistente acredite, sem necessitar fazer mais nada."[250]

Ao longo desse trabalho, tentarei demonstrar que há muito mais o que fazer.

Proponho pensar o trabalho do Acompanhante em termos de tarefa clínico-assistencial. Isso significa que a tarefa não é exclusivamente clínica (psicoterapia psicanalítica, trabalho com a transferência) tampouco exclusivamente assistencial, e sim o resultante do atravessamento entre ambas.

Essa relação de atravessamento configura um paradoxo, que numa analogia com as cores, pode ser enunciado nos seguintes termos: a tarefa é clínico-assistencial (verde), o que implica dizer que não é exclusivamente clínica (azul), nem exclusivamente assistencial (amarelo); situa-se no amplo leque de tonalidades do verde, desde um verde mais azulado até um verde mais amarelado. Trata-se de um paradoxo no sentido em que o verde afirma e ao mesmo tempo nega a presença do azul e do amarelo.

Ainda que o trabalho do Acompanhante se estenda para o âmbito da vida cotidiana e para as necessidades materiais e pragmáticas do paciente, esse trabalho assistencial sempre estará mediatizado pelo manejo clínico do vínculo.

A decisão sobre operar a partir de um verde mais azulado ou amarelado, ou de uma atitude mais clínica ou mais assistencial, vai depender de cada caso e situação específica.[251]

Por exemplo: o Acompanhante Terapêutico pode ajudar com as compras no mercado, mas se observar que o paciente não colabora (não se apropria da tarefa), terá que buscar uma significação para essa situação e intervir (tarefa clínica). Talvez o paciente esteja atuando sob a suposição de que o acompanhante "é" uma mãe onipotente, que faz tudo por ele. Neste caso a intervenção pode consistir em uma bronca, ou em adotar uma atitude passiva através da qual o Acompanhante comunica que essa suposta mãe onipotente não está presente nesse momento, de modo que terá que se mexer para que as coisas aconteçam (isso seria uma "ação interpretativa passiva").[252]

Por isso que não estou de acordo quando Winnicott diz que, se para o paciente o trabalhador social lembra sua mãe, "será suficiente que o assistente acredite, sem precisar fazer mais nada".[253] Isso pode supor uma dissociação entre o assistencial e o clínico.

Quando não é possível sustentar o paradoxo, o Acompanhante pode oscilar entre converter-se em uma espécie de "psicanalista ambulante" (por exemplo, interpretando a situação no mercado) ou se limitar a responsabilizar-se pelas compras ("empregada doméstica"). Este último caracteriza um estereótipo assistencial relativamente comum em Saúde Mental e Serviços Sociais.[254]

Pelo fato de a expressão "trabalho social" estar amplamente impregnada desses estereótipos assistenciais, proponho substituir o termo "assistencial" por "cotidiano", e empregar a expressão *Clínica do Cotidiano* para significar a índole composta e paradoxal da tarefa. O termo "clínica" aponta para a importância dos aspectos vinculares da tarefa, enquanto o termo "cotidiano" assinala que o trabalho com o vínculo acontece no âmbito das situações cotidianas, empregando também recursos cotidianos (conversas, bronca, humor, atos, reações afetivas, espaços e pessoas do contexto comunitário, etc.).[255]

3.2 Enquadre aberto

O fato de que o Acompanhamento Terapêutico acontece nos âmbitos comunitário, domiciliário-familiar e cotidiano do paciente problematiza tudo o que é relacionado com o rol, tarefa, enquadre e intervenção.

Sobre o enquadre, sustento que se trata de um enquadre ambulante e aberto, se bem que, nesse contexto, atendo-me à noção de enquadre aberto pensada a partir da Clínica do Cotidiano.

No consultório, assim como nas práticas grupais em instituições, etecetera, geralmente se opera a partir de um "enquadre fechado", no sentido em que a intervenção se dirige exclusivamente à pessoa ou ao grupo em questão e, por sua vez, o terapeuta toma cuidado para que terceiros não intervenham, para que não interrompam a sessão ou não "atrapalhem". Concretamente, no enquadre fechado as portas costumam estar fechadas.

Ao contrário, na Clínica do Cotidiano trabalha-se em um enquadre aberto. Aqui nem sempre há portas, e as que há costumam estar entreabertas... ainda que, às vezes, com o cartaz de "não atrapalhe".

Para diferenciar questões de distintas ordens, farei uma análise descritiva de situações nas quais o enquadre está:

Aberto para fora, de modo que a intervenção do acompanhante terapêutico pode se dirigir a alguém de fora do contexto imediato do paciente (zelador, vizinho, amigo, garçom); ou então aberto para dentro, no sentido em que permite a participação seletiva de terceiros.

Enquadre aberto para fora

Ainda que seja megalomaníaco pretender alterar o contexto do paciente, o enquadre do Acompanhamento Terapêutico contempla a intervenção seletiva e limitada sobre algumas pessoas do contexto no qual o paciente está inserido.

Em geral, não se trata tanto de organizar um enquadre formal para intervir de forma sistemática em tais situações, nem de convocar reuniões com as vizinhas da direita e da esquerda (se bem que, se for o caso, pode-se fazer isso). Neste contexto quero destacar as intervenções que têm lugar no âmbito de situações cotidianas.

Sereno (1996) conta o episódio em que estava com um paciente esquizofrênico (Pedro) no portão do edifício onde ele morava. Pedro perguntava a alguns garotos se eles tinham pai. Ninguém lhe deu atenção, mas o porteiro foi se aproximando pouco a pouco enquanto varria a calçada. Pedro perguntou se ele tinha pai. "Dirigindo-se a mim, [o porteiro] perguntou se desde que conheço Pedro ele sempre foi assim; ou se era diferente e se agora está pior. Disse que Pedro é o louco mais louco que ele conhece. "Pergunte para ele", eu disse. Pedro respondeu: "Não!! Antes eu estava muito pior. Agora estou bem, muito bem" Sem saber o que dizer – e aparentemente com muitas dúvidas, o porteiro decidiu voltar para a sua vassoura."[256]

Aqui se pode observar algo que acontece com certa frequência: alguém pergunta ao Acompanhante sobre o paciente, não somente como se esse não fosse capaz de falar de si, mas também como se não estivesse presente no momento ou não existisse. Isso está relacionado com a existência fantasmática na psicose, devido em grande parte a este modo de vinculação que as pessoas em geral costumam estabelecer com pessoas com psicose.[257]

Costuma-se falar da incapacidade do psicótico no que se refere à terceiridade. No entanto, na vinheta essa dificuldade aparece no porteiro, que convida a Acompanhante a uma relação dual baseada na exclusão do terceiro elemento. Convite sedutor, dado que põe a Acompanhante no lugar de quem sabe e fala do psicótico e por ele. Mas também um convite excludente, pois tende a anular a presença e a voz de Pedro.

Isso faz recordar as reflexões de Foucault[258] sobre a Época Clássica, na qual a razão (porteiro) fala com a razão (Acompanhante) sobre a sem razão (paciente). Quer saber sobre ela, mas sem olhá-la nem escutá-la.

Com um gesto simples a Acompanhante faz uma intervenção bastante precisa: "Pergunte para ele". Ante a renúncia da Acompanhante a participar daquele vínculo no qual a razão fala com a razão sobre a sem razão, o porteiro vai embora "sem saber o que dizer, aparentemente com muitas dúvidas", mas talvez sabendo que Pedro podia falar.

No relato do episódio não é possível avaliar o efeito desta intervenção, mas tomando como base outras situações similares, diria que, em maior ou menor grau, é viável contribuir para ressignificar as imagens que as pessoas (porteiros, garçons, vizinhos) têm do paciente, assim como determinados vínculos alienantes que se organizam em função de tais imagens.

Além do mais, e considerando que aparentemente o porteiro foi se confundindo, hipoteticamente penso que se a Acompanhante houvesse aceitado seu "convite vincular", *possivelmente o confusional apareceria em Pedro*. Generalizando essa hipótese, diria que esta modalidade interativa alienante tende a fomentar aqueles estados de atordoamento, desconexão e "olhar perdido" comumente observáveis em psicóticos.

Voltando à questão do enquadre, diria que se trata de um enquadre aberto no sentido de que autoriza "intervir" sobre terceiros que não pertencem ao enquadre do Acompanhamento Terapêutico, o que não deixa de ser um pouco paradoxal.

Nesse momento é necessário formular uma advertência: se fazemos a intervenção sobre alguém que não nos pediu nem nos autorizou a tal, isso é uma agressão; de forma que algumas condições devem ser observadas para que isso não aconteça:

> a) A intervenção não deve questionar diretamente o lugar do outro, nem pretender explicitar o que lhe passa. Quando a Acompanhante diz "Pergunte para ele", não está tratando de revelar diretamente nada do porteiro, não está dizendo-lhe "parece que

você...", porque fazer isso poderia ser considerado uma agressão se feito a partir de um lugar técnico ou clínico. No episódio, o que fez a Acompanhante foi por em cena sua compreensão do que estava acontecendo. De fato, nesse caso o que ela faz é separar-se da "proposta vincular" que o porteiro apresentava. Aqui temos um exemplo muito ilustrativo do que veremos mais adiante: em coerência com os fundamentos da Clínica do Cotidiano e do Enquadre Aberto, em Acompanhamento Terapêutico opera-se, fundamentalmente, mediante Intervenções Cênicas; e mais especificamente, no episódio do porteiro a intervenção cênica se opera como Ação Interpretativa Verbal.[259]

b) Tais intervenções, desde o Enquadre Aberto para fora, não serão sistemáticas, mas sim terão lugar no âmbito das relações cotidianas do paciente; quer dizer, não se trata tanto de organizar um enquadre formal, tipo reunião, mas sim de que em determinadas situações se possa fazer isso.

c) Por último, dizer que o enquadre esteja aberto para fora não significa que estará aberto a tudo o que esteja fora. Essa abertura se limita àquelas situações e pessoas que, de alguma forma, bloqueiam o fluxo do Acompanhamento ou refletem modos de vinculação que alienam o paciente (como no caso do porteiro).

Enquadre aberto para dentro

Se antes víamos que o enquadre da Clínica do Cotidiano está aberto de dentro para fora, agora cabe dizer que também está aberto de fora para dentro, ou seja: aberto à participação de terceiros e inclusive às suas possíveis "intervenções", ainda que também aqui se trate de uma abertura seletiva e com "filtros".

Às vezes ocorre que o paciente proponha, implícita ou explicitamente, que um amigo ou familiar esteja presente durante o encontro, ou então essa presença se produz espontaneamente. Não é pouco frequente que os Acompanhantes sintam dificuldades na hora de facilitar tais inclusões e até mesmo que as vivam como uma "intromissão", por exemplo, quando um familiar "interrompe" a "sessão" e fica com o Acompanhado e o Acompanhante na sala. Então se fala de "ataque ao enquadre".

No entanto, se partimos do princípio de que o enquadre da Clínica do Cotidiano é um enquadre aberto, deveria parecer interessante o fato de que algum amigo ou familiar esteja presente, dado que isso pode oferecer informação muito importante para a avaliação (do universo de vínculos do Acompanhado) e para a intervenção.

Outro exemplo muito comum é o caso dos garçons nas cafeterias. Se partimos da ideia de que um dos objetivos do Acompanhamento Terapêutico pode ser contribuir para criar uma rede normalizada de apoio, o fato de que o garçom se disponha a falar deve ser considerado algo potencialmente positivo.

Em outros termos, o enquadre está aberto a todas aquelas participações que contribuam para a realização da Tarefa.

Outro tipo de situação comum se dá, por exemplo, quando uma mãe liga para cancelar o Acompanhamento alegando que irá com seu filho ao psiquiatra esse dia. A partir da noção de enquadre aberto, o Acompanhante deve contemplar a possibilidade de propor acompanhar o paciente e sua mãe (ou quem quer que seja) ao psiquiatra, e é importante marcar essa característica do enquadre também aos familiares.

Com a explicitação do enquadre aberto não há quase nenhum motivo que justifique o cancelamento de um encontro de Acompanhamento Terapêutico. Evidentemente, e para além das dificuldades do paciente e dos familiares para se deixar acompanhar em situações cotidianas, é compreensível que não queiram que o Acompanhante esteja na casa, por exemplo, se vão receber determinada visita.

Em todo o caso, a noção de enquadre aberto é uma consigna que deve ser transmitida a pacientes e familiares.

No limite, em mais de uma ocasião encontrei casos de pacientes que não saíam com o Acompanhante pois acreditavam que esse ia fazer "terapia em domicílio", ou seja: acreditavam que o enquadre era fechado.

Deve-se considerar que, se a noção de enquadre aberto quebra os esquemas de referência "clássicos" do Acompanhante, o mesmo ocorre com os Acompanhados e suas famílias que, em geral, passaram por diversos processos de tratamento em enquadres fechados.

Por outro lado, também há casos de familiares que costumam estar presentes ou apresentar-se com frequência durante os encontros. Pelo menos como ponto de partida, diria que um familiar nunca "interrompe" uma "sessão", entre outras coisas porque em Acompanhamento Terapêutico não há "sessão" no sentido de relação dual, e por isso opto por chamá-lo "encontro" e assim marcar que se trata de outra coisa... é outro enquadre.

E se não há "sessão" tampouco há interrupção da sessão pela família... porque eles estão na própria casa. Se por acaso houver interrupção, será o Acompanhante Terapêutico que estará "interrompendo" algo. Não convém querer sustentar uma relação dual e ocupar profissionalmente o lar familiar como se fosse nosso consultório ou um centro de reabilitação (o que não invalida o que veremos mais adiante sobre a violência necessária).²⁶⁰

Pois bem, outra coisa muito diferente é que a atitude de determinado familiar (ou garçom, etc.) seja intrusiva ou alienante em relação ao paciente, por exemplo, que entre no quarto sem avisar, etc.; mas essa intrusão não está marcada pelo enquadre em si, mas sim pelo fato de que há uma atitude intrusiva.

Por outra parte, o fato de que o enquadre seja aberto não significa que não possa haver pontos de fechamento, circunscrição ou limites; mas esses pontos vão sendo estabelecidos ao longo do vínculo ou da clínica. Por exemplo, caso se observe que entre mãe e filho há discussões compulsivas que não contribuem para a Tarefa, o Acompanhante Terapêutico pode cuidar para que a mãe não esteja tempo demais presente ou pode optar por encontros fora da casa; mas isso já é parte da clínica ou do manejo dos aspectos dinâmicos do enquadre; não tem a ver com sua estrutura.

A estrutura do enquadre da Clínica do Cotidiano, ainda que seletiva, é aberta.

Observei, em minha experiência como Acompanhante, formador e supervisor, que os Acompanhantes Terapêuticos encontram dificuldades na hora de sustentar, na teoria e sobretudo na prática, essa noção de Enquadre Aberto. Isso pode acontecer pois a inclusão de um terceiro se contrapõe à sua formação como psicoterapeuta (ou outra profissão) que atende em consulta, com seu "enquadre fechado" que se baseia em proteger a intimidade do espaço e manter a relação dual; ou se contrapõe a seu esquema de referência como coordenador de grupos, nos quais também se trabalha em um enquadre fechado.

Além disso, um enquadre aberto sempre será mais complexo, multifacetado e polifônico que um enquadre fechado e essa complexidade expõe em maior medida o Acompanhante Terapêutico a ansiedades de tipo confusional... e uma forma defensiva de circunscrever a confusão pode ser operando com um enquadre fechado, ou seja: empregando um esquema de referência conhecido diante de uma situação desconhecida ou desconcertante.

Além disso, a partir de um enquadre aberto o Acompanhante Terapêutico terá que sustentar, em maior grau, a tensão de Acompanhar sob o olhar de um terceiro e, também, a tensão de ser ele o terceiro.

Por tudo isso, convém voltar a insistir na importância de uma formação específica para os Acompanhantes Terapêuticos, e sobretudo na importância de uma formação que contemple as especificidades da Clínica do Cotidiano e seus derivados.

3.3 Amizade profissional ou transicional

O operar a partir da Clínica do Cotidiano e de um Enquadre Aberto favorecem em grande medida o estabelecimento de vínculos muito profundos e primários entre Acompanhante e acompanhado.

Ainda que possa parecer que a questão da amizade tenha um caráter secundário, há pelo menos três pontos que revelam sua importância no Acompanhamento Terapêutico:

Nos momentos fundantes do Acompanhamento Terapêutico a pessoa que realizava esse trabalho era chamada de Amigo Qualificado.

Por isso que em dois trabalhos (um de 1994 e outro de 1997)[261] os autores se dedicaram a refletir sobre o tema da amizade no Acompanhamento Terapêutico.[262] Ou seja, ainda que o termo "Amigo" tenha sido suplantado, a questão da amizade segue vigente, na medida em que a Clínica do Cotidiano demanda a reflexão sobre o emprego clínico da espontaneidade, proximidade afetiva, grau de (as)simetria do vínculo, etc..

Em primeira instância, o exposto nos itens anteriores faz pensar que a amizade é um tema emergente próprio do tipo de relação estabelecida no Acompanhamento Terapêutico. Todavia, veremos que Winnicott também se dedicou a refletir sobre essa questão, o que faz pensar que sua importância deriva não tanto do rol, mas sim de uma determinada forma de pensar a relação terapêutica, sobretudo nos chamados "casos graves".

As dificuldades na hora de suportar os paradoxos próprios do Acompanhamento Terapêutico costumam produzir tensão, confusão e impasse no que se refere ao rol e à tarefa. Tudo isso aparece refletido no relato das primeiras experiências de uma Acompanhante Terapêutica:

"Então, quem seria eu? O que é esse lado a lado? Eu seria o acompanhante terapêutico, estaria com a paciente por um período de horas, estabelecido com antecedência; iria ao cinema, fazer compras, passear, comeríamos um sanduíche juntas, etc. Mas, tudo isso não são coisas que fazemos na vida com os amigos, ou com os familiares; ou, quando se é muito pequeno, com a babá? Então, o que seria eu: um profissional pago para fazer-se de amigo? Uma falsa babá de uma menina de 16 anos?"[263]

Aqui se percebe como o paradoxo aparece sob a forma de conflito, ainda que um conflito que busque o paradoxo, a inclusão do profissional nestas "coisas que fazemos na vida com os amigos".[264] Em um primeiro momento tal inclusão somente foi possível sobre a base da comparação excludente:

"Eu não era a analista da paciente, inclusive porque ela já tinha um analista e, obviamente, não necessitava de dois".[265] Observa-se a oscilação entre ser a analista ou "um profissional pago para fazer-se de amigo". Logo, a pretensão de deparar-se com o paradoxo se baseia no papel de babá.

Seguindo o relato de caso, a autora demonstra haver alcançado o paradoxo sem a necessidade de recorrer a outros papéis que não o seu. Nem analista, nem amiga, nem babá: Acompanhante Terapêutico. Nem amarelo, nem azul: verde. Neste sentido, é interessante observar o relato de uma relação afetuosa e espontânea entre Acompanhante e paciente, mas constantemente marcada por um enquadre e uma atitude profissional que sustentava tal relação.

Segundo Barreto,[266] "Se a relação entre acompanhante e acompanhado evolui satisfatoriamente, ela caminha em direção à amizade." Algumas páginas adiante ele cita Winnicott, que a partir de sua experiência como terapeuta de pacientes graves assinala que: "Psicoterapia do tipo a que estou me referindo pode parecer amizade, mas não é amizade porque o terapeuta é pago e somente vê o paciente durante um período [...] limitado de tempo".[267][268]

Nessa passagem Winnicott diferencia psicoterapia e amizade baseando-se nos aspectos econômico e temporal do enquadre. Depois dessa citação, no parágrafo seguinte, Barreto se desvencilha da distinção estabelecida por Winnicott e conclui que: "Se acompanhamos o desenvolvimento de seu pensamento até o final de sua obra, encontraremos os fundamentos — transicionalidade e espaço potencial — para afirmar que, sim, se trata de uma amizade. Então, que é o que caracteriza a amizade neste tipo de trabalho?"[269]

Melhor diria que os apontamentos posteriores de Winnicott não permitem afirmar que "sim, se trata de uma amizade"; inclusive porque o que caracteriza o espaço potencial e a transicionalidade é o fato de não ter que tomar uma decisão unívoca quando se levanta uma questão em termos dicotômicos ("amizade sim" *versus* "amizade não"). Neste sentido, parecem-me acertadas as passagens nas quais Barreto fala de uma "relação que tangencia a amizade", ou quando emprega o termo "amigos" (entre aspas) e "trabalho-amizade".[270]

No desenvolvimento do pensamento de Winnicott observamos que, na medida em que foi crescendo sua capacidade de contribuir para o estabelecimento de uma relação terapêutica intensa, íntima e espontânea, impôs-se com maior intensidade a tarefa de dispor uma atitude profissional[271] capaz de sustentar essa relação no marco de um vínculo terapêutico e profissional, ou seja: uma atitude que se diferencia da amizade propriamente dita, ainda que se assemelhe em alguns aspectos.

Ao falar dos casos de "auto cura" (em que o próprio entorno do paciente provê os cuidados necessários), Winnicott assinala que algum "acontecimento, talvez uma amizade, pode corrigir a falha da provisão fundamental, afastando o obstáculo que impedia o amadurecimento em algum sentido".[272] De outro lado, em uma conferência proferida em 1958 comentou que: "Todavia, esses indivíduos deprimidos, mas relativamente normais, têm amigos que os conhecem, apreciam e valorizam, e que, portanto, são capazes de dar-lhes o apoio necessário. Mas que dizer dos indivíduos que têm dificuldade para fazer amizades e travar contato com os vizinhos? Esse é o tipo de complicação que torna necessária nossa intervenção profissional no sentido de oferecer, de modo mais limitado, o mesmo tipo de ajuda que seria dada por um amigo".[273]

Quando Winnicott fala do "tipo de ajuda que pode proporcionar um amigo", considero que está se referindo à proximidade afetiva, devoção e disponibilidade para enfrentar os momentos difíceis e acudir em situações de crise, assim como a certo grau de simetria na relação, etc.

Entre os aspectos de conduta e os aspectos vinculares do que pode existir na amizade em Acompanhamento Terapêutico, poderia citar o emprego da linguagem informal, as piadas, conversas e discussões do tipo "eu e você", o compartilhar atividades cotidianas como ir ao cinema e comentar o filme, ir ao mercado, conversar em um café, brincar, etc. Com o decorrer do tempo isso se configura como "rotinas cotidianas" e chega a estar marcado por sentimentos amistosos mútuos; isto é, sentimentos ternos e hostis, como acontece nas amizades.

Nesse ponto convém perguntar: Por que é necessário diferenciar essa "amizade profissional" da amizade propriamente dita?

Em primeiro lugar, os fatos informam que principalmente os pacientes graves não costumam ter amigos, pois depois do colapso psicótico e ao longo da cronificação os amigos minguam pouco a pouco (ou o paciente mesmo tende a se isolar). Aqui se confirma a tese segundo a qual "A enfermidade mental consiste em não ser capaz de encontrar ninguém que possa nos suportar".[274]

Não podemos afirmar que nós, profissionais, tenhamos maiores "aptidões cristãs" e psicológicas que as destes "amigos que os pacientes não têm": podemos tolerar com nossos pacientes uma série de situações que jamais toleraríamos em um amigo; e inclusive se as tolerássemos em nosso amigo, possivelmente, não estaríamos em boas condições para ajudá-lo. Além disso, sabemos que quando nossos amigos chegam a um determinado nível de demanda e aborrecimento, dizemos: "tem que procurar a ajuda de um profissional", ou algo parecido.

Não há dúvida de que estes pacientes graves necessitam de um amigo, mas também necessitam de um profissional;

de tal maneira que este último deve suportar o paradoxo, qual seja: permitir e potencializar aquilo que é da ordem da amizade, mas sem assumir o rol de amigo. O eixo organizador desse paradoxo é o enquadre (e tudo o que este implica de teoria e técnica, formação e pertencimento a uma equipe de tratamento).

Logo de entrada, o enquadre (horários, honorários, atitude profissional) marca para o paciente um modelo de relação estruturalmente distinto do da amizade.[275] Invariavelmente "O enquadre ordena [...] uma relação não convencional e *assimétrica*".[276] Etchegoyen também se refere a alguns aspectos da relação analítica em que predomina a simetria, e lembra que: "A assimetria não impõe supremacia [no sentido de autoritarismo] mas sim o reconhecimento da polaridade dos papéis".[277]

No Acompanhamento Terapêutico (mais que na relação analítica) há um constante atravessamento entre simetria e assimetria, a relação é (as)simétrica.

Melhor dito: no plano dinâmico pode haver diferentes graus de simetria (segundo o caso e a situação), mas o vínculo será sempre estruturalmente assimétrico ainda que essa assimetria estrutural esteja sendo constantemente atravessada pela simetria no plano dinâmico.

Por exemplo: em uma conversa é possível estabelecer um diálogo simétrico no qual Acompanhante e acompanhado trocam episódios pessoais (como se fossem dois amigos), mas essa simetria no plano dinâmico sempre estará sustentada por uma assimetria estrutural. Por mais que o Acompanhante conte passagens de sua vida pessoal, faça seus comentários pessoais como um semelhante, constantemente estará modulando o grau de simetria e observando os efeitos que sua atitude produz no paciente. Normalmente, todos nós tomamos cuidado com o que dizemos a nossos amigos, mas o tipo de cuidado anteriormente assinalado é estruturalmente distinto, é assimétrico, está atravessado pela atitude profissional, pela teoria e pela técnica.

Assim, tudo o que se possa dizer da amizade em Acompanhamento Terapêutico deve ser enquadrado na Clínica do Cotidiano.

No que diz respeito ao Acompanhante, o enquadre oferece ainda algumas referências que contribuem para suportar aquelas tensões que "os amigos que os pacientes não têm" não costumam suportar.

A partir de sua atitude profissional, o Acompanhante pode expressar ternura e hostilidade para com o paciente,[278] mas deverá considerar quando, como, por que e para que o faz; e, se for o caso, não fazê-lo. De qualquer maneira, trata-se aqui de expressar o "amor e ódio profissionais", amor e ódio legítimos e genuínos, que serão "administrados" pela atitude profissional e pelo enquadre.

Resumindo, o enunciado do paradoxo seria: em Acompanhamento Terapêutico, é possível permitir, e em alguns casos até potencializar, tudo o que é da ordem da amizade, mas sem ser amigo. Como a "mãe suficientemente boa", o Acompanhante possibilita que o paciente encontre aquilo que necessita conceber, ao mesmo tempo que segue sendo o que é: um Acompanhante Terapêutico. Em todo o caso, haveria que se falar de uma "amizade profissional" ou, se fosse o caso, de um "amigo transicional", de uma amizade que pode oscilar de um verde mais azulado a um verde mais amarelado, mas sempre verde.

Essa "amizade", tal como o objeto transicional, está destinada a perder significação e a se diluir. No mínimo esta deveria ser a atitude mental do Acompanhante. "Sempre esperamos que nossos pacientes terminem a análise e nos esqueçam";[279] e isso também se diferencia estruturalmente daquilo que rege a amizade ou o rol do amigo propriamente dito.

Por mais que se pense o Acompanhamento em termos de Clínica do Cotidiano, não se deve perder de vista que o Acompanhamento Terapêutico não é a vida mesma, por mais que pareça.

O uso da expressão "amizade profissional" pode conduzir a mal-entendidos; por exemplo, que se pense que uma parte da "técnica" do Acompanhante consista em "fingir" determinados afetos e atitudes, sejam esses amistosos, ternos, hostis, etc. Neste sentido, convém introduzir o próximo paradoxo dizendo que toda tentativa de expressar afeto a partir de um lugar estritamente técnico ou racionalizado estará destinada a fracassar.

3.4. Da técnica ao método

> *O poeta é um fingidor*
> *Finge tão completamente*
> *Que chega a fingir que é dor*
> *A dor que deveras sente.*
>
> Fernando Pessoa

Em um tipo de intervenção a que se pode denominar *Clínica do Cotidiano*, sustentada por um Enquadre Aberto e na qual pode-se chegar a estabelecer uma *Amizade Profissional* ou *Transicional*, convém dizer algumas palavras sobre o sentido do termo "técnica".

Os estudos sobre a contratransferência e a intersubjetividade têm sido fundamentais no desenvolvimento das técnicas psicanalíticas em geral.[280] O reconhecimento e a compreensão dos atravessamentos entre (inter)subjetividade e técnica impulsionaram repensar a noção de formação profissional e, por sua vez, o aumento de dispositivos voltados a oferecer um quadro de análise da relação terapêutica (formação em grupos operativos, supervisão, reuniões de equipe, análise pessoal). Além desses dispositivos, Winnicott considera que o enquadre e a atitude profissional potencializam a estabilidade de caráter do terapeuta, mas adverte que "na hora que é reservada para este paciente podemos ter uma confiabilidade profissional que é muitíssimo diferente de nossa própria e inconfiável personalidade. Com o tempo, porém, a nossa própria inconfiabilidade começa a vazar".[281]

Também diz que os casos graves e de psicose, assim como aqueles nos quais entram em jogo fortes tendências antissociais, "atravessam gradualmente os obstáculos que para mim são a técnica do analista e a atitude profissional".[282] Aqui a pessoa do terapeuta ganha maior protagonismo.

Ao falar dos abrigos para crianças doentes, referindo-se aos cuidadores, Winnicott diz que: "sua seleção como pessoas adequadas para a tarefa teria maior importância que sua formação."[283]

Sobretudo no Acompanhamento Terapêutico, considero fundamental desmarcar-se deste dilema e reconhecer a importância de todos os fatores, dado que não basta sermos "pessoas adequadas para a tarefa". De fato, em diversos âmbitos observei a tendência a que a relação terapêutica seja vivida pelo profissional como algo demasiadamente "pessoal", ou que seja produzida uma excessiva "tecnificação" da atitude profissional.

Isso impõe formular uma noção de técnica que seja válida para a Clínica do Cotidiano; uma técnica que não "tecnocratize" a cotidianeidade a tal ponto que já não seja possível reconhecer nada dela; definitivamente, uma noção de técnica que não rompa os paradoxos, mas que contribua para sustentá-los. Aqui há uma pista: "Devemos assinalar, no entanto, que há momentos em que os tutores devem "agir naturalmente" no sentido em que faz um ator. Isso resulta particularmente importante no caso de crianças doentes. Se uma criança chega chorando e diz: "Cortei meu dedo", justo no momento em que o tutor está preparando sua planilha do imposto de renda (...), deve atuar como se a criança não tivesse se apresentado em um momento tão inoportuno, pois essas crianças são, a menudo, demasiado doentes ou ansiosas para aceitar as dificuldades pessoais do tutor, além das suas próprias".[284]

Sugiro que a técnica em Acompanhamento Terapêutico deva se assemelhar à do ator: a técnica de *interpretação dramática* que este usa para construir, encarnar e representar um papel.[285] Mais adiante veremos que o Acompanhante intervém fundamentalmente a partir de uma série de intervenções cênicas.

O Ator (com maiúscula) deve ser um especialista em técnica, mas o é com o objetivo de que o espectador não veja a técnica, mas somente o personagem.

Por outro lado, em certa ocasião um diretor de cinema disse que o bom ator é aquele capaz de fazer com que o personagem (do roteiro) se converta em pessoa, no sentido em que o ator, com sua *técnica*, desloca seus sentimentos e *experiências pessoais* (reais) ao personagem. A isso se chama "substituição" ou "transferência" na arte dramática: a técnica de transferir os sentimentos e experiências pessoais para o personagem. Sobre os atores que trabalham com essa técnica, costuma-se dizer que empregam o "Método".[286]

O paradoxo consiste em que o personagem é "irreal" (uma criação do autor) mas é "real" (os sentimentos e experiências pessoais do ator). Esse seria um aspecto da "magia" do ator, que nos leva a experimentar sentimentos profundos (acompanhados de sorrisos e lágrimas) pelo personagem-pessoa, mesmo sabendo que tudo é "mentira", que o ator está "fingindo". Fernando Pessoa diria que *finge tão completamente, que chega a fingir aquilo que deveras sente.*

Quando nos encontramos frente a um bom ator (ou um ator suficientemente bom) a "magia" se produz porque ator e espectador submergem no campo da transicionalidade, nessa área intermediária na qual a "mentira" pode ser "verdade" e vice-versa. Isso ensinou Winnicott ao dizer que a arte é uma extensão dos fenômenos transicionais.

O mesmo se poderia dizer sobre o espaço físico, dado que o cenário no teatro é, *ainda não sendo*, uma casa, a rua, o bar. De forma análoga, a casa do paciente e o contexto comunitário (cenário do Acompanhamento Terapêutico) podem ser, ainda não sendo, uma infinidade de lugares. Desse modo, é possível dizer, também, que o Acompanhante Terapêutico pode *chegar a ser, ainda não sendo*, um amigo, o inimigo, a mãe, o pai... o cachorro, a gata, um pássaro na gaiola...

Uma das diferenças acerca do trabalho do ator consiste em que, no Acompanhamento Terapêutico a construção do "roteiro" e do personagem-pessoa vai acontecendo em função da evolução do vínculo terapêutico. Devido à imprevisibilidade do outro, haverá muita improvisação; mas a improvisação se desenvolve desde os fundamentos teóricos e técnicos, e também em relação à estratégia do tratamento.

Esta reflexão sobre os atravessamentos entre "mentira" (técnica) e "verdade" (espontaneidade, autenticidade das respostas do terapeuta) é fundamental pois as pessoas com psicose e patologias graves funcionam em níveis muito primários, e desde aí tendem a procurar a pessoa do terapeuta, suas reações afetivas mais primárias, aquilo que está mais além de sua atitude profissional e de sua técnica.[287]

Aqui convém analisar dois tipos de situação em que o paradoxo se rompe. Em uma delas o terapeuta "finge descaradamente" algo que não sente: intervém de um lugar estritamente "técnico". A alternativa oposta consiste em se limitar a expressar seus afetos tal como o faria com suas relações pessoais cotidianas.

O "finge descaradamente" deriva fundamentalmente daquelas concepções racionalistas e positivistas da técnica. Aqui pode ocorrer que o terapeuta esteja constantemente programando atividades e lições preestabelecidas, ensinando "técnicas" sobre como o paciente deve atuar em situações de grupo e realizar um sem fim de *habilidades sociais*. Também pode ocorrer que atue estritamente segundo critérios "tecnicamente corretos", em função daquilo que entendeu do que ele leu ou do que disse seu supervisor.

Esse tipo de terapeuta equipara-se ao ator que finge descaradamente com sua técnica; de modo que cabe questionar em que medida a falta de interesse e motivação, tão comum em pessoas com psicose, assemelha-se ao tédio que sentimos ante um mau ator. Stanislavsky comenta que: "O objetivo racional carente do calor da emoção (o sentimento) e a vontade não chega ao coração do ator, não se projeta para o expectador e, portanto, não é capaz de engendrar 'a vida do espírito humano', 'a sinceridade das emoções', nem 'sentimentos que pareçam verdadeiros'. O árido objetivo da razão não comunica a essência vital aos mortos conceitos da palavra; somente registra o sumário do pensamento. Ao buscar esse objetivo, o ator não pode viver o papel. Simplesmente o recita".[288]

Além do tédio e da falta de interesse que isso produz no expectador-acompanhado, deve-se levar em consideração que "a não-autenticidade grosseira deixa a pessoa sem uma bússola interpessoal aproveitável para o relacionar-se intersubjetivo".[289] Ou seja, que aquelas atitudes e atividades terapêuticas e reabilitadoras levadas a cabo a partir do estritamente "técnico" (inautêntico) não contribuem para que a experiência seja significativa para o paciente.

No outro extremo, o Acompanhante Terapêutico pode considerar que deve ser espontâneo e expressar seus afetos tal como o faria em sua vida cotidiana, o que pode conduzir a uma sobreatuação do afetivo e do espontâneo. Por isso que o método do Acompanhante consiste em "'atuar naturalmente' como um ator faz" (Winnicott).

No âmbito da relação mãe-filho, Stern comenta que: "o objetivo da mãe de Sam de brincar com seu bebê, mas de não o deixar ficar 'passivo' é um exemplo. Então, há uma infinidade de agendas múltiplas mais mundanas: encorajar o brinquedo com um objeto, dirigindo o bebê quanto ao modo de brincar com ele; dirigir a atenção de um bebê para longe de alguma coisa relativamente perigosa e em direção a alguma coisa segura (...) deixar que uma brincadeira excitante prossiga, mas com um pé no freio conforme o bebê comece a demonstrar os primeiros sinais de fadiga ou sobrecarga. Todas essas situações envolvem necessariamente alguma mistura de comportamentos sinceros e insinceros."[290]

Essas situações mencionadas por Stern são frequentes em Acompanhamento Terapêutico, e envolvem também certa mistura de condutas sinceras e insinceras.

Em certa ocasião Carlos e eu olhávamos discos em uma loja. Devido a seus intensos sentimentos paranoides, exigia que eu estivesse constantemente ao seu lado. No entanto, nessa ocasião percebi que olhava os discos de forma despreocupada, enquanto eu sentia algo como a atração de um ímã que me fazia segui-lo pelo estabelecimento. Quando percebi a situação, comecei a fingir (a "agir naturalmente") que olhava os discos "à minha maneira", sem preocupar-me com ele. Carlos, por sua vez, continuou olhando os discos "à sua maneira"; ou talvez, como eu, estivesse fingindo. O fato é pouco a pouco fomos nos distanciando.

Passados alguns minutos, Carlos se aproximou reclamando porque eu não estava lhe "vigiando" (SIC). Disse-lhe que esta vigilância também era responsabilidade sua, que se precisava dela, também correspondia a ele prestar atenção em mim.

Essa situação assentou as bases de uma reestruturação importante do vínculo terapêutico; uma mudança do personagem que eu representava para ele. Tudo isso apareceu posto em cena nessa mudança de atitude, que incluía "certa mistura de condutas sinceras e insinceras" (Stern). Insincera porque eu estava fingindo conscientemente, mas por sua vez sincera no sentido de que este fingir se apoiava na sensação de que me parecia absurdo segui-lo pela loja.

Parafraseando o paradoxo poético de Fernando Pessoa, diria que o *Acompanhante é um fingidor; finge tão completamente, que chega a fingir que é verdade a verdade que deveras sente.*

3.5 Intervenções cênicas

Ao falar daqueles pacientes que sofreram falhas significativas no processo de constituição do aparelho psíquico, Winnicott diz que: "Encontramos hoje todas estas questões aparecendo para revivescência e correção no relacionamento transferencial, questões que não são tanto de interpretar, mas de experienciar".[291]

Devido ao fato de grande parte do trabalho do Acompanhante consistir em realizar *atividades, intervir ativamente*, em Acompanhamento Terapêutico parece ter se produzido uma dicotomia dilemática entre palavra e ação. Barreto[292] assinala que essa dicotomia poderia ser solucionada se a tarefa do Acompanhante fosse pensada em termos de *prover experiências terapêuticas* ao paciente.

O Acompanhante oferece experiências terapêuticas através de sua *atitude geral*, que pode se manifestar mediante verbalizações, ações, passividade, reações afetivas, tom de voz, expressões faciais, etc.

Tais atitudes ganham sentido no espaço intermediário entre duas acepções do termo "representação": no atravessamento entre as noções de *representação mental* (relação de objeto, transferência) e representação cênica.

Em uma representação cênica, teatral ou cinematográfica, o ator não explica as relações entre os personagens (isso se faz em entrevistas, conferências, etc). O que o ator faz é encarnar o personagem, atuar ou interpretar cenicamente sua compreensão de tais reações. Esse pôr em cena pode manifestar-se por meio de ações concretas, verbais, passivas e, por fim, através de todas aquelas formas de interação observáveis na vida cotidiana.

Comparativamente: aquilo que na interpretação verbal aparece como leitura das relações objetais, históricas e transferenciais, neste contexto corresponde pensá-lo em termos das vicissitudes da atitude do Acompanhante (representação cênica) frente às expectativas, demandas e necessidades do paciente (e da família).

A intervenção cênica é algo que vai além das propostas de alguns autores psicanalíticos sobre a intervenção ativa.[293] Tampouco trata-se de uma aplicação clínica das artes cênicas. Trata-se de uma forma de pensar e processar a intervenção desde diferentes níveis de linguagem. Inclusive, no trabalho psicanalítico com neuróticos, quando se refere ao emprego da linguagem verbal, Fiorini comenta: "Nossa tarefa consiste em introduzir uma linguagem capaz de aproximar o paciente ao mundo próprio do processo primário de pensamento. Um mundo de condensações, de deslocamentos de sentido, mundo da metáfora, da imagem, da encenação. Mais que uma linguagem de ideias, necessitamos recorrer a uma linguagem plástica, a uma linguagem poética, a uma linguagem dramática".[294]

Ainda que essa linguagem tenha seus fundamentos em processos de tipo primário, nem por isso há que considerá-la como pertencendo a um nível inferior, utilizado exclusivamente com pessoas com psicose que (supostamente) não têm acesso ao pensamento simbólico, etc. Diria que se trata de uma linguagem mais potente, independentemente de que não seja aquela que detém as maiores quotas de poder nas produções psicanalíticas.[295]

4 O ENQUADRE E SEUS PARADOXOS

Os EIXOS ORGANIZADORES PARA CONCEITUALIZAR O ENQUADRE SÃO: tempo, espaço e atitude. Neste capítulo analisarei alguns aspectos do enquadre mais diretamente relacionados com a atitude mental e de conduta do Acompanhante Terapêutico. O tempo e o espaço serão discutidos no próximo capítulo.

Uma primeira dificuldade vem de que se costuma definir o enquadre enquanto *conjunto de constantes que delimitam o processo terapêutico*. Essa definição corresponde àquelas práticas nas quais o profissional organiza, por exemplo, as condições espaciais para receber o paciente. No entanto, quando o Acompanhamento Terapêutico acontece no contexto caseiro e/ou familiar, em certo sentido costuma ser o paciente (e a família) que fornece as condições espaciais para receber o Acompanhante.

Além disso, um dos objetivos do Acompanhamento consiste em potencializar, até certo ponto, uma *constante inconstância das constantes* no que se refere aos espaços físicos frequentados pelo par Acompanhante-acompanhado.

Estes elementos problematizadores, que delimitam as especificidades da Clínica do Cotidiano, demandam uma conceitualização em termos de paradoxo (inconstância das constantes) e "enquadre ambulante e aberto".

Além disso, veremos que em determinados momentos da relação terapêutica a atitude mental e de conduta do Acompanhante costuma caracterizar-se pelo paradoxo da atuação contratransferencial.

4.1. A inconstância das constantes

Etchegoyen (2008) faz uma ampla análise sobre o enquadre na situação analítica, abordando o tema por diversas perspectivas e autores. Baseando-se em um artigo de Zac,[296] define três categorias de constantes no enquadre psicanalítico, adotando como eixo central a *atitude mental e de conduta* do analista.

Denominou a primeira categoria de constantes absolutas, que derivam das teorias da psicanálise e "... aparecem em todo tratamento psicanalítico, já que guardam relação direta com as hipóteses definidoras de nossa disciplina".[297] Se um paciente convida seu analista para jantar, ele não terá duvidas em se apoiar na regra da abstinência e "dizer" que não, mesmo que o diga sem dizê-lo ou interpretá-lo.

Já no Acompanhamento Terapêutico, não há nenhuma regra segundo a qual o Acompanhante deve abster-se de aceitar o convite para jantar, inclusive se isso implica encontrar o paciente fora do horário estabelecido. A constante absoluta nesse tipo de situação pode consistir em que o Acompanhante cobrará os honorários correspondentes (não são amigos) ou então descontará essas horas do encontro seguinte. Ademais, há relativamente poucos elementos que delimitem constantes absolutas *a priori*. As decisões clínicas (o aceitar ou não o convite para jantar) baseiam-se mais na análise do vínculo e na estratégia de tratamento de cada caso e situação.

A segunda categoria é constituída por *constantes relativas que dependem do analista*. Entre elas, Etchegoyen destaca: "...alguns traços de sua personalidade, sua ideologia científica e outras mais concretas, como o lugar em que tem seu consultório, o tipo e o estilo de seus móveis, assim como as regulações de seus honorários, feriados, etc".[298] Ainda que essas constantes dependam do analista, há um "sentido comum psicanalítico" que estabelece alguns critérios.

O Acompanhante Terapêutico, ao trabalhar a partir de sua espontaneidade cotidiana (profissional), não terá tão claro quais são esses critérios. Em princípio, não há nenhuma regra segundo a qual não deva contar piadas ou episódios de sua vida pessoal. Por outro lado, em determinados casos e situações pode ser que não seja conveniente fazer piadas e compartilhar intimidades.

Há, portanto, poucos critérios que possam ser estabelecidos *a priori* a partir da teoria ou de um "sentido comum" por ela respaldado.

Por exemplo, se a atividade consiste em ir ao interior em uma tarde de verão, o Acompanhante Terapêutico pode usar bermuda. Mas, se determinado paciente tende a estabelecer relações muito erotizadas, talvez ao Acompanhante não reste outra alternativa senão passar um pouco de calor.

Além disso, enquanto em psicanálise a relação é fundamentalmente verbal, no Acompanhamento isso vai depender do desenvolvimento da relação. Com alguns pacientes são estabelecidos altos padrões de interação em nível corporal, enquanto que com outros pode ser que isso não seja conveniente. Isso também depende das facilidades e dificuldades do Acompanhante nesse sentido.

Por último, estariam as constantes que também são relativas, mas que dependem da dupla. Etchegoyen exemplifica dizendo que os horários das sessões se estabelecem levando em consideração as conveniências de ambas as partes. Aqui se entra no âmbito dos "acordos eu e você" que, em grande medida, caracterizam a prática do Acompanhamento Terapêutico. Não somente os horários se estabelecem conjuntamente, mas também os lugares de encontro, o tipo de atividade a ser realizada, etc.

Partindo desta análise diferencial entre psicanálise e Acompanhamento Terapêutico, é evidente que neste último se opera em um enquadre "menos estruturado", no sentido em que há poucas constantes que possam ser definidas a priori. Mesmo com o respaldo da teoria, em Acompanhamento Terapêutico as "constantes" se definem mais em função da tarefa e das idiossincrasias do vínculo terapêutico (e de tudo aquilo que o atravessa, como pode ser a estratégia do tratamento, etc.). Nisso consiste um dos aspectos do paradoxo da inconstância das constantes.

Se é certo que, inclusive na psicanálise, em "cada caso, temos que escutar o que diz o analisando, o que estipula a teoria e o que nos informa a contratransferência",[299] em Acompanhamento Terapêutico as particularidades de cada caso têm um peso maior.

Portanto, mais que definir a priori modos de atuar, a discussão sobre o enquadre oferece ferramentas conceituais para pensar sobre a especificidade de cada caso. Por sua vez, estas ferramentas disponibilizam referências que enquadram a atitude mental e de conduta do Acompanhante.

O enquadre (atitude mental e de conduta) no Acompanhamento Terapêutico se aproxima, em grande medida, das propostas de Fiorini (s.d.) sobre o enquadre na psicoterapia breve de orientação psicanalítica (focal, de apoio, em instituições públicas e assistenciais). Entre outras coisas, o autor faz referência ao "princípio de flexibilidade" segundo o qual pacientes com diferentes diagnósticos demandam diferentes estratégias terapêuticas, e cada caso pode requerer "a remodelação periódica da estratégia e das táticas em função da evolução do tratamento".[300]

Fiorini também argumenta em prol de uma participação mais ativa, corporal e pessoal do terapeuta: "*a inclusão seletiva de traços pessoais do terapeuta é parte da técnica*".[301] Isso inclui intervenções que se ocupam do "de fora" do tratamento e de aspectos pragmáticos da vida cotidiana (o que implica a contraindicação de empregar interpretações transferenciais de forma sistemática). Tudo isso aponta para a ideia de manejo clínico-assistencial anteriormente discutida.[302]

Em função das particularidades de cada caso, o autor contempla inclusive a possibilidade de presentes e empréstimos mútuos entre paciente e terapeuta (o que não é pouco frequente em Acompanhamento), e que se produzam encontros fora do âmbito terapêutico.[303]

Tomando como referência o enquadre psicanalítico no sentido estrito, em Acompanhamento Terapêutico há "menos enquadre"; mas se a referência são as especificidades da Clínica do Cotidiano (incluída a Amizade Profissional e o Método, o Enquadre Aberto, etc.), melhor seria falar em uma *noção de enquadre estruturalmente distinta*.

4.2 Atitude mental e de conduta

Empregarei o termo "atitude" no sentido em que o enquadre se baseia fundamentalmente na atitude mental e de conduta do Acompanhante Terapêutico. Ao falar do enquadre na situação analítica, Etchegoyen comenta que: "Há duas formas de entender o enquadre: como fato de conduta ou como atitude mental [...] O enquadre é substancialmente uma atitude mental do analista, concretamente a atitude mental de introduzir o menor número de variáveis no desenvolvimento do processo. Isto deve ser chamado, em última instância, de enquadre, e não apenas de uma determinada conduta".[304]

Se a inconstância das constantes é levada em consideração, diria que não se trata tanto de "introduzir o menor número de variáveis no desenvolvimento do processo",[305] e sim da atitude de administrar as variáveis *em função*:

1. Da tarefa clínico-assistencial;
2. Das necessidades psíquicas e de organização defensiva do paciente (e da família); e
3. Do desenvolvimento do vínculo.

Mesmo em psicanálise e psicoterapia, em determinados casos e situações pode ser legítimo "acomodar meu *setting* à rigidez de seus mecanismos de defesa".[306]

Dito de outra maneira, é clinicamente legítimo adaptar o enquadre, ou atitude mental e de conduta, às necessidades psíquicas e de organização defensiva do paciente e de sua família.

Para justificar essas propostas, é fundamental considerar a diferença entre a relação mãe-bebê no desenvolvimento normal, por um lado, e a relação Acompanhante-paciente/ família, por outro. É certo que, em ambas, a adaptação à organização defensiva e às necessidades psíquicas se correspondem. No entanto, a mãe se encontra com uma organização defensiva primitiva própria do desenvolvimento normal. Aqui, a *organização defensiva do lactante, sustentada pelos cuidados maternos, é algo que contribui para o desenvolvimento*.

Ao contrário, na psicose a catástrofe psíquica já aconteceu, de maneira que *a organização defensiva opera de modo a bloquear o desenvolvimento*. Adaptar-se a uma organização defensiva assim estruturada é qualitativamente diferente.

Em termos clínicos, ao Acompanhante corresponde cumprir uma função cujos termos se contradizem: adaptar-se às necessidades psíquicas e, ao mesmo tempo, à organização defensiva. Os termos se contradizem porque, na família do psicótico (o psicótico incluído), a organização defensiva tende a pedir e demandar o contrário daquilo que possibilitaria atender às necessidades psíquicas.

Onde a necessidade psíquica busca, por exemplo, a instituição de normas e relações legisladas, a organização defensiva tende a anular essas referências interativas. Onde a necessidade psíquica busca um objeto que module a superestimulação do excesso materno para com o psicótico, a organização defensiva costuma demandar que o Acompanhante adote uma atitude superestimuladora.

Por sua vez, pretender estabelecer uma "batalha" direta e frontal entre o excesso materno e enquadre só intensificaria os sentimentos persecutórios e a rigidez da organização defensiva (intrapsíquica e interativa) no contexto familiar. Se o excesso materno tende a anular toda terceiridade, interdição, norma e limite (função paterna), isso não significa que o Acompanhante deva introduzir esses elementos de forma direta e imediata. Fazê-lo seria reproduzir os padrões interativos do excesso da função *paterna*.

Na prática clínica, tais situações costumam ser extremamente confusas para o Acompanhante; muitas vezes não saberá se está atendendo as necessidades do paciente e da família, ou contribuindo para reforçar e cronificar sua doença.

Para delimitar estas situações confusionais, até certo ponto inevitáveis e inclusive necessárias, convém pensá-las em termos de paradoxo.

4.2.1 O paradoxo da atuação contratransferencial

Na perspectiva da atitude mental e de conduta, a regra fundamental do enquadre consiste em que a atitude do Acompanhante Terapêutico deve adaptar-se à organização defensiva do paciente e de sua família.[307] Se assim não for, sua presença no contexto familiar será demasiadamente persecutória, gerando um aumento das ansiedades, defesas intrapsíquicas e padrões interativos patogênicos. Não é pouco frequente que tais aumentos contribuam à interrupção prematura do Acompanhamento Terapêutico, em geral por parte da família.

Entre outras coisas, a presença e o enquadre do Acompanhamento Terapêutico podem e costumam resultar persecutórios pois:

1) Mais além da negação, os progenitores, em geral, sentem-se extremamente culpados pela doença mental de seu filho.[308] Na medida em que se apercebem de que o Acompanhamento Terapêutico pode contribuir para a evolução do paciente, isso torna-se persecutório pois é outra pessoa, e não eles, quem está reparando o dano causado. É comum observar manifestações de indignação quando os familiares se dão conta de que, em sua relação com o Acompanhante, muitas das manifestações patológicas do paciente não são tão pronunciadas. Isso também costuma constituir um importante fator gerador de culpa.

2) Além disso, onde o enquadre representa a autoridade do (suposto) saber profissional, sobretudo a figura materna costuma vivê-lo como ameaça de ferida narcísica por perceber a si mesma não sabendo.[309]

A afronta ao narcisismo e a culpa são duas das principais fontes de ansiedades paranoides.

3) O enquadre também pode tornar-se persecutório na medida em que representa a função paterna que limita e circunscreve a "lei sem lei" do excesso materno. O persecutório advém das fantasias e expectativas catastróficas associadas à castração simbólica e à ruptura da simbiose patológica.

Quando em tais famílias a figura paterna aparece em cena, em geral o faz como intrusão física e psíquica (excesso da função paterna), o que reforça ainda mais aquelas fantasias e expectativas catastróficas.

O enquadre e seus paradoxos

De outro lado, quando a função paterna moduladora e estruturante realmente se faz efetiva, o que se observa é um efeito apaziguante.[310]

4) Por último, o enquadre pode resultar persecutório devido à organização defensiva (interativa) da família se apoiar em grande parte no membro doente. "O êxito no tratamento de uma criança pode ser traumático para um ou ambos os pais. A psicose latente do adulto, que até então se mantivera oculta e adormecida, reaparece pela profunda transformação positiva operada na criança, e passa a exigir sua quota de atenção e aceitação".[311]

Como defesa ante tais ansiedades, sobretudo a figura materna pode ter a convicção de saber exatamente do que necessita seu filho para se curar. A partir dessa convicção, somada à sua compulsão por "reparar", ela se outorga o rol de "terapeuta", estabelece seu próprio "(anti)enquadre do tratamento" e tende a não seguir as prescrições e consignas estabelecidas pelos e com os profissionais.

Estes mecanismos defensivos fomentam uma série de interações que poderiam ser denominadas de "transferência familiar" em Acompanhamento Terapêutico. Nela a família costuma ativar, na relação com o Acompanhante Terapêutico, aqueles modos de vinculação baseados no excesso da figura materna e na correspondente deficiência da função paterna. Nas manifestações interativas da chamada "transferência familiar" é comum observar que:

1) A figura materna tende a impor uma série de mandatos e exigências com a finalidade de que o Acompanhante atue segundo os critérios do excesso materno e, assim, se coloque em sua "área de controle onipotente" (Winnicott).

2) Por sua vez, tais padrões interativos tendem a pôr o Acompanhante no (não) lugar da figura paterna excluída,

anulada e subordinada aos mandatos maternos; ou seja, no (não) lugar de "assistente" passivo do excesso materno.

Outro aspecto da "transferência familiar" consiste em relacionar-se com o Acompanhante como se ele fosse o paciente; de modo que no decorrer de seu trabalho, uma ou outra vez o Acompanhante receberá as investidas do excesso materno. Sobretudo nos Acompanhamentos longos, não é equivocado dizer que se chega a experimentar "na própria carne" os processos vinculares que conduziram à psicotização e à cronicidade do paciente.

Essas três modalidades interativas da "transferência familiar" costumam produzir intensos sentimentos contra-transferenciais que os Acompanhantes descrevem como medo, sufoco e ódio ante as demandas, exigências e críticas exacerbadas ao seu trabalho; sentir-se impotente, invadido, paralisado, manipulado, anulado e fora de lugar; medo de "ficar louco", etc.

Esses sentimentos impulsionam a atuação da contra-transferência ou *acting-out*, o que supõe reproduzir modos de relação em certa maneira análogos aos da família. Entre outras coisas, frequentemente a paralisia do Acompanhante é substituída pela compulsão a intervir, enquanto a sensação de sem-lugar se troca por intervenções intrusivas ou impositivas como modo de forjar um lugar (excesso da função paterna), ou por atitudes que tendem a anular o paciente. Quando isso se transforma em um padrão e se mantém por muito tempo, o enquadre do Acompanhamento cumpre a função de se amoldar à organização defensiva familiar.

No entanto, observei que, até certo ponto e sobretudo em determinadas etapas, esta atuação contratransferencial "negativa" costuma se manifestar em praticamente todos os Acompanhamentos Terapêuticos que produziram resultados positivos. Sendo isso válido, pode-se considerar que tais atuações são parte integrante do *processo de estabelecimento do enquadre.*

O paradoxo de atuação contratransferencial consiste em que a atuação "negativa" da contratransferência pode ser "positiva" para a evolução do caso. A evolução se produz graças a, e apesar da, atuação contratransferencial.

Em meu trabalho como Acompanhante, formador e supervisor, observei que, em muitos casos, os sentimentos contratransferenciais mais intensos e transbordantes derivam das relações do Acompanhante com os familiares, e não tanto com o paciente. Daí estes processos relacionados com o paradoxo da relação contratransferencial se fazerem notar sobretudo naqueles Acompanhamentos intensamente marcados pela participação dos familiares.

Para investigar tais processos adotarei como referência o modelo familiar constituído por mãe, pai e filho/a com uma patologia grave (sem mencionar os possíveis irmãos).

Em que consiste o possível efeito positivo de tais atuações "negativas"?

Parece haver uma tendência generalizada de observar somente os aspectos patogênicos da dinâmica familiar; mas também é importante reconhecer que inclusive as dinâmicas mais patogênicas podem conter algo de são, ou pelo menos algo que pode ser resgatado como tal. Quando a figura materna demanda que o Acompanhante se molde aos padrões familiares, há que lhe dar certa dose de razão. Com isso está dando informação sobre os padrões interativos familiares que, não os levando em conta, se transformam em um obstáculo intransponível.

Sugiro que a atuação "negativa" da contratransferência pode resultar positiva na medida em que:

1) Ao amoldar-se em certa medida aos padrões interativos familiares, por sua vez o Acompanhante está adotando uma atitude adaptativa que contribui para não intensificar as ansiedades paranoides, assim como as defesas intrapsíquicas e interativas.

2) Por sua vez, isso facilita o estabelecimento de um vínculo significativo e de confiança com o paciente e com a família.

A única passagem na qual encontrei uma referência explícita aos possíveis efeitos positivos de tais atuações "negativas" aparece em Searles: "Em geral, e sabe-se bem que os pais responderam ao paciente de determinadas maneiras – condenação, reprovação, desprezo, etc. – que promoveram a doença no filho, o terapeuta se nega a ter as mãos atadas por algum imperativo autoimposto no sentido em que sua conduta deve ser sempre o antídoto desses traumas precoces e que jamais deve incorrer em tais respostas (...) Caberia postular com certo grau de certeza que uma pessoa cujas relações intrafamiliares tenham sido tão aberrantes para darem origem a uma esquizofrenia, de nenhum modo poderia se relacionar – pois não teria ferramentas suficientes derivadas de sua experiência passada –, com um terapeuta idealmente afetuoso e maduro".[312]

Um terapeuta com uma atitude mental e de conduta idealmente afetuosa e madura dificultaria o estabelecimento de um vínculo significativo, e inclusive poderia resultar persecutório pela excessiva discrepância entre a sua atitude e os padrões familiares.

Como dar conta então de necessidades clínicas cujos termos se contradizem?

Ao falar da situação analítica, Bleger se refere a dois enquadres: o do analista e o que o paciente traz. "O analista

O enquadre e seus paradoxos

deve aceitar o enquadre que o paciente traz [...], porque neste se acha resumida a simbiose primitiva não resolvida, mas temos que afirmar, ao mesmo tempo, que aceitar o meta-eu (o enquadre) do paciente não significa abandonar o próprio, em função do qual se faz possível analisar o processo e o enquadre mesmo transformado em processo".[313]

Nos termos aqui empregados, a questão que se propõe é como adaptar-se ao antienquadre familiar sem perder as referências que o enquadre oferece para pensar e intervir.

Retomando a metáfora do flamejar de uma bandeira, diria que no plano dinâmico a atitude do Acompanhante corresponde aos movimentos da bandeira amoldando-se ao vento (demanda materna). Para que essa dança não se transforme em um voo decadente, faz falta um eixo organizador, o mastro paterno que limita e, simultaneamente, possibilita a dança. Sobretudo nas etapas iniciais do Acompanhamento Terapêutico, esse eixo organizador está constituído pelos elementos do contrato terapêutico (primeiro momento, ou momento fundante, do processo de estabelecimento do enquadre).

Por exemplo, em certa ocasião, no momento do contrato a mãe de um paciente propôs pagar um salário mensal fixo. Disse-lhe que isso não era possível, e que minha forma de cobrar era por hora. O pai em seguida aceitou essa condição.

Tratava-se de uma família muito rica que tinha vários empregados na casa. Minha hipótese (amplamente corroborada ao longo deste Acompanhamento) era que a mãe estava demandando que eu fosse "o assistente" de suas demandas, um empregado a mais da casa que teria que "obedecer às suas ordens". Se num primeiro momento tive que me colocar (ou fui colocado) em sua área de controle onipotente, isso se dava sobre a base de um eixo organizador que instituía um lugar distinto ao dos empregados da casa. De fato, ao longo deste Acompanhamento a cobrança por horas (mastro) foi uma referência fundamental na hora de manejar alguns "manejos" por parte do paciente e familiares.[314]

Em outro caso, o irmão de um paciente pôs como condição que a Acompanhante (uma supervisionanda, de nacionalidade e nome bascos) fosse chamada de "Maria". Segundo ele, seu irmão esquizofrênico tinha delírios paranoides relacionados com o terrorismo. A Acompanhante não aceitou essa condição, e nesse caso não foi possível manejar a situação e começar o Acompanhamento Terapêutico.

Por outro lado, além destes elementos aos quais o Acompanhante não deve renunciar (mastro), há situações dinâmicas nas quais, durante um período de tempo limitado e até certo ponto, deve adaptar-se ao "(anti)enquadre" que a família traz de antemão.

Essa adaptação tem lugar fundamentalmente por processos interativos inconscientes e espontâneos; quer dizer: não se trata de que o Acompanhante se proponha conscientemente a atuar a contratransferência. Ao falar dos diferentes momentos do desenvolvimento da "simbiose terapêutica", Searles assinala que: "Desde logo, tudo isto é somente em pequena medida o resultado de um plano consciente e uma 'técnica' terapêutica controlada. Antes, constitui o curso natural dos fatos na evolução transferencial e o terapeuta deve ter a espontaneidade necessária para deixar-se levar por ele."[315]

Considero que, por sua vez, a conceituação sobre o paradoxo da atuação contratransferencial pode oferecer um respaldo legitimador a esses fenômenos que se desenvolvem fundamentalmente a partir da intuição e da espontaneidade. Se alguém pretende "ter a espontaneidade necessária para se deixar levar" (Searles) como uma bandeira ao vento, convém desenvolver instrumentos (neste caso conceituais) que constituam aquele mastro organizador, que permite e também limita.

O respaldo conceitual não elimina as ansiedades confusionais inerentes ao trabalho do Acompanhante. O que faz é oferecer um marco teórico que legitime o que há de confusional (assim como determinados graus de atuação contratransferencial) como parte do processo, o que já é um movimento de circunscrever a confusão e conter ansiedades. Ao falar da terapia de pacientes psicóticos, Winnicott disse que: "Se ao analista vai ser imputada uma série de sentimentos em estado bruto, então o melhor é preveni-lo a se dispor a isso, já que deve tolerar que seja colocado naquela posição".[316]

Também há que prevenir sobretudo o Acompanhante Terapêutico a que se disponha a sustentar uma noção de enquadre que inclui atitudes mentais e de conduta tecnicamente "más", principalmente se a referência é o enquadre teórico "ideal".

A prática clínica impõe conceituar e intervir a partir de uma noção de *enquadre suficientemente bom*. Quando Winnicott fala da mãe suficientemente boa, inclui nesse conceito seus "erros" inevitáveis e necessários para o desenvolvimento do bebê, desde que não sejam excessivos e possam ser reparados a tempo.

Em termos clínicos, a atuação contratransferencial verdadeiramente negativa é aquela que não pode ser reparada a tempo, ou que não vem seguida pela desmarcação[317] por parte do Acompanhante.[318]

Em resumo, a clínica do paradoxo da atuação contratransferencial passa por quatro momentos:

1. O Acompanhante não é um objeto significativo, e sua presença resulta potencialmente ansiógena e persecutória.

2. Os padrões interativos familiares se expressam na relação com o Acompanhante ("transferência familiar")

3. O Acompanhante atua, até certo ponto e durante determinado tempo, em consonância com aqueles padrões interativos. Com isso se converte em objeto significativo e confiável; ou, pelo menos, não demasiadamente persecutório (o que previne contra a interrupção prematura do Acompanhamento Terapêutico).

4. A consolidação do vínculo possibilita o processo de desmarcação por parte do Acompanhante, que consiste em um deslocamento gradual dos lugares em que foi colocado, ou dos papéis que lhe foram atribuídos. Em qualidade de objeto significativo, a desmarcação do Acompanhante contribui para ressignificar os padrões interativos familiares ou, pelo menos, para potencializar a capacidade de desmarcação do paciente.

Esta seria uma noção aproximada do que entendo por manejo da transferência em Acompanhamento Terapêutico, que não se baseia na interpretação, mas sim na desmarcação através de uma série de intervenções cênicas.

4.2.2 Caso clínico: excesso materno e enquadre

Em um artigo sobre "O *setting* e as funções em acompanhamento terapêutico",[319] as autoras descrevem o Acompanhamento Terapêutico de uma menina de dez anos. Apesar de não se tratar de um caso de psicose, é interessante observar nele as manifestações do paradoxo da atuação contratransferencial.

O Acompanhamento Terapêutico foi solicitado devido a problemas escolares de Julia, que não aceitava submeter-se à psicoterapia. Na entrevista com os pais, a mãe manifestou sua necessidade de que alguém a *substituísse* na tarefa de fazer os deveres escolares com Julia. A Acompanhante assinalou que seu "papel seria o de estar com Julia em suas coisas; que às vezes poderiam sair para passear, brincar",[320] diante do que, a mãe reclamou dizendo que primeiro teriam que fazer as lições.

É possível observar, desde o primeiro momento, o conflito entre a demanda materna e o enquadre da Acompanhante. No primeiro encontro Julia propôs brincar com a cachorra da vizinha, frente ao que a Acompanhante disse que primeiro tinha que fazer seus deveres. A menina perdeu sua vivacidade e adotou uma atitude de desprezo para com a Acompanhante, não lhe dirigia a palavra, falava sozinha, cantava em voz alta. A Acompanhante "confessa" que "Julia havia encontrado o caminho certo: me enfrentava, me irritava e não estudava".[321]

A partir do reconhecimento e da análise de seus sentimentos e atuações contratransferenciais, pouco a pouco a Acompanhante pôde resgatar o enquadre que tinha por função atender as necessidades de Julia, e não a demanda de satisfazer o "ideal narcisista materno".[322] Mas essa conquista tinha seus altos e baixos. Em determinada ocasião a mãe entrou no quarto de Julia e disse: "Hoje *vocês têm* que estudar, está certo?".[323]

"Vocês têm que estudar" aponta que a Acompanhante era tratada como se fosse Julia. A Acompanhante reconhece que "caí presa nesta teia e somente depois percebi que atuei segundo a ordem que havia recebido".[324] E depois de receber a ordem materna, disse: "Vamos estudar, Julia";[325] isso aponta a que, desde a identificação, a "Acompanhante-filha" também se sentia submetida ao "exame" materno.

Aqui se pode ver a relação entre demanda materna, transferência familiar e atuação contratransferencial. Se por um lado a Acompanhante se sentia estimulada a atuar contratransferencialmente como se fosse a mãe, por outro lado se sentia tratada e atuava como se fosse Julia.

A partir de uma análise convencional poderia parecer que se tratava exclusivamente de uma reação contratransferencial que prejudica a relação terapêutica, mas é possível resgatar seus possíveis efeitos positivos.

Desde a perspectiva da subjetividade da mãe, isso tem um efeito estabilizador, pois pode depositar certo montante de suas ansiedades e demandas na "Acompanhante-filha" e dizer: "Esta filha-Acompanhante só pensa em se divertir e brincar; por isso devo intervir para que faça seus deveres." Simultaneamente, neste contexto "os deveres" da Acompanhante consistem em atuar o rol demandante materno e fazer Julia estudar.

Por sua vez, ao responder desde o lugar de "filha", a Acompanhante também oferece apoio egoico a Julia, compartilha com ela o impacto intrusivo da demanda materna, assim como os sentimentos de ódio daí derivados.

Ao atuar a contratransferência, a atitude da "Acompanhante-mãe" não se diferencia muito da atitude da mãe, e a atitude da "Acompanhante-filha" não se diferencia muito da de Julia. Com isso a Acompanhante contribui para que sua presença não seja demasiadamente persecutória, e também a que se converta em objeto significativo para Julia e seu contexto familiar.

Além disso, há aqui algo de função especular, no sentido de que a paciente, ainda que não seja consciente disso, pode observar a si mesma na Acompanhante-filha submetida à ordem materna. Estes dois elementos (ódio e "ver a si mesmo desde fora na relação com o outro") são fundamentais no que se refere a se desmarcar da demanda materna.

Estes processos ilustram um fenômeno comum no Acompanhamento Terapêutico, no qual o Acompanhante se converte em intermediário entre a demanda materna e seu objeto, o que aponta à função paterna.

Por outro lado, cabe considerar que também poderia ter sido persecutório se a Acompanhante se mantivesse por muito tempo no lugar de objeto submetido à demanda.

Na medida em que os padrões familiares se fazem significativos no contexto da relação com a Acompanhante, pouco a pouco ela pode começar o processo de desmarcação, o que contribui para ressignificar tais padrões.

A Acompanhante conta que em certa ocasião iam atravessar uma rua e o semáforo estava vermelho para elas. Como não vinha carro, pegou Julia pela mão para atravessar, diante do que ela se assustou e disse que não poderiam fazer isso, pois a mãe não atravessava a rua quando o semáforo estava vermelho.

"AT: Está bem. Não pode atravessar quando vem carro e está vermelho para nós. Mas, às vezes pode. Além disso, eu não faço como sua mãe porque não sou sua mãe.[326] Em seguida, no seguinte semáforo aconteceu a mesma coisa; mas Julia teve outra atitude: pegou firme na minha mão e, rindo muito,[327] tomou a iniciativa para atravessar a rua. O medo de atravessar a rua parece ser o medo de atravessar uma ordem da mãe. Parece existir uma ansiedade persecutória ligada à ideia de que desobedecer à mãe significaria um desastre".[328]

Esse tipo de situação marcou uma etapa de evolução favorável, na qual a paciente manifestou uma maior liberdade para explorar, experimentar, perguntar e se expressar. Em certa ocasião, Julia disse que queria estudar sozinha, mas temia que a mãe despedisse a Acompanhante. Aqui a situação transferencial parece manifestar o medo de prejudicar a mãe e que esta não sobreviva ao ataque, ou seja, a paciente sente que seus impulsos a se fazer autônoma podem destruir a "Acompanhante-mãe" (se estuda sozinha, a mãe a despede-destrói). A partir do comentário de Julia, a Acompanhante prometeu que falaria com seus pais.

Para resumir: a Acompanhante falou com os pais e eles sobreviveram ao ataque (não interromperam o Acompanhamento). Julia passou a estudar sozinha e tirou boas notas; de maneira que sua relação com a Acompanhante pôde se centrar na questão da identificação com a figura feminina. Nesse contexto a Acompanhante comenta que "finalmente se definiu o enquadre do acompanhamento e o trabalho evoluiu rapidamente, posto que o acompanhante terapêutico pôde exercer melhor suas funções e Julia, mais segura, pôde retomar seus interesses principais".[329]

As sutilezas desse relato possibilitam chegar a uma questão importante. Em primeiro lugar, está a afirmação de que "finalmente se definiu o enquadre". Isso significa que até esse momento o enquadre não estava "definido"? Diria que inicialmente predominava uma situação de conflito entre o enquadre do Acompanhamento e o familiar. Isso aparece na Acompanhante sob a forma de conflito entre o enquadre (teoricamente ideal) e sua atuação contratransferencial. Como vimos, esta última não deixa de ser um aspecto do enquadre, pois atende à organização defensiva da família e da paciente, facilitando o estabelecimento de um vínculo significativo (transferencial) e o acesso à ressignificação dos padrões interativos familiares.

Na medida em que a Acompanhante tem "a espontaneidade necessária para deixar-se levar"[330] – quer dizer, para "deixar-se levar" como a bandeira ao vento sujeitada pelo mastro – o conflito aparece sob a forma de paradoxo: o enquadre está constituído também por aquilo que "desenquadra" (atuação contratransferencial). Um Acompanhante "teórica e tecnicamente perfeito" não poderia chegar a isso, não seria capaz de tolerar o "curso natural dos fatos na evolução transferencial"[331] e *contratransferencial*.

Neste sentido, sugiro uma pequena correção na formulação segundo a qual "o acompanhante terapêutico pôde exercer melhor suas funções".[332] Esta proposição poderia ser interpretada como se anteriormente a Acompanhante não houvesse exercido as funções que lhe correspondiam: reflete uma concepção linear e unívoca de "erro", "acerto" e enquadre.

Cabe sublinhar que a evolução do caso teve lugar *apesar de* e *graças* à atuação contratransferencial (paradoxo). Se fosse possível eliminar o "apesar de", possivelmente se perderia o "graças a".

Por outro lado, quando os autores dizem que por fim "se definiu o enquadre", entendo que a maior integração da paciente e da situação familiar já não demandavam uma resposta da Acompanhante enquanto objeto (em certa medida) complementar da transferência;[333] de modo que o enquadre deixou de estar profundamente marcado pelas contradições próprias da situação paradoxal que se gera no trabalho com pacientes graves e suas famílias.

Na medida em que Julia e seus pais puderam introjetar o enquadre e identificar-se com a (atitude mental e de conduta da) Acompanhante, as autoras assinalam, corretamente, que ela "passou a exercer a função de interlocutor dos desejos e fantasias, e não do Eu auxiliar, finalizando o processo de acompanhamento".[334]

Como conclusão, diria que sobretudo nos momentos iniciais do processo de estabelecimento do enquadre, o paradoxo da atuação contratransferencial remete aos pontos intermediários entre dois extremos: a) aquele em que o Acompanhante fundamentalmente se "molda" aos padrões familiares, e b) aquele em que, possivelmente como modo de defesa, tenta cumprir estritamente os fundamentos de um "enquadre teoricamente ideal".

5 TEMPO E ESPAÇO

PARTINDO DOS FUNDAMENTOS DA CLÍNICA DO COTIDIANO, NOS CAPÍTULOS anteriores vimos que no Acompanhamento Terapêutico a intervenção se dá a partir de um enquadre ambulante e aberto, marcado pela inconsistência das constantes e atravessado pelo paradoxo da atuação contratransferencial. Cabe, agora, analisar algumas questões relacionadas com a administração dos aspectos espaciais e temporais do enquadre.

5.1 Espaço

"O espaço não existe: é somente uma metáfora para a estrutura de nossas existências."

(Dito por uma artista plástica)

Em psicoterapia o terapeuta organiza um espaço físico que favoreça o processo terapêutico. De forma análoga, os progenitores administram um ambiente espacial que não seja intrusivo e que facilite o desenvolvimento do lactante. A administração destes elementos espaciais configura a função sustentadora do ambiente físico.[335]

Ao diferenciar o tratamento da neurose e o da psicose, Winnicott diz que "o aporte e a manutenção de um ambiente normal pode ser por si mesmo algo de vital importância na análise de um psicótico; para dizer a verdade, às vezes pode ser ainda mais importante que as interpretações verbais, que também devem ser feitas. Para o neurótico, o sofá, o quarto aquecido, a comodidade, podem todos simbolizar o amor materno; para o psicótico, seria melhor dizer que essas coisas constituem a expressão física do amor do analista".[336]

No Acompanhamento Terapêutico, dado o perfil (de)ambulante e aberto do enquadre, não cabe falar de uma organização planejada do espaço físico. Encontrei a única referência a essa questão no seguinte parágrafo: "Na consulta estabelecemos um enquadre. Desde o contrato até a forma como os móveis estão localizados na sala, temos uma multiplicidade de elementos que constituem um campo onde se estabelece o processo terapêutico. O enquadre é uma garantia e uma necessidade para a realização do trabalho. Na prática do acompanhante, é evidente que o enquadre não está colado ao espaço físico: estejam onde estiverem terapeuta e paciente, o enquadre está presente. A esta presença que abrange o espaço físico, a este campo, denominou-se enquadre ambulante."[337]

Ainda que essa noção de enquadre ambulante aponte que não é possível defini-lo em termos estritamente espaciais, sugiro pensar sobre o enquadre em termos de espaços físico-vinculares, no sentido em que determinados padrões de vínculos organizam-se em função dos espaços físicos no qual o Acompanhamento tem lugar.

Estas questões espaço-vinculares serão analisadas a partir de dois âmbitos diferentes, levando em conta:

a) A *monotonia* (homogeneidade) ou *diversidade* (heterogeneidade) dos espaços frequentados por Acompanhante e acompanhado.

b) A característica *pública* (contexto comunitário) ou *privada* (em geral a casa do paciente) dos espaços nos quais o Acompanhamento tem lugar.

5.1.1 Monotonia e diversidade

Se em psicanálise procura-se a constância dos aspectos espaciais do enquadre, no Acompanhamento Terapêutico a busca aponta mais para certo grau de inconstância e diversificação dos espaços frequentados (casa do paciente, espaços comunitários, estabelecimentos comerciais, etc).

Também pode ser importante a frequentação constante de alguns espaços, dado que isso contribui para que o paciente os "habite afetivamente", no sentido de estabelecer rotinas e vínculos significativos com pessoas e lugares.

No entanto, há casos nos quais não se produz esta dinâmica caracterizada por um funcionamento intermediário entre a constância e a diversidade. É comum observar uma tendência à monotonia ou diversidade excessivas.

Monotonia ansiolítica e ansiógena

Às vezes nos é imposta uma monotonia radical em relação aos espaços nos quais os encontros têm lugar. Em um dos extremos tivemos o caso de um acompanhado que durante meses "impôs" que o Acompanhamento acontecesse em sua casa ou, para ser mais preciso, no sofá da sala.

Essa monotonia pode estar a serviço da necessidade de estar em lugares mais protegidos e conhecidos, o que aporta certo efeito ansiolítico. Não é pouco frequente que o acompanhado se negue a sair de seu "refúgio doméstico" já que, nesse contexto, a conduta ambiental é mais previsível, em parte porque o "enquadre doméstico-familiar" costuma se organizar como padrões de vínculos crônicos.

No entanto, com o passar do tempo, essa reclusão doméstica costuma se converter em um espaço asfixiante e aterrorizante para o paciente e seus familiares; às vezes também para o Acompanhante.

Este duplo efeito da monotonia (ansiolítico ou ansiógeno), indica duas diretrizes para pensar a administração clínica do enquadre espaço-vincular, quais sejam: a) legitimar e tirar proveito da monotonia ansiolítica, ou b) desmarcar-se da monotonia ansiógena.

Legitimar e tirar proveito da monotonia ansiolítica

Em alguns casos, um dos objetivos do Acompanhamento (no contexto da estratégia do tratamento) consiste em facilitar saídas externas. No entanto, também é certo que o contexto doméstico-familiar constitui o marco espaço-vincular da organização defensiva do paciente. Tirá-lo desse contexto pode expô-lo a angústias muito primitivas.

Ao se referir à psicoterapia de pacientes graves, Winnicott assinala que "o terapeuta se encarrega da organização defensiva do paciente, que fica representada pelas condições físicas e emocionais muito particulares da situação analítica".[338]

No tipo de situação que descrevo, a organização defensiva pode ficar representada pelas condições espaço--vinculares do contexto doméstico-familiar.

Em outro lugar, Winnicott fala da análise de uma paciente que passava por um profundo estado de regressão à dependência: "No caso desta paciente, certas coisas têm que permanecer sempre iguais. As cortinas devem estar fechadas; a porta do quarto fechada mas sem trancar, de modo que se possa entrar diretamente; a disposição dos objetos no quarto deve ser sempre a mesma, ainda que existam algumas variações que correspondem à relação transferencial. No momento do qual falo, o objeto constante se acha situado em uma determinada posição sobre o escritório e tenho acumulados junto a mim alguns papéis, esperando que ela os peça de volta".[339]

Tempo e espaço

O Acompanhante não pode oferecer tais "condições físicas e emocionais muito particulares da situação analítica" (Winnicott), de maneira que uma alternativa consiste em legitimar a necessidade de monotonia (previsibilidade), por exemplo, naquelas situações em que o acompanhado não quer sair. Esse critério contribui para que não se produzam ou se intensifiquem situações ansiógenas e de rejeição ao Acompanhante, que terá que gerenciar as demandas dos familiares (ainda que, às vezes, também do psiquiatra ou outros profissionais) para que o paciente saia de casa.

Sobre a base de um vínculo confiável, paulatinamente possibilidades de explorar novos espaços podem ser abertas, o que tem a ver com as propostas de Winnicott sobre a "apresentação do mundo em pequenas doses". Davis e Wallbridge comentam que: "Quando está presente a mãe (ou substituto), é mais fácil somar riqueza na forma de uma mais ampla oportunidade de experiência porque a mãe, que se tornou familiar para seu bebê por sua pessoa e pelo modo como aborda as coisas, proporciona o marco indispensável. A familiaridade não somente constrói o marco para a fecunda apresentação do novo, mas também é essencial para evitar perturbações traumáticas".[340]

Se o objetivo do Acompanhamento aponta para a diversidade, em alguns casos esse objetivo deve passar por tirar proveito deste aspecto positivo da monotonia.

Por sua vez, convém atentar à diversidade potencialmente presente no monótono. Por mais que o Acompanhamento sempre aconteça na casa do paciente, nesse espaço se pode ouvir música, conversar, preparar um café, jogar cartas, ver fotos, etc. Esse seria um dos aspectos da "atenção flutuante" em Acompanhamento Terapêutico.

Desmarcar-se da monotonia ansiógena

Naquelas situações em que o monótono resulta ansiógeno (chegando a produzir inclusive a sensação de algo asfixiante e aterrorizante), o Acompanhante costuma sentir a necessidade imperativa de tirar o paciente, e a si mesmo, do contexto doméstico-familiar. Isso pode indicar a conveniência de adotar uma atitude mental e de conduta mais diretiva e estrita neste sentido; ou "uma direção firme a cargo de pessoas compreensíveis".[341]

Em cada caso há que considerar o momento da relação terapêutica. Para poder adotar esta atitude estrita, é preciso ter a suficiente "personalidade", mas sobretudo é necessário ter "conquistado o direito" a fazê-lo, e isso se ganha na medida em que chegamos a ser alguém significativo e confiável para o outro.

Em todo o caso, convém considerar os pontos intermediários entre legitimar e tirar proveito da monotonia, por um lado, e adotar uma atitude estrita de desmarcação ou interdição, por outro.

As decisões clínicas nesse sentido costumam estar fortemente atravessadas por uma série de sentimentos e reações contratransferenciais.

Há situações em que é o Acompanhante quem sente ansiedade ante a possibilidade de Acompanhar o paciente em lugares menos protegidos e conhecidos. Às vezes, o paciente não quer sair de casa porque, em uma ocasião em que o fez com o Acompanhante, este se sentiu demasiadamente apreensivo, tenso, etc. Isso costuma acontecer mais com Acompanhantes novatos que não se habituaram a trabalhar em contextos nos quais as variáveis são menos controláveis (enquadre ambulante e aberto). Em tais casos, a necessidade de estar em um espaço protegido e previsível é mais do Acompanhante... ainda que o "sintoma" seja manifestado pelo acompanhado.

Por outro lado, tais sentimentos contratransferenciais podem estar informando sobre o estado psíquico do paciente, no sentido em que este precisa estar em lugares mais protegidos e conhecidos.

Toda análise deste tipo de situação deve basear-se no interjogo entre estas duas perspectivas.

Outra dinâmica interativa relativamente comum consiste em que, apesar dos sentimentos contratransferenciais apontarem para a necessidade de monotonia, o Acompanhante atua reativamente, superestimulando o paciente para que saia de casa.

Para além da relação Acompanhante-acompanhado, tais atuações também podem derivar das pressões e tensões geradas a partir das demandas dos familiares, às vezes do terapeuta, dos demais membros da equipe ou do supervisor... e também por demandas mais difíceis de gerenciar: as que são impostas a si mesmo inconscientemente.

A princípio, tais atuações reativas não são necessariamente negativas, mas algo que ilustra o anteriormente exposto sobre o paradoxo da atuação contratransferencial. Serão negativas se o Acompanhante não pode desmarcar-se, e positivas se puder utilizá-las para pensar e desmarcar-se.

Diversidade produtiva e ansiógena

Se a tendência à monotonia está em um extremo, no outro está a diversidade excessiva e inclusive anárquica dos espaços em que o Acompanhamento acontece. Isso é mais frequente em pacientes em estado de mania e em esquizofrênicos graves, nos quais predomina o caos, as pulsões sem sujeito e a necessidade de descarga motriz.

A diversidade excessiva assemelha-se a essas viagens turísticas nas quais se pretende conhecer a Europa em uma semana. Vão a muitos lugares, mas não é possível "habitar afetivamente" nenhum deles.

Aqui também poderia propor-se duas diretrizes na hora de pensar sobre atitude mental e de conduta:

Potencializar e tirar proveito da diversidade
Se a diversidade e motilidade não resultam ansiógenas, o Acompanhante pode optar por "se deixar levar" e ver o que acontece. Às vezes esse "se deixar levar" (como a bandeira ao vento, presa no mastro) conduz a lugares que, na melhor das hipóteses, se convertem em uma referência (por exemplo, encontrar uma praça e passar a frequentá-la). Esse seria outro aspecto da "atenção flutuante" no Acompanhamento Terapêutico.[342]

Exercer uma função de interdição
Ao longo de vários encontros o Acompanhante pode observar que a "circulação anárquica" não leva a lugar nenhum, e somente intensifica o nível de confusão, angústia e excitação do paciente, e também o seu próprio. Sobretudo nos casos extremos, dentro do possível, convém exercer uma função de interdição. Trata-se aqui de prevenir situações extremamente ansiógenas, violentas e de risco, tanto em nível físico quanto psíquico.[343] Esse ponto será desenvolvido quando tratarmos da função da interdição.[344]

Em resumo, a análise da monotonia-diversidade dos espaços pode dar algumas referências para pensar a atitude mental e de conduta do Acompanhante Terapêutico. A seguir aprofundarei mais essa análise, tomando como referência aquelas situações em que o Acompanhamento acontece no contexto privado (doméstico-familiar) ou público (comunitário).

5.2 O privado e o público

Um dos elementos do enquadre espaço-vincular está relacionado ao *lugar no qual começam os encontros* (ainda que também costume ser importante o lugar no qual finalizam).

Em geral, o lugar de encontro é acordado no momento do contrato, e acaba sendo significativo o fato dos encontros começarem em um hospital psiquiátrico, na saída do hospital dia ou da análise do paciente, em sua casa ou em um lugar público.

Ao mesmo tempo, as mudanças do lugar de encontro revelam a evolução do paciente e da sua relação com o Acompanhante. Além disso, podem constituir uma forma de intervenção (por exemplo, propondo que os encontros comecem no portão em vez de dentro da casa).

No que se refere à evolução do paciente, imagine-se que em um primeiro tempo os encontros comecem dentro da casa, e que a partir de determinado momento passem a acontecer no portão, e logo depois em um café perto dali. Essas variações podem indicar uma maior motivação e implicação por parte do paciente, um maior nível de autonomia e capacidade para explorar espaços e situações desconhecidas, etc.

No que concerne ao vínculo terapêutico, estas mudanças no aspecto espacial do enquadre podem refletir o estabelecimento de um vínculo significativo e confiável, assim como um nível maior de aliança terapêutica.

Outras vezes se produzem mudanças no sentido inverso, ou seja: no começo os encontros ocorrem em lugares públicos, e com o tempo passam a acontecer em lugares mais protegidos, em geral na casa do paciente. Essas mudanças podem dever-se à necessidade de estar em espaços mais conhecidos, homogêneos e previsíveis; ou a que determinados "movimentos" familiares e internos estejam fomentando o recuo e o bloqueio dos processos de individuação. Também podem derivar da dificuldade do Acompanhante para conter o paciente em espaços públicos.

Por fim, seja qual for a evolução deste aspecto do enquadre (e também pode ser significativo que não haja mudanças neste sentido ao longo do tempo), importa destacar que uma das funções do aspecto espacial do enquadre é dar referências para pensar a evolução do paciente e da relação terapêutica. Essas referências modulam e orientam a atitude mental e de conduta do Acompanhante.

5.2.1 O contexto doméstico-familiar

É bastante frequente que os Acompanhamentos comecem na casa do paciente.[345] Esse é o primeiro gesto adaptativo que faz o Acompanhante, pois, entre outras coisas, principalmente os pacientes graves costumam deixar bem claro que, se o Acompanhante não for ao seu encontro, não haverá encontro.

Portanto, este seria um elemento espaço-vincular do enquadre: o fato de concernir ao Acompanhante ir ao encontro do paciente, em seu espaço. Esse ponto de partida atravessa a configuração vincular que se estabelece entre paciente, Acompanhante e família.

Da parte do Acompanhante (sobretudo o novato), isso acarreta muita confusão, dado que seus esquemas de referência, teorias, formação, defesas e rituais relacionados com a atitude profissional dão por certo a organização do espaço, de *seu espaço*. Não obstante, agora sua tarefa lhe impõe ir ao espaço do outro, (des)organizado pelo outro. A "batalha" terá lugar em território alheio, onde o Acompanhante se encontra mais exposto e perdido, pois tem menos possibilidades de administrar as variáveis. Tudo isso tende a resultar ansiógeno para quem realiza esse trabalho.

Tempo e espaço

Ao mesmo tempo, imagine-se que durante anos o paciente e sua família passaram por diversos tipos de tratamento (em relação aos quais, provavelmente, já tinham defesas "bem planejadas"). Cabe supor que, pelo menos em certa medida e no nível da fantasia, a autoridade e função do profissional estavam associadas ao fato de que tinham que ir a um espaço de tratamento. De repente, é o profissional quem vai ao espaço, e a eles corresponde organizar não só novas defesas, mas também o espaço para receber o Acompanhante.

Ao contrário do que se espera do enquadre organizado pelo terapeuta, aqui não cabe supor que a organização do espaço contribuirá ao processo terapêutico (ainda que contribua, dado que oferece informações sobre o funcionamento familiar).

Na prática, o Acompanhante encontra uma grande diversidade de situações, dentre as quais poderiam ser mencionadas: ninguém abre a porta quando ele chega, ou demoram para abrir; ou então o paciente não está em casa, se fecha em seu quarto ou decide "brincar de esconde-esconde". Às vezes chega a mandar o Acompanhante embora de sua casa. Por sua vez, pode ser que a família decida trocar a disposição dos móveis justo na hora do Acompanhamento, ou deixam o Acompanhante esperando na sala ("sala de espera") durante vários minutos, de vez em quando com a companhia do cachorro que não parece muito amigável.

No fim das contas, a "organização" do espaço, pelo paciente e pela família, é uma manifestação da organização defensiva interativa. Trata-se de um "(anti)enquadre" que, por sua vez, é sintoma.

Invariavelmente são produzidas situações de "aperta e afrouxa". Se o paradoxo da atuação contratransferencial destaca aquelas situações em que convém "afrouxar", agora o destaque recai em aspectos da atitude mental e de conduta em que corresponde "apertar"; ou seja, dispor de recursos que possibilitem "habitar profissionalmente" o espaço doméstico-familiar e assegurar, na medida do possível, a manutenção do enquadre terapêutico.

Esta questão conduz a uma discussão polêmica no que se refere à ética no Acompanhamento Terapêutico.

5.2.1.1 Violência necessária: ética da ocupação profissional do espaço alheio

As normas do convívio social estabelecem que, quando estamos na casa de alguém, adotamos uma série de medidas e cuidados para que nossa atitude não resulte intrusiva. Intuitivamente tendemos a investigar os elementos do "enquadre" da casa. Se somos fumantes, antes de acender um cigarro prestamos atenção na decoração para ver se há algum cinzeiro. Com isso obtemos alguma pista para saber se nosso anfitrião se incomoda ou não que fumem em sua casa; e logo lhe perguntamos se ele se incomoda que fumemos.

Adotamos esses cuidados em parte porque, de alguma forma, sabemos que o "enquadre" de uma casa é uma versão arquitetônica e decorativa do si-mesmo do anfitrião: adotar uma atitude intrusiva pode ser recebido como uma invasão à sua pessoa. Talvez por isso alguns anfitriões costumem dizer: "sinta-se *como se estivesse em sua casa.*" Se destacamos o "como se", fica claro que com essa cortesia e permissão, *está nos lembrando que não estamos em nossa casa.* De fato, nossos familiares e amigos íntimos não costumam empregar tais "advertências corteses".

Ao entrar no contexto doméstico-familiar, o Acompanhante Terapêutico deve levar em conta estas convenções sociais que regem a relação anfitrião-visitante. Mas aqui o anfitrião é o paciente e sua família. A casa, propriedade privada, é ao mesmo tempo o espaço clínico; de modo que o Acompanhante terá que procurar as possibilidades intermediárias para "habitar profissionalmente" esse espaço *que não é seu espaço.*

Este tipo de situação espaço-vincular impõe refletir sobre a *ética no Acompanhamento Terapêutico*, no sentido de uma ética da ocupação profissional do espaço alheio.

Frente a tais questionamentos (entre outros) se cunhou a expressão "violência necessária";[346] quer dizer, uma "violência" que é "violência" desde o ponto de vista das convenções sociais, mas que não é violência na medida em que é necessária e também devido ao fato de ser Tarefa.

Como exemplo: "Posso ir na casa do paciente quando ele não quer me receber?".[347] O autor diria que sim, sempre que esta *violência necessária* seja uma forma de fazer frente à pseudoautonomia e à pseudovontade do paciente, ou quando seja evidente que "seu *discurso de morte* e *seu caminhar para a morte* não é uma opção sua, mas sim uma condição da doença".[348]

No tratamento de pacientes graves costuma ser difícil estabelecer a *aliança terapêutica*. Além das dificuldades do terapeuta de facilitar esse estabelecimento, isso pode se dar devido à falta de "consciência de enfermidade" por parte do paciente, a seu alto nível de ansiedade, ou mesmo às suas dificuldades na hora de assumir os compromissos, normas e acordos implicados na dita aliança.[349]

Um dos elementos fundamentais da aliança terapêutica consiste no comparecimento do paciente. Se isso supõe uma dificuldade no tratamento de psicóticos em geral, o Acompanhante costuma se deparar, além disso, e não pouco frequentemente, com o fato de o paciente nem querer recebê-lo e, inclusive, mandá-lo embora da casa.

Diante de tais situações, cabe ao Acompanhante sustentar a "aliança terapêutica" (entre aspas porque não é uma aliança entre duas pessoas), encarregando-se da parte da "aliança" que o paciente não pode assumir. Sob essa perspectiva, a violência necessária constitui um dos aspectos éticos do enquadre sem o qual muitos Acompanhamentos Terapêuticos não seriam viáveis.

A aplicação clínica dessa proposta resulta muito complexa e delicada; há formas e formas de comparecer à casa do paciente mesmo que ele diga que não quer nos ver e, inclusive, de ficar apesar dele nos mandar embora. Em todo o caso, convém evitar o enfrentamento direto e o conflito; não se trata de um jogo de forças. Pelo contrário, a violência necessária é uma "arte" que deve ser levada a cabo com suma delicadeza, "jogo de cintura", e também requer do Acompanhante um bom nível de assertividade e constância.

Se há uma rejeição ativa e se avalia que isso é manejável, pode-se tentar soluções intermediárias; por exemplo, ir para outro cômodo da casa, informando ao paciente que estará ali durante o horário acordado. Ou, se diretamente o paciente não lhe abre a porta, depois de insistir, o Acompanhante pode deixar um bilhete informando que esteve ali e, sobretudo, indicando o dia e hora que vai voltar.

Na imensa maioria dos casos, paulatinamente os pacientes vão "cedendo terreno", aproximando-se pouco a pouco ou permitindo que o Acompanhante se aproxime.

Como quase tudo o que possa ser dito sobre o Acompanhamento Terapêutico, é fundamental considerar cada caso e situações específicas (assim como as advertências que apresento mais à frente).

Outra questão importante tem a ver com determinadas conotações vinculares relacionadas com a propriedade privada, segundo as quais "na minha casa mando eu, e se não está de acordo, vá embora". Os direitos sobre a propriedade privada costumam deslocar-se para o Acompanhante, que às vezes é tratado como uma espécie de empregado da casa (que supostamente deve receber ordens e cumpri-las sem questionar).

Sem perder de vista o exposto sobre o paradoxo da atuação contratransferencial, até certo ponto a ética do Acompanhamento Terapêutico deve desmarcar-se das convenções relacionadas com a propriedade privada. Se o Acompanhamento acontece na casa do paciente, o Acompanhante deve habitar esse espaço enquanto espaço de tratamento; ou, melhor dizendo: deve levar em consideração o atravessamento entre estas duas concepções de espaço.

Mas se a parte contratante (em geral a família) exige que o Acompanhante atue segundo suas prescrições ou saia da casa, ao Acompanhante cabe (se não é possível gerenciar a situação) dar por terminada sua intervenção no caso, já que não estão dadas as condições mínimas de trabalho.

Sob essa perspectiva, a violência necessária é um elemento constituinte do contrato terapêutico com a parte que solicita o Acompanhamento. Se não há outro (em geral um familiar, ou em alguns casos o terapeuta ou psiquiatra) que autorize o Acompanhante, este não poderá exercer a violência necessária, dado que nesse caso não haveria um mínimo de mastro que possibilite o flamejar da bandeira.

No que se refere às dificuldades do Acompanhante para sustentar a atitude mental e de conduta própria da violência necessária, cabe destacar:

Sentir-se submetido às demandas e impulsionado a atuar segundo o exposto sobre o paradoxo da atuação contratransferencial.

Certo "pudor pessoal" (derivado de convenções socioculturais), e falta de ferramentas prático-conceituais, no que se refere a "habitar profissionalmente" uma propriedade privada alheia.

Uma concepção de "respeito" para com o outro que, em determinadas situações, não resulta operativa no trabalho com psicóticos e seus familiares.[350]

Esta concepção de "respeito" muitas vezes encobre uma atitude negligente, que poderia ser ilustrada da seguinte forma: "bom, se o agrada ficar dormindo o dia todo, tenho que respeitar"; ou, "se diz que quer ficar sozinho e me põe para fora, tenho que respeitar".

Certamente é preciso respeitar nossos acompanhados e empoderá-los; mas ao mesmo tempo, o que não se pode fazer é abandoná-los em sua inércia mortífera.

Decompondo a expressão *violência necessária*, cabe ter em conta que, se a violência fosse tal, não seria necessária. O termo "violência" parece derivar mais de uma "ética neurótica" de respeito à propriedade privada e à (pseudo) vontade do outro. Ética essa que, em alguns casos e momentos do tratamento, pode conduzir a atitudes pouco operativas no que se refere a atender as necessidades do paciente. Já o termo "necessária" aponta à tarefa ineludível de atender a tais *necessidades*.

Quando o Acompanhante está na casa do paciente, o enquadre do Acompanhamento outorga a ele certos direitos no que se refere à *ocupação profissional* desse espaço.

Tais direitos não o autorizam a ver o que tem para comer na geladeira, por assim dizer. Trata-se de direitos relacionados com a condição psíquica, necessidades e tratamento do paciente: direitos que são deveres. Por outro lado, se o paciente mora sozinho e está desnutrido, aí sim pode ter cabimento olhar o que há na geladeira, e inclusive preparar algo para comer juntos se isso contribui para que o paciente se alimente.

O proposto desemboca em uma questão ética muito complexa e delicada; sempre há o risco de justificar *violências desnecessárias* apoiando-se no discurso da violência necessária.

A dificuldade consiste no fato de, na prática clínica, esta diferenciação teórica ser difusa, inclusive enganosa. Foucault (1964) ilustrou como a Época Clássica e o positivismo científico tramaram uma infinidade de discursos para justificar violências corporais e morais, flagelos e condenações. Pergunto-me (sem a pretensão de dar uma resposta unívoca) em que medida a noção de violência necessária pode ser (empregada como) uma versão contemporânea, talvez mais sutil e elaborada, daqueles discursos.

Entre outras coisas, cabe levar em conta aquelas situações em que a rejeição prolongada do paciente se deve não só à sua patologia, mas também a todas as dificuldades e ansiedades do Acompanhante. Nesse tipo de situação, a violência "necessária" pode estar mais ao serviço da organização defensiva e dos déficits do Acompanhante ou da estratégia de tratamento.

Segundo minha experiência, quando a "violência" é realmente necessária e bem administrada, de uma forma explícita ou implícita o paciente acaba nos agradecendo: agradece por não havermos saído quando nos mandou embora de sua casa, por não "atirar a toalha" quando disse que não precisava de nós para nada, quando jurou que o único que necessitava era que lhe deixássemos em paz. Em uma dessas ocasiões disse ao paciente que, se visse que estaria em paz, eu iria embora; mas já havia visto o suficiente para ter certeza de que não teria sua ansiada paz se eu fosse. Durante meses o acompanhei contra sua vontade, e muitos foram os agradecimentos (implícitos e explícitos) que me deu posteriormente por ter feito isso.

5.2.2 No contexto comunitário: pertencimento e inserção

Em Acompanhamento Terapêutico é evidente que o contexto comunitário não é o enquadre. No entanto, é possível pensar sobre alguns elementos do enquadre (atitude mental e de conduta) em função da noção de Tarefa e dos espaços físico-vinculares nos quais o Acompanhamento acontece.

Da mesma forma que há um "enquadre" no contexto familiar, também há um "enquadre" no contexto comunitário. Em termos gerais, o dito "enquadre" opera em função dos valores e normas socioculturais que regem a convivência comunitária.

Um aspecto da tarefa vincular consiste em contribuir para a inserção comunitária, no sentido de facilitar o estabelecimento de vínculos significativos com lugares e pessoas do contexto comunitário. Não se trata de o paciente encontrar trabalho, retomar seus estudos ou aprender a preparar um "arroz a la cubana". Por si mesmo, essas conquistas não garantem a inserção, sobretudo quando essa "inserção" se dá sobre a organização de um si-mesmo falso, o qual pode ser estimulado por determinadas técnicas de *adestramento e treinamento em habilidades sociais*.

Em muitos casos, deve-se considerar uma conquista importante o "simples" fato de que o paciente sinta que determinado banco, em uma praça, é "seu" banco; ou que se sinta cliente de um café, etc. Tais "trivialidades cotidianas" constituem um elemento fundamental de pertencimento e inserção comunitária.

Essa questão está estreitamente relacionada com as propostas de Winnicott sobre o espaço potencial e a área intermediária da experiência. Quando o bebê "diz", antes de poder falar, que "essa mãe é minha/meu ursinho", faz isso no sentido em que "minha mãe/ursinho me pertence pois é uma parte de mim". Esse sentido primitivo do pertencimento constitui o fundamento de toda pátria futura. Antes de sentir-se pertencente a algo, está a convicção de que "a coisa" pertence a alguém. Para que alguém chegue a sentir-se parte de "algo", primeiro "algo" tem que ser parte de alguém.

Os atravessamentos entre esse sentido primitivo de pertencimento e seus desenvolvimentos posteriores configuram o "paradoxo do pertencimento", que aparece refletido na linguagem cotidiana quando dizemos: "na *minha* rua - ou bairro, cidade, país...", "no *meu* prédio, colégio, etc...", ou "agora está vindo *meu* ônibus". Na área intermediária de experiência, sentir-me pertencendo ao bairro onde moro está atravessado por sentir que o bairro me pertence e é parte de mim.

Em geral, o termo "pertencimento" é empregado para significar que o indivíduo pertence a algo. No entanto, aquele sentido mais primitivo do pertencimento aponta para que "a coisa" pertença ao indivíduo, ainda que este reconheça (em nível secundário) que o bairro não é seu.

Essas experiências intermediárias de pertencimento, que em certa medida o neurótico tem prontas, constituem uma das questões fundamentais para muitos pacientes graves. Com frequência nos encontramos com pacientes nos quais os vínculos significativos com espaços comunitários e situações cotidianas foram rompidos ou diluídos de forma quase absoluta. São pessoas sem pátria nem mundo, cujo mundo se limita (para além das relações familiares) aos distintos espaços de tratamento e reabilitação, ou nem isso sequer.

Ao Acompanhante corresponde ofertar, a "seu" paciente, experiências que facilitem outras inserções, levando em conta aquele sentido primitivo de pertencimento.

Na medida em que se estabelece um vínculo significativo e de confiança, o Acompanhante se converte para o paciente em "*meu* Acompanhante-ursinho", em uma espécie de "objeto transicional ambulante" e ansiolítico.

Frequentar conjuntamente espaços comunitários contribui para que, pouco a pouco, tais espaços (por exemplo, um café) e seus habitantes (o garçom, etc.) entrem no âmbito daquelas experiências primitivas de pertencimento ("meu café", "minha mesa"). A partir desse ponto é possível chegar a se sentir cliente desse café, o que implica o estabelecimento de vínculos significativos com o espaço físico e também com o garçom, outros clientes, etc.

Talvez a simplicidade dessas propostas obscureça sua importância vital, assim como o valor de sua potência terapêutica.

Por exemplo: antes víamos como muitos pacientes se fechavam no lar familiar devido à necessidade de estar em espaços mais conhecidos, previsíveis e protegidos. Em alguns casos há uma evolução positiva na medida em que este café (ou outro espaço frequentado) converte-se em um "café transicional".

De pouco serve ensinar habilidades cognitivo-comportamentais sobre como comportar-se em um café, pagar a conta, etecetera, se não se presta atenção a estes processos vinculares que conformam o sentimento de pertencimento ("meu Acompanhante", "meu café" e "eu como cliente do café").

Por outra parte, sobretudo nos casos graves costuma ser difícil sustentar a circulação pelos distintos espaços comunitários, em parte porque "a doença mental consiste em não ser capaz de encontrar alguém que possa suportar-nos".[351]

Essa situação, que soa irônica mas resulta trágica, aponta para a tarefa de contribuir para que a circulação do paciente pelo contexto comunitário resulte *suportável* (e produtiva), tanto para o contexto em questão como para o paciente. Em maior ou menor medida, segundo o caso, ao

Acompanhante corresponde cumprir uma função de Eu e até mesmo de Supereu auxiliar, no sentido de evitar ou impedir situações ansiógenas e traumáticas, auto e heterodestrutivas.

Por exemplo: uma paciente esquizofrênica grave costuma ir a uma área de Madri frequentada por usuários de drogas, expondo-se a situações violentas que, sobretudo em um dos encontros, estiveram a ponto de se produzir. Nesse tipo de situação, a intervenção pode consistir (e assim foi nesse caso) em instituir "lugares proibidos". Nesse caso, o aspecto espacial do enquadre define-se em função dos lugares aos quais não se vai, já que podem ser intrusivos ou traumáticos.[352]

Mesmo sendo comum observar, no contexto comunitário, uma série de atitudes negativas e alienantes para com o psicótico, vez ou outra também acontece que as pessoas do contexto comunitário intervenham em benefício da Tarefa, o que é facilitado por um enquadre aberto para dentro.

Por exemplo: imagine-se um paciente que perdeu os limites da convivência social, de modo que o garçom o expulsa do café. Talvez se trate de uma situação isolada, e o Acompanhante pode operar como uma espécie de intermediário que "apazigue os ânimos" e possibilite a reconciliação. Esse seria outro exemplo de apoio egoico, no sentido de sustentar a (in)capacidade de reparação do paciente.

No entanto, pode ser que ultimamente o paciente "estava saindo dos limites" em demasia, e a atitude do garçom propiciou-lhe a oportunidade de experimentar uma situação na qual há limites. Isso não deixa de ser uma "intervenção" realizada através do "enquadre" comunitário, isto é: através das leis e normas que regem o convívio social, e que em geral não estão instituídas no contexto familiar do paciente.

Os familiares do psicótico costumam "naturalizar" as "loucuras disruptivas" e as estereotipias do paciente (assim como com as próprias); de modo que aquilo que se considera absurdo, disruptivo e patológico é percebido como algo "natural". A este fenômeno denominarei "síndrome do acostumamento".

Para além do âmbito familiar, no contexto comunitário é comum observar as manifestações desta "síndrome" sobretudo naquelas pessoas que compartilham situações cotidianas com o psicótico (porteiro, garçom, etc.), incluindo o Acompanhante Terapêutico.

Uma das características da "síndrome do acostumamento" consiste em se relacionar com o psicótico como se ele estivesse à margem das relações legisladas.

Se o neurótico adoece por se encontrar muito submetido às leis e às normas (repressão, Supereu), o psicótico adoece por não reconhecê-las, em parte devido ao fato de não ser reconhecido como pertencendo à ordem das relações sociais legisladas.

A instabilidade intrapsíquica somada à falta de referências externas legisladoras intensificam o estado de caos, as pulsões sem sujeito e a desorganização do indivíduo, assim como as atuações antissociais que ele realiza como demanda.

Em certa medida, as leis e as normas sociais "atravessam" o psicótico sem tocá-lo, ou somente o tocam em situações extremas; por exemplo, quando o garçom o expulsa a gritos ou empurrões. Quando as atuações antissociais ultrapassam certo nível de tolerância, podem provocar a internação psiquiátrica involuntária ou a intervenção da polícia. Convém não perder de vista o efeito apaziguante que isso pode produzir. Diante da falta da lei humanizadora e comunitária que ampare o indivíduo, a intervenção da polícia cumpre a função de amparo concreto. É, no mínimo, um mal menor... ainda que precariamente, pelo menos intervém de algum modo a função paterna.

Para além de determinadas reações sociais derivarem de um nível de tolerância demasiado baixo, também cabe ter em conta que a tolerância excessiva, advinda em grande parte da "síndrome do acostumamento", acaba sendo um gesto de exclusão e desamparo que contribui para que o sujeito não se sinta "cidadão do mundo", apoiado por leis e normas que amparam e regem as relações sociais.[353]

Como ilustração, a sequência seria: 1) no lar familiar, acostumaram-se a que o paciente cuspa no chão; 2) isso parece absurdo para o Acompanhante, mas com o tempo ele tende a se acostumar; 3) nos encontros o paciente cospe no chão do café; mas o garçom e o Acompanhante fazem que não veem, ou também se acostumaram; 4) então as cuspidas começam a se aproximar mais e mais dos corpos dos demais clientes; 5) até que, afinal, o garçom (ou algum cliente) decide pôr fim a essa situação.

Portanto, quando o garçom expulsa o paciente da cafeteria, pode ser que esteja contribuindo à sua *inserção* no social, em algo que é da ordem das relações legisladas.[354]

Ante a atitude do garçom, o Acompanhante pode perceber que não estava oferecendo o vigor e os limites que a condição psíquica e a conduta do paciente demandavam. Nesse caso, o Acompanhante não deve se envergonhar por tomar o garçom como "modelo de identificação".

Não é pouco frequente que as reações das pessoas do contexto comunitário operem na qualidade de terceiro ou como função paterna; uma terceiridade que, ao não estar tão "acostumada" às estereotipias e loucuras disruptivas do paciente, pode contribuir para que o Acompanhante se desmarque da "síndrome do acostumamento".

Em um nível mais abstrato, isso está relacionado com que "em algum nível, a rua nos espreita, podendo fazer o papel de um outro que olha"...[355] e que, além de "olhar", às vezes também intervém.

Por tudo isso, é importante um enquadre aberto que facilite estas experiências que contribuem à integração do paciente no contexto comunitário, com todos os benefícios psíquicos que isso implica.

5.3 Tempo

No momento do contrato são estabelecidos horários fixos (dias da semana, número de horas). Diferentemente do que acontece na psicoterapia (sessões de 45/50 minutos), no Acompanhamento Terapêutico não há um tempo *standard* estabelecido *a priori*. As particularidades de cada caso oferecem os indícios para ajustar a quantidade de encontros semanais, assim como a duração de cada um deles. Essas particularidades estão relacionadas com a gravidade do caso, se o paciente frequenta outros recursos terapêuticos e reabilitadores, se realiza atividades e mantém relações sociais normalizadas (amizades, etc.), a tendência ao isolamento psicossocial e a recusar qualquer tipo de vínculo, etc.

Por outro lado, tenho conhecimento de alguns casos nos quais não se estabelecem horários fixos; por exemplo, quando o profissional é contratado por uma instituição para oferecer apoio psicossocial aos pacientes que necessitam disso em situações pontuais. Aqui seria conveniente diferenciar entre *Método do Acompanhamento Terapêutico* (horários fixos) e *Função de Acompanhamento* (apoios ocasionais em situações pontuais), entre outras coisas devido ao fato de que existir ou não uma delimitação fixa dos horários pressupõe algumas diferenças significativas no desenvolvimento da relação, assim como nos esquemas de referência para pensar e intervir.[356] Diria, inclusive, que não existe Acompanhamento Terapêutico (ainda que exista Função de Acompanhamento) sem um enquadre temporal.

Tempo e espaço

Neste contexto adotarei como referência Acompanhamentos Terapêuticos particulares com horários fixos, cada encontro durando entre duas e três horas. Nos Acompanhamentos intensivos (em casos muito graves, momentos de crise) os encontros podem ser muito mais longos e (quase) diários. Inclusive se fala de "internação domiciliar".[357]

No entanto, considero que se um paciente necessita de muitas horas de Acompanhamento, possivelmente necessitará de uma contenção institucional (hospital dia, internação). A ideia generalizada de que a internação psiquiátrica é prejudicial pode conduzir a situações que resultam extremamente ansiógenas para o paciente e sua família, para os profissionais em geral e sobretudo para os Acompanhantes. Há situações nas quais o mais conveniente *para todos* é fazer a internação e simultaneamente começar o Acompanhamento Terapêutico.

5.3.1 Manejo flexível ou rígido dos horários

As particularidades de cada caso e de cada situação, pensadas a partir de um marco teórico geral e da estratégia do tratamento, oferecem indícios na hora de decidir entre adotar uma atitude mais flexível ou mais estrita no que diz respeito ao cumprimento dos horários acordados (considerando que a pontualidade estrita, ao começo dos encontros, sempre será a atitude mais favorável).

Não é pouco frequente, principalmente no começo, que o acompanhado queira interromper o encontro antes da hora estabelecida. Se, pelo menos no começo, certo grau de flexibilidade pode ser favorável em determinados casos e situações, em outros as falhas significativas no *cumprimento* e sobretudo no *estabelecimento* do enquadre costumam aumentar as ansiedades confusionais e persecutórias, assim como as defesas no paciente (e seus familiares). Também o

Acompanhante pode sentir-se mais afetado nesse sentido, por não dispor de referências (neste caso, temporais) para pensar e intervir.

Em termos gerais, diria que em determinadas situações pode haver flexibilidade no que se refere ao *cumprimento* do enquadre, mas em todo caso essa flexibilidade dinâmica deve ter lugar sobre a base de um marco estável, que é a delimitação temporal fixa estabelecida no contrato (fora as demais condições também aí estabelecidas).

A delimitação temporal fixa é o que possibilita falar de interrupção antecipada ou prolongamento do encontro, e daí fazer uma análise do vínculo e questionar: tratou-se de uma manipulação do paciente ou de uma reação ante uma atitude intrusiva do Acompanhante? A interrupção antecipada deveu-se ao nível de ansiedade, ou o paciente estava pondo o Acompanhante à prova? O alargamento dos encontros se deve a uma situação de "enamoramento" entre Acompanhante e acompanhado, de maneira que é difícil para eles se separarem? O paciente não tem noção de temporalidade e necessita que o Acompanhante funcione como uma espécie de "eu auxiliar temporal"? As tentativas por parte do paciente e da família de que não se cumpra o horário têm a ver com movimentos para anular o caráter profissional e terapêutico da relação?[358]

Essa possibilidade de pensar o vínculo a partir do enquadre oferece indícios para decidir o rumo e o caráter das intervenções, incluindo as decisões sobre adotar uma atitude mais estrita ou mais flexível a respeito do *cumprimento* do enquadre. Também oferece referências para o reenquadre (ampliar ou diminuir a duração dos encontros). Portanto, essa possibilidade de pensar desde o aspecto temporal do enquadre será um dos fatores decisivos para discriminar entre Acompanhamento Terapêutico e Função de Acompanhamento.

Tempo e espaço

Em alguns casos, principalmente no começo, a presença do Acompanhante pode resultar ansiógena para o paciente. Se considerarmos que uma das principais tarefas consiste em evitar as angústias primitivas, então em determinadas situações está clinicamente justificado renunciar a cumprir com algum aspecto formal do enquadre (horário estabelecido). Essa flexibilidade justifica-se na medida em que, com isso, o Acompanhante está adotando uma atitude mental e de conduta adaptativa e não ansiógena.[359]

Com a análise da situação pode-se decidir por reenquadrar ou não a duração dos encontros. Por exemplo, em pacientes com alto nível de isolamento, especialmente no começo pode ser excessivo um enquadre de três horas ou inclusive de duas, sendo assim conveniente reenquadrar e começar com encontros curtos, ou então manter o enquadre, mas sem pressão para que este seja cumprido de forma estrita, pelo menos durante um tempo.

O princípio de flexibilidade se aplica sobretudo em situações pontuais e transitórias, e em casos excepcionais. Como regra geral, advogo pelo estabelecimento e cumprimento estrito (mas não rígido) dos horários acordados.[360]

Entre outras coisas, o cumprimento estrito dos horários pode contribuir para neutralizar, enquadrar ou delimitar a atemporalidade e o caráter absoluto-aterrorizante do processo primário não mediatizado. Desse ponto de vista, o enquadre cumpre a função de terceiro que instaura os atravessamentos apaziguantes do processo secundário e do princípio de realidade. Além disso, também contribui para sustentar os paradoxos próprios do Acompanhamento Terapêutico. No que diz respeito à "Amizade Profissional", o Acompanhante tem maior margem de espontaneidade e proximidade afetiva em parte devido ao caráter profissional ficar representado pela duração do encontro. É como se o Acompanhante e o acompanhado dissessem: "podemos estar aqui brincando como dois amigos, mas somente durante as duas horas de duração do encontro." Em outros termos, eles podem brincar como a bandeira ao vento porque há um mastro que limita e, ao mesmo tempo, possibilita a brincadeira.

Às vezes também acontece que o paciente "decide" falar de determinado tema quando faltam poucos minutos para finalizar o encontro. Neste caso, talvez a mensagem implícita seja: "posso falar disso durante cinco minutos"; de forma que o prolongamento do encontro pode resultar ansiógeno (ainda que não necessariamente).

5.3.2 Tempo, dinheiro, amor e ódio

Há Acompanhamentos nos quais as características do vínculo tendem a fomentar o prolongamento dos encontros para além do horário combinado. Para resumir uma dessas "características do vínculo", basta apontar o que, no "I Encontro de Acompanhantes Terapêuticos de São Paulo", Farneda[361] apresentou num trabalho intitulado "Considerações sobre a paixão no Acompanhamento Terapêutico de psicóticos."

A fascinação mútua entre Acompanhante e acompanhado é um fenômeno frequente. Bem administrada, essa fascinação pode ser um fator positivo, por exemplo, no processo de narcisização do paciente... e do Acompanhante.

As pessoas com psicose ("igual" aos bebês e crianças) têm um grande poder de fascinação. Trata-se de algo mais primário que a intencionalidade (às vezes não consciente) de seduzir para resultar fascinante, ou de fascinar para conquistar o outro.

Na psicose, considero que este poder espontâneo de fascinação deriva, entre outras coisas, da necessidade de ser narcisado pelo outro. Mas esse fenômeno vincular se processa sobretudo no outro. Não se trata tanto de o psicótico fascinar o neurótico, e sim de que para o neurótico o psicótico seja fascinante; fascinação que parece derivar, entre outras coisas, daquilo que o neurótico projeta nessa "tela" que é o funcionamento psíquico primitivo na psicose.

No entanto (e isso os psicóticos e suas mães o demonstram), há fascinações que aniquilam, que começam com plenitude e culminam com um golpe de angústia impensável; de maneira que convém restringir a fascinação mediante uma delimitação temporal. Em certa ocasião, em um encontro de três horas com um paciente com esquizofrenia, ele disse: "e se ficarmos o dia todo juntos?... ah, não; isso é doença, certo?" (SIC).

Aqui o próprio paciente marca a função do enquadre. Fascinação sim, mas só durante as três horas combinadas. Isso supõe uma restrição da fascinação, dado que marca o caráter profissional da relação, a finitude destes momentos que têm sabor de eternidade, a separação em vínculos que cheiram a dualidade fusional não mediatizada. Essa delimitação produz um efeito ansiolítico, já que discrimina entre a fascinação estruturante e a patogênica. Além disso, como assinalei, possibilita sustentar os paradoxos próprios do Acompanhamento Terapêutico.

Ao mesmo tempo em que delimita a fascinação, o enquadre marca e sustenta uma atitude mental e de conduta que expressa o "amor profissional" do Acompanhante. Como o amor de transferência, o amor profissional é amor genuíno fomentado pela fascinação e restrito pelo enquadre.

A situação teórica ideal seria: "fascinação restrita por uma delimitação temporal" (cumprimento estrito do enquadre). No entanto, o ideal é apenas uma referência (às vezes tão fascinante que pode ser confundido com os fatos), um guia para o desenvolvimento de um processo. Possivelmente, o não cumprimento desse ideal, quando o acompanhante permite dentro de alguns limites o alargamento dos encontros, exerça também uma função positiva, pelo menos em alguns casos e em alguns momentos do processo terapêutico.

Pacientes neuróticos, e inclusive alguns psicóticos, podem chegar a "entender" que a interrupção do encontro na hora combinada seja a expressão do "amor profissional e condicional" do Acompanhante, sua forma de cuidado. No entanto, pacientes que funcionam em níveis mais primários podem necessitar receber mostras concretas de um amor incondicional.

Não se trata de oferecer o amor e a devoção verdadeiramente incondicionais que oferta a mãe no começo do desenvolvimento, mas um "amor incondicional profissional", que por sua vez é condicional (paradoxo). O incondicional fica representado pelo tempo extra concedido, enquanto o condicional se expressa no fato de que se trata de uma concessão limitada (não vão passar o dia todo juntos). Além disso, o Acompanhante cobrará honorários extras, ou então esse tempo a mais será descontado no encontro seguinte.

Neste ponto são produzidos fenômenos interessantes: 1) Em alguns casos, em Acompanhamentos particulares o Acompanhante costuma sentir um maior ou menor grau de "pudor" na hora de cobrar tais honorários; como se isso "sujasse" ou "desvirtuasse" a ilusão de amor incondicional. 2) Ao mesmo tempo, isso encontra seu correspondente no fato de que o paciente dá a entender que não quer saber nada sobre esses assuntos econômicos, o que é facilitado pelo fato de que geralmente são os familiares que se encarregam dos pagamentos. Ou seja, em maior ou menor grau o "pudor" do Acompanhante pode estar motivado pela necessidade do paciente de preservar a ilusão de amor incondicional ("ilusão" no sentido de necessidade psíquica, e não de defesa).

O certo é que tanto os familiares quanto o Acompanhante e o paciente dão todos um jeito para que o tema do dinheiro fique oculto, ainda que seja sob a forma de um saber dissociado ou não pensado ("um saber que não se sabe"). O Acompanhante deve ser capaz de tolerar essa etapa, sem forçar a explicitação do tema, mas mantendo uma atenção flutuante no que se refere a possíveis sinais que indiquem que seu acompanhado começa a estar preparado para saber o que já sabia.

Costuma ser um momento importante do processo quando esse "tipo de paciente" demonstra (às vezes involuntariamente) querer se inteirar do tema dos honorários; ou quando o Acompanhante se sente mais à vontade e encontra uma forma de explicitar o tema.

Tudo isso aponta para uma evolução importante: o paciente começa a estar preparado para processar o amor condicional, tendendo a ampliar seu âmbito de relações sociais. Em uma relação terapêutica, esta inserção no âmbito do amor condicional (função paterna) implica, ao mesmo tempo, a inserção no âmbito do ódio e também no da ambivalência.

Por exemplo: Carlos costumava ficar dormindo e, em algumas ocasiões, acordava no final do encontro solicitando que eu ficasse meia hora a mais, dizendo: "tenho que te falar algo muito importante" (SIC). Com a minha negativa, demostrava desilusão e reclamava dizendo que não me interessava por seus assuntos. Essa dinâmica estava estreitamente relacionada ao fato de que, fizesse o que fizesse, durante *todo o tempo* Carlos sempre tinha alguém disponível para lhe atender, fosse um familiar ou então empregados da casa. No começo da relação terapêutica ofereci-lhe uma dose considerável de amor incondicional profissional, mas na medida em que o vínculo foi sendo consolidado, comecei a introduzir condições.

Em seu artigo sobre "O ódio na contratransferência", Winnicott (1965) escreve sobre o processo de desilusão (função paterna) no desenvolvimento emocional e na clínica. Sobretudo no tratamento de pacientes graves, afirma que invariavelmente o terapeuta se verá às voltas com questões relativas a seu ódio para com o paciente. Winnicott dá uma série de motivos pelos quais o ódio não é expressado de forma direta nem prejudicial, às vezes sequer sendo sentido pelo terapeuta. Entre outras coisas, diz que "O ódio é expressado pela existência do final da sessão".[362] Em outro lugar, ao falar do labor do trabalhador social, Winnicott faz um comentário que pode ser considerado um resumo bastante preciso da relação entre enquadre e ódio profissional: "Assistência social é trabalho profissional, e o que está sendo discutido é a motivação que se aplica à área limitada da relação do profissional com a situação de um cliente. Certamente pode-se sustentar que o amor é necessário; o trabalho não poderia ser feito a partir do ódio. Mas o ódio do trabalhador está contido na estrutura da relação profissional, em sua natureza finita, no fato de ser pago, etc. O ódio não está ausente, mas é sublimado".[363]

O cumprimento do enquadre, enquanto representante da função paterna que opera como "corte" (finitude, restrição), está motivado pelo ódio profissional.

Trata-se de intervir *a partir do* ódio, o que é diferente de intervir *com* ódio.

Nesse sentido, há que lembrar que o "motor" do processo de desilusão é o ódio ambivalente da figura materna.

No caso de Carlos, as intermináveis horas que o Acompanhei enquanto dormia, assim como seus traços "psicopáticos", produziram em mim intensos sentimentos contratransferenciais de ódio. Aqui, o cumprimento do horário de finalização possibilita ao Acompanhante ventilar seu ódio e não ter que "assassinar" Carlos de vez em quando. Em contrapartida, na medida em que esse ódio pôde ser administrado no âmbito do enquadre terapêutico (não conceder-lhe meia hora a mais, entre outras coisas), o paciente pôde tirar proveito disso, no sentido em que pouco a pouco "compreendeu" que, se queria falar, não poderia ficar dormindo durante todo o encontro. É possível denominar isso de "ódio profissional": é ódio legítimo e genuíno, mas mediatizado pelo enquadre. Clinicamente, se trata de um ódio que cuida e ensina a odiar apropriadamente. "De um paciente psicótico submetido à análise não cabe esperar que tolere seu ódio para com o analista a menos que este seja capaz de odiá-lo".[364]

Carlos tinha uma atitude extremamente amável e era incapaz de manifestar irritação. Porém, ao mesmo tempo, apresentava uma série de condutas agressivas dissociadas. Também costumava "ter a sensação" (SIC) de que se dava socos na cara, que lhe aplicavam eletrochoques, etc.

Esta incapacidade para odiar encontrava seu correspondente principalmente na mãe, que não podia aceder à ambivalência e pôr seu ódio a serviço do processo de desilusão. Não podendo odiar propriamente, essa mãe não podia desiludir Carlos, de forma que ele não podia encontrar nela este tipo de atitude (retirada materna) que possibilita ter motivos objetivos para odiar o objeto e logo integrar nele os sentimentos ambivalentes de amor e ódio. O pai tampouco contribuía com a função paterna. Ao carecer de "motivos objetivos" para odiar, este "ódio sem sujeito nem objeto" ficava dissociado e aparecia sob a forma de sintoma (sensação de dar-se socos na cara, etc.).

Em termos temporais, paradoxalmente diria que, já que "sempre" era atendido, esse paciente "nunca" se sentia atendido, posto que somente poderia sentir-se atendido por um objeto ausente, na medida mesma em que Carlos necessitava essa "presença da ausência" que oferece "motivos objetivos" para odiar.

Quando Carlos pedia para prolongar o encontro, seria possível pensar que estava demandando a "presença da ausência" do Acompanhante. Se este último ficasse meia hora a mais (o que chegou a acontecer), aquele "tenho que te falar algo muito importante" (SIC) transformava-se em nada, pois o importante era ter uma delimitação temporal a mais precisa possível da presença/ausência do Acompanhante (o que também operava como atravessamento do processo secundário, temporalidade).

Na evolução desse processo, foi possível observar a crescente capacidade de Carlos para irritar-se e manifestar sua irritação, o que veio acompanhado de uma diminuição da sintomatologia e uma ampliação de suas atividades sociais e culturais.

Se o manejo estrito da finalização dos encontros parece ser a manifestação do ódio profissional, por outra parte o manejo estrito de determinados aspectos do enquadre apontam mais para o amor profissional do Acompanhante Terapêutico.

As intervenções do tipo retirada materna produziam em Carlos intensos sentimentos de dúvida (transferencial) sobre o amor do Acompanhante para com ele. Na época havia estabelecido uma "transferência idealizadora"[365] e constantemente me perguntava se eu gostava dele.[366]

Em nenhum momento dei uma resposta verbal a essa pergunta, pois as respostas às suas perguntas costumavam intensificar sua angústia e dúvidas. Além disso, os vínculos afetivos nesta família tinham como características básicas a viscosidade, a intromissão e a imprevisibilidade; de modo que Carlos temia o amor do outro na medida em que esse constantemente ameaçava aniquilar seu já frágil sentimento de individualidade.[367]

Em certa ocasião Carlos disse: "Não perguntarei mais se você gosta de mim, sabe por quê? Porque sei que você gosta; porque sempre cumpre o que combinamos, é pontual: se diz que vai me esperar em determinado lugar, numa determinada hora, você o faz." (SIC). Sem dúvida, a pontualidade, a devoção, o cumprimento estrito do acordado, etecetera, eram experimentados por Carlos como a manifestação do amor do Acompanhante para com ele.

Claro que a dúvida sobre o amor do outro nunca se dilui totalmente, mas fica mediatizada por uma referência que contribui a processá-la de uma forma estruturante ou, pelo menos, não tão patológica.

Nesse caso, em um primeiro momento trabalhei com um manejo relativamente flexível do enquadre. Na medida em que o vínculo se consolidava, o desenvolvimento da relação transferencial-contratransferencial demandou um manejo mais estrito (em minha experiência profissional, esse foi caso no qual tive que adotar a atitude mais estrita). Tudo isso representava e era experimentado como a manifestação de amor e de ódio do Acompanhante, o que parece ter potencializado a capacidade de Carlos para a ambivalência. Isso supôs uma diminuição da sintomatologia paranoide, a ampliação de seu círculo de relações interpessoais, etc.

6 AÇÃO INTERPRETATIVA

EM TERMOS GERAIS, E NO ÂMBITO DOS AUTORES UTILIZADOS NESSA investigação, a discussão sobre a interpretação verbal no tratamento psicanalítico da psicose gira ao redor de duas posturas distintas. De um lado estão Bion e Rosenfeld, que defendem a manutenção da técnica psicanalítica "clássica" (empregada com neuróticos) e o uso sistemático de interpretações. De outro lado estariam Winnicott e Searles, para os quais não há que recusar a possibilidade de interpretar, mas sim relativizar e inclusive evitar o uso da interpretação (sobretudo a transferencial e histórica) segundo o diagnóstico, gravidade do caso, momento do tratamento e da relação transferencial, etc.

Mesmo sem entrar no campo específico do Acompanhamento Terapêutico, fica difícil orientar esta discussão, em parte porque não há uma definição unívoca do conceito de interpretação, menos ainda em relação àquilo que o tratamento da psicose se refere. Não apenas cada escola, mas também diferentes autores de uma mesma escola empregam o termo com diferentes sentidos.

É importante considerar esses dilemas no seio dos debates psicanalíticos, já que tudo isso aparece refletido nas discussões sobre a interpretação em Acompanhamento Terapêutico. Neste âmbito costuma haver a tendência de tomar como referência o trabalho do analista com pacientes neuróticos, e a partir daí concluir que não concerne ao Acompanhante Terapêutico de *pacientes psicóticos* a interpretação. Desse ponto de vista, a discussão estaria terminada.

Uma série de situações clínicas e reflexões evidenciam que essa fórmula dicotômica ("psicanalista interpreta" *versus*

"Acompanhante não interpreta") resulta insatisfatória e não dá conta de uma série de intervenções que, ainda que não sejam interpretações no sentido "clássico" do termo, podem ser consideradas intervenções interpretativas.

Na psicanálise de neuróticos, o eixo principal da tarefa é a análise da transferência. No contexto global dessa *estratégia* analítica, o analista emprega a interpretação (transferencial, histórica, atual, extratransferencial) como recurso *tático*. Com isso pretende-se favorecer o levantamento da repressão, o *insight*, a elaboração de conflitos, a "desconstrução" de sintomas, o ato de fazer consciente o inconsciente ou trazer à luz "o desejo inconsciente e o fantasma em que este toma corpo".[368]

No trabalho com a psicose (seja psicanalítico ou de Acompanhamento), em certa medida não cabem estes objetivos e terminologia. Não teria sentido pretender favorecer o levantamento da repressão, dado que na psicose o que predomina é a deficiência desta e da instituição dos sistemas consciente e inconsciente, etc.

Na perspectiva aqui adotada (em consonância com as propostas de Winnicott), a limitação no que diz respeito ao emprego sistemático de interpretações se impõe em primeiro lugar em função da condição psíquica na psicose. Portanto, essa limitação se impõe (ainda que em diferentes níveis) tanto ao analista quanto ao Acompanhante, com a diferença de que este último, além disso, opera partindo de uma estratégia clínico-assistencial (Clínica do Cotidiano). Em outros termos: "Com a assistência social, o psicanalista pode aprender (dentre outras coisas) que a interpretação não é a parte mais importante do trabalho nos casos em que o fracasso ambiental é relativamente importante na etiologia".[369]

Por sua vez, essa limitação no que concerne ao emprego da interpretação vai depender da noção de interpretação

Ação interpretativa

com a qual se opera (e é importante destacar que em seus escritos e conferências Winnicott estava dialogando com, e criticando, a noção kleiniana de interpretação sistemática da transferência).

Quando foi realizado, em São Paulo, o "I Encontro de Acompanhantes Terapêuticos" (1989), começou-se discutindo se o Acompanhante interpreta, mas em seguida se impôs a questão de se no trabalho com a psicose a interpretação deve ser feita nos termos clássicos de fazer consciente o inconsciente, como interpretar e, finalmente, o que é uma interpretação quando se trabalha com psicóticos.[370]

Naquele "Encontro", a psicanalista Mirian Chnaiderman comentou: "Creio que nunca vamos chegar a uma teoria global sobre o que é o acompanhamento terapêutico, se se interpreta ou não se interpreta, ou se se intervém de uma ou outra forma. O que nos interessa, aqui, é ter que inventar cada momento; mas creio que há momentos em que sim, se interpreta (...) Temos que pensar como cada um entende o que é uma interpretação: porque se alguém pensa a interpretação dentro da Teoria da Representação, de algo no lugar de alguma coisa, etc., então eu creio que isso não tem nada a ver; mas, para mim, a interpretação também é uma intervenção, e não somente no sentido do movimento. Creio que, de fato, existe uma lacuna entre a análise de psicóticos e neuróticos; mas inclusive no trabalho com neuróticos minha preocupação é que a interpretação seja uma intervenção e um ato, ou seja: é neste sentido que eu creio que o acompanhamento terapêutico vem explicitar questões da minha prática como analista. Mas estou de acordo com que a psicanálise não dá conta".[371]

Para ajudar a discriminar entre intervenções de distintas ordens, sugiro diferenciar entre a interpretação (substantivo) e o interpretativo (adjetivo). No Acompanhamento Terapêutico de pessoas com patologias psicóticas, em momentos pontuais opera-se fundamentalmente com intervenções interpretativas. Ainda que por meio de tais intervenções interpretativas seja possível operar em termos de manejo da transferência, em geral não há explicitação semântica de aspectos transferenciais. O interpretativo é formulado fundamentalmente mediante *intervenções* cênicas ou *interativas*, que podem ser ações concretas, verbais ou passivas.

O "interpretativo" será aqui o "sobrenome" da intervenção. Deriva do efeito (sustentador, ansiolítico, de corte ou desmarcação) que a intervenção produz no paciente, e em certa medida do fato de que o Acompanhante interpreta algo em sua mente, mas o formula em termos cênicos (e quando digo "cênico" isso inclui evidentemente o verbal).

Para prevenir contra possíveis mal-entendidos, adianto que em nenhum caso convém que o Acompanhante empregue o interpretativo de forma sistemática. Isso iria contra os fundamentos da Clínica do Cotidiano.

6.1 O interpretativo e os instrumentos de linguagem

O interpretativo pode efetuar-se não somente através de verbalizações, mas também de ações ou atitudes que impliquem mensagens interpretativas.

Pensemos em um músico que *interpreta* uma partitura. Por si só, a partitura não é mais que um conjunto de linhas e manchas pretas espalhadas sobre o papel (objetos parciais, anarquia psíquica). Com a aproximação do músico, essas manchas pretas passam a ser signos na medida em que ele é capaz de lê-las, ou seja: estabelecer uma ordem relacional e temporal (ritmo, compasso), nomeá-las, etc. Essa possibilidade de ler a partitura seria o "equivalente" à *interpretação* que o Acompanhante formula em sua mente.

Ação interpretativa

Entre esta interpretação-leitura (mental) e a que se formula para o paciente, há um processo fundamental, que para o músico seria o emprego de um instrumento para *executar* a interpretação (tarefa que também inclui sua *participação afetiva*).

Aquele que escuta a interpretação não necessita entender absolutamente nada sobre os processos implicados na interpretação-leitura para "entender", *sentir* a música.

Imaginemos agora que a partitura é o que o paciente traz. Na neurose diria que há uma partitura na qual nem todos os signos e notas estão presentes (repressão), mas os que estão informam sobre os que não estão (lapsos, sonhos, associação livre).

Porém, sobretudo na patologia psicótica grave seria necessário falar de uma partitura despedaçada, sem tempo nem pautas (objetos parciais, indiscriminação, dualidade escindida, anarquia psíquica). Nessa partitura "não falta nada" (devido à deficiência da repressão primária), mas tampouco se pode fazer música com ela, dado que não há ordem possível de relação entre as manchas pretas espalhadas sobre os pedaços de papel. Trata-se de uma "partitura potencial".

No pior dos casos, a existência psicótica pode desenvolver-se como uma partitura que não chega a se converter em música: somente soa como estrondo e ruído de interferência. No melhor dos casos, salta à vista a singularidade e criatividade que se pode gerar a partir desta partitura potencial.

Para além da interpretação que o Acompanhante formula em sua mente, haveria que perguntar, em cada caso e situação, quais são os instrumentos mais apropriados para fazer chegar a mensagem ao paciente e para que seja possível compor musicalidades a partir de sua partitura inicial.

Diria que há música com letra e música instrumental; isto é, a partir de uma partitura potencial é possível compor musicalidades com instrumentos verbais e não verbais. Além disso, há uma série de pontos intermediários, dado que a voz pode ser usada como instrumento. Tais sons verbais (por exemplo, um "lá lá lá") não contém nenhum significado semântico, mas possibilitam significar a partitura, fazer soar alguma musicalidade.

Aqui se abre um amplo leque de possíveis instrumentos para compor musicalidades, que passa pelos instrumentos de percussão (isto é, a linguagem não verbal) e de vento (pré-verbal), o "lá lá lá" (verbal sem significado semântico) e o conteúdo semântico das canções. Em termos clínicos, este leque de possibilidades manifesta-se através de interações verbais e não verbais cotidianas, as quais em determinadas situações podem ser denominadas *Ação Interpretativa*.

6.2 Ação interpretativa

Nos expressamos em sílabas que surgem desde o solo, expressando-nos em um discurso que não falamos.

Wallace Stevens[372]

É comum pensar o Acompanhamento Terapêutico como contribuição para a *construção de cenas* nas quais o paciente possa "enganchar-se", comunicar-se, estabelecer vínculos afetivos com lugares e pessoas, criar, etc. Porto e Sereno dizem que: "O acompanhante interpreta o sujeito nos momentos em que a montagem desta cena se interrompe e exige sua intervenção através de ações, que possibilitem saídas liberadoras para o fluxo de sua construção. [...]. Muitas vezes a "interpretação" se faz através de um gesto que complementa ativamente o que se está fazendo, e

Ação interpretativa

que libera o sujeito para seguir se aproximando à cena imaginada".[373]

A citação serve para advertir que em nenhum caso se trata de empregar ações interpretativas de forma sistemática, dado que isso iria contra os fundamentos da Clínica do Cotidiano. A ação interpretativa se emprega fundamentalmente em situações pontuais que bloqueiam ou dificultam a Tarefa e o fluxo cênico do Acompanhamento Terapêutico.

A *palavra* não tem o monopólio da *linguagem*, de modo que uma conceitualização da linguagem em termos de ação também resulta fundamental no tratamento de pacientes neuróticos. Em um artigo intitulado "O conceito de ação interpretativa", Ogden[374] assinala que têm sido pouco pesquisadas as interpretações transmitidas ao analisando mediante as ações do analista, e acrescenta: "A ação interpretativa não é um evento analítico excepcional, mas simplesmente parte da estrutura do trabalho interpretativo comum".[375][376]

Mesmo que Ogden refira-se fundamentalmente à psicanálise dos neuróticos, suas formulações servem como ponto de partida para pensar o Acompanhamento de pessoas com patologias graves. Na introdução de seu artigo sobre "O conceito de ação interpretativa", escreve: "Entende-se por ação interpretativa o uso da ação (diferente do discurso verbal simbólico) por parte do analista para transmitir ao analisando aspectos específicos de sua compreensão da transferência-contratransferência que, em determinada conjuntura da análise, não podem ser somente transmitidos através do conteúdo semântico das palavras. Uma interpretação-ação deriva seu sentido simbólico específico do contexto experiencial da intersubjetividade analítica na qual é gerada. Simultaneamente, a compreensão da transferência--contratransferência transmitida pela ação interpretativa do analista deve ser pensada silenciosamente em palavras pelo analista".[377]

A citação é um resumo muito preciso do anteriormente exposto, e revela o que talvez seja o mais fundamental que se possa dizer sobre a ação interpretativa; de modo que ao longo do artigo Ogden dedica-se fundamentalmente a descrever três vinhetas clínicas que ilustram este conceito.

Convém esclarecer que nem sempre o pensar "silenciosamente as palavras" é anterior à formulação da ação interpretativa. Muitas vezes tais ações surgem espontaneamente e de forma não planejada; são *insights* do terapeuta, e somente *a posteriori* chega a se estabelecer um fio consciente de significado semântico.

Possivelmente uma parte considerável das intervenções mais potentes surgem destes processos como *insight* e posterior elaboração semântica. É importante assinalar essa questão pois, nos relatos clínicos, parece haver certa tendência a descrever as intervenções como sendo a explicitação de raciocínios conscientes do terapeuta, quando no momento da intervenção este conhecimento prévio não existia ou era precário.[378]

Essa relativa ausência de raciocínio prévio não implica uma anulação ou prejuízo da capacidade técnica do terapeuta, mas outra noção de técnica, que tem a ver com "método".[379]

A seguir analisarei três modalidades de ação interpretativa, que se manifestam, através de: a) ação concreta; b) ação verbal e c) ação passiva.

6.2.1 Ação concreta

Referindo-se ao tratamento e cuidado do psicótico em um hospital dia, Racamier[380] relata o caso de um paciente com esquizofrenia que, sempre que lhe era apresentada a possibilidade de participar em uma situação prazerosa

Ação interpretativa

e construtiva, atuava de forma auto e heterodestrutiva. As intervenções verbais não produziram resultado, desse modo Racamier (que, assim como Ogden, cita Winnicott) teve a ideia de instituir um cofrinho em forma de porco "no qual o paciente colocaria um centavo cada vez que passasse por um bom momento".[381] Em geral, a quantidade de pagamento de tais penitências se calculava juntamente com o pessoal do hospital dia.

Essa intervenção interativa produziu resultados terapêuticos quase imediatos, melhorando em termos gerais o estado afetivo e de conduta do paciente. Racamier comenta que: "Propõe-se uma ação, mas uma ação que fala. Traz uma mensagem interpretativa: a contém, mas não a formula. E é uma ação concreta. Assim seguimos ao paciente em seu próprio terreno, o de uma concretização na qual os conteúdos psíquicos são atuados para fora mais que pensados desde dentro. Concreta, esta ação se materializa no objeto tomado no sentido habitual do termo: um cofrinho, no meu exemplo. O paciente poderá dotar este objeto de uma significação encarnada: símbolo do nosso ponto de vista e, ao mesmo tempo, pré-símbolo pela ótica do paciente. Aqui, sem dúvida, o significado latente do porco era o de um receptáculo apto para conter as pulsões do paciente."[382]

Isso aponta para a diferenciação entre significação (pré-simbólica, interativa) e simbolização (intrapsíquica). Racamier diz que "sigamos ao paciente em seu próprio terreno, o de uma concretização na qual os conteúdos psíquicos são atuados para fora mais que pensados desde dentro".[383] Diria que o si-mesmo do sujeito, assim como suas necessidades psíquicas primitivas (tanto neuróticas como psicóticas) necessitam de interações e objetos concretos que lhes "signifiquem" mediante relações de materialidade.

A expressão "ação concreta" não faz referência somente ao concreto do objeto (cofrinho, moeda), mas também a todas as interações implicadas em sua apresentação e administração (o ato de fornecer o cofrinho, propor ao paciente que deposite uma moeda, negociar as quantidades com os cuidadores, e todas as interações que giravam ao redor deste "ritual cênico".

Por sua vez, quando Racamier escreve que "o significado latente do porco era o de um receptáculo apto para conter as pulsões do paciente", considero que seria mais acertado dizer que o porco, assim como o contexto interativo no qual foi ofertado e que sua utilização foi administrada juntamente aos cuidadores, transformou-se na concretização significante do sujeito da pulsão do paciente, isto é, de suas pulsões destrutivas sem sujeito. Essa concretização significante sujeitava ao sujeito ali onde o sujeito não tinha como sujeitar o pulsional.

No contexto destes recursos comunicacionais primários, terapeutas e paciente transitam pelo campo da transicionalidade e suas construções significantes. E "creio, com efeito, que acompanhar um esquizofrênico, se isto não é um 'como se', consiste em reservar a ele uma margem de jogo".[384]

Diria então que, se o *simbólico é necessário, a significação é imprescindível*. Ainda que o paciente continuasse igualmente psicótico e com uma deficiência para processar seus conteúdos psíquicos "desde dentro", o "porco significante" abrandava aquilo que sua psicose tinha de doentio.

Ao analisar o conceito de "objetos si-mesmo" de Kohut, Stern[385] assinala que para além da patologia, o emprego de tais objetos deve ser considerado legítimo e saudável em todas as etapas da vida. Neste sentido, critica a concepção psicanalítica mais tradicional, "para a qual a meta de maturidade é (em parte) o ganho de certo nível de independência e autonomia a respeito dos objetos, pela via dos processos de separação/individuação e internalização".[386]

Ação interpretativa

Parece haver uma tendência mais ou menos generalizada de valorizar e legitimar em maior medida os processos posteriores do desenvolvimento (entre eles a simbolização) em detrimento dos processos mais primários e interativos. As propostas aqui desenvolvidas sugerem uma (quase) inversão desta equação. Se antes indicava que a significação é imprescindível, agora diria que o simbólico por si só (intrapsíquico) não basta, nem dá conta de si mesmo. Sem os processos implicados na significação e suas construções concretas e interativas, o simbólico seria um par de pés sonhadores sem chão para tomar impulso. Manuel Machado ilustra-o da seguinte forma:

> Em minha alma, irmã da tarde, não há contornos...
> e a rosa simbólica de meu único amor
> é uma flor que nasce em terras ignoradas
> e que não possui forma, nem aroma, nem cor.[387]

Sem a significação, a "rosa simbólica" não tem aroma, nem forma, nem cor; o si-mesmo converte-se em uma abstração intangível e irrealizável.

Significar é perder o si-mesmo nos objetos para encontrá-lo neles, enquanto se interage com eles mediante relações significativas de materialidade (poética, no caso de Machado).

Em certo sentido, a pele do si-mesmo é a superfície dos objetos com os quais alguém interage de forma significativa ou significante.

A partir destas propostas gerais, pode-se pensar diversas formas de ação interpretativa concreta. Neste sentido, destaco o livro "A realização simbólica" de Sechehaye,[388] no qual a terapeuta ilustra como, de uma forma muito criativa, apresentou diversos objetos significantes à sua paciente esquizofrênica.

Há situações em que não há um objeto concreto, mas sim a ação concreta de, por exemplo, conter e envolver com cobertores uma paciente que (segundo interpretei em minha mente) experimentava angústias relacionadas com a desintegração e o desmembramento corporal. Em poucos minutos a paciente sentiu-se melhor e deixou de morder o braço, em sua busca desesperada de algo concreto-sensorial que delimitasse sua dor abstrato-psicológica.

6.2.2 Ação verbal

Problema terapêutico que tem sido sempre problema de poetas: encontrar palavras que consigam ser ação mais que contemplação.[389]

Fiorini

Em certa ocasião, Carlos (transtorno obsessivo-compulsivo grave) propôs alugar um filme, mas não era sócio da locadora e também não tinha documentação que o identificasse. A mesma coisa havia acontecido em situações anteriores, mas com seu "poder de sedução" sempre dava um jeito que tivessem pena dele. No entanto, nessa ocasião a funcionária da locadora não concordou em lhe alugar o filme, por mais que Carlos houvesse utilizado todo o seu repertório de recursos sedutores (ser amável, fazer cara de súplica, etc.). De volta à casa, disse:

C: *Que vadia a garota, não é? Podia ter me alugado o filme.*
AT: *Bom, ela está fazendo seu trabalho. Creio que o vadio é você, que vem sem documentação e acredita que pode alugar o filme só com seu poder de sedução... por certo, acho que nesse sentido você está piorando: antes era "melhor" sedutor.*

Ação interpretativa

C: *Estou piorando, verdade? (rindo)*
AT: *Sim, antes era melhor nisso.*[390]
Falando sobre seu RG:
AT: *Então, você não tem como demonstrar que você é você?*
C: *Não, não tenho como demonstrar. (SIC)*

Essa conversa culminou com Carlos dizendo que *falaria com seu pai, pois ele sabia sobre sua (cédula de) identidade*.

Como se pode observar, chamei diretamente o paciente de "vadio", no momento em que ele propunha uma aliança na qual a "vadia" seria a funcionária.

A família de Carlos constantemente estabelecia essa aliança que chamava de "vadio" todos aqueles que não atendiam incondicionalmente suas demandas; e constantemente demandavam (também na relação transferencial) que lhes concedessem exceções.

Em um trabalho intitulado "Alguns tipos de caráter encontrados no trabalho psicanalítico", no capítulo sobre "As exceções", Freud (1916) fala de um tipo de paciente que acha ter sofrido muito, acha que foi objeto de injustiças e que foi privado. Por isso se sente no direito de ser desculpado sob qualquer condição, dispensado de qualquer requisito, e que seja tratado como uma exceção.

Quando Carlos tinha cinco anos, seus pais foram presos e torturados pela ditadura política de seu país de origem, fato ao qual se referia como "*uma injustiça social*" (SIC). Sendo assim, Carlos e sua família exigiam que essa "sociedade vadia" (personificada na figura da funcionária da locadora, às vezes do Acompanhante, etc.) lhes ressarcisse pelos danos produzidos.

Chamar alguém de "vadio" (ou dizer algo que remete a essa ideia) era algo cotidiano; mas com isso se produziu uma desmarcação cênico-interpretativa, que consistiu em não participar daquela "aliança *envadiante*". Nessa desmarcação cênica, o interpretativo é derivado de que a atitude do Acompanhante não corresponde à expectativa e à demanda do paciente, o que aponta para a função de ressignificação dos vínculos patológicos que se desdobram na relação transferencial e extratransferencial (com a funcionária da locadora etc.).

Disso deriva um princípio geral no que se refere ao interpretativo, isto é: apesar de que no interpretativo não há explicitação semântica do transferencial e do histórico, a desmarcação cênica pode incidir neste nível (manejo da transferência). Inclusive na situação analítica, Etchegoyen disse que "... uma psicopatia começa a se modificar quando o paciente pode refletir, quando começa a se dar conta, de repente, de que agora tem "inibições" e tem de pensar. (...) uma boa interpretação para um psicopata é simplesmente detalhar para ele, de forma ordenada, o que fez, mostrando-lhe as sequências e consequências de sua ação. O que não parece uma interpretação é a interpretação mais cabal para esse caso.".[391]

Se esse critério é aceito, pode-se pensar que dizer a Carlos (mesmo esse não sendo um psicopata) "vadio é você", e explicar-lhe sua "vadiagem", é algo muito parecido ao que propunha Etchegoyen.[392] Daí que também deveria ser aceitável a ideia de que, para esse caso, mas também levando em consideração a especificidade da tarefa e o uso da palavra em Acompanhamento Terapêutico, isso que não se parece em nada com uma interpretação poderia sê-lo. Por outro lado, já que esta intervenção se processa antes como representação cênica, seria mais conveniente denominá-la ação interpretativa verbal.

6.2.3 Ação passiva

Em seu artigo sobre a ação interpretativa, Ogden (1994) apresenta uma vinheta clínica no capítulo intitulado "O silêncio como interpretação de uma perversão da linguagem e do pensamento". O próprio título já indica que, dissesse o que dissesse o analista, ou interpretasse o que interpretasse, isso era recebido pela paciente desde sua perversão da linguagem e do pensamento; frente ao qual, Ogden optou, como ação interpretativa, manter-se em silêncio.

Partindo dessa ideia, sugiro que, se o silêncio é a passividade da palavra, a passividade será o silêncio da ação. Entre os músicos costuma-se dizer que "os silêncios são escutados", e são escutados pois delimitam contrastes entre presença e ausência de som; marcam tempo, pausa e ritmo. O silêncio é escutado na mesma medida em que não é ouvido e que contrasta com o som.

Essa ideia poderia ser representada com o número zero. O zero é um número paradoxal por excelência, pois representa a presença de uma ausência. Quando se diz que "nessa gaveta não há nenhuma (zero) laranja", coloca-se em manifesto a presença de uma ausência. Trata-se, aqui, de um zero com referência: havia a expectativa de encontrar laranjas. O mesmo é valido quando se diz que "nessa gaveta não há nada", com a diferença que nesse caso há uma referência menos precisa: onde não há nada, supõe-se que poderia haver qualquer coisa que coubesse na gaveta. Trata-se de um zero sem referência.[393]

A passividade como forma de ação interpretativa consiste no silêncio da ação. Essa passividade é ação pois se contrapõe às expectativas e demandas do paciente (e/ou da família).

Trata-se de um zero com referência no sentido em que tais expectativas não se cumprem. Ante a ação passiva do

Acompanhante, o paciente se encontra com a presença da ausência da atitude que esperava encontrar.

Por exemplo, Carlos foi o mais passivo dos pacientes que eu já conheci: nunca desejava nem procurava nada, tampouco se preocupava com alguma coisa, mesmo quando a "alguma coisa" supostamente o interessava. Tudo isso estava posto na família, que "desejava", procurava, pensava e preocupava-se no lugar dele.

No entanto, ao longo de dois anos de Acompanhamento as coisas foram relativamente bem e Carlos decidiu se matricular em uma escola de cinema. Como não poderia deixar de ser, eram os familiares e eu que tínhamos que nos (pré)ocupar, por exemplo, com que frequentasse as aulas e chegasse na hora certa.

Se sobretudo no começo necessitava deste apoio efetivo, também ficava claro que a escola de cinema havia sido uma conquista importante; de maneira que nem os familiares nem eu estávamos dispostos a arcar com a culpa se a conquista fosse posta a perder (lembre-se do exposto sobre o paradoxo da atuação contratransferencial). Carlos sabia disso muito bem, e constantemente "tirava proveito" disso.

Em certa ocasião tinha que dirigir uma cena na escola de cinema. A equação era muito simples e inequívoca: quanto maior o interesse e importância do que Carlos tinha que fazer, mais angustiada e ativa estava a "vizinhança" (eu inclusive). A seguir farei a transcrição de algumas passagens do encontro que começou em sua casa, no dia em que ele tinha que dirigir sua cena (os comentários atuais aparecem entre colchetes):

> *Estávamos conversando no seu quarto, quando Carlos propôs que repassássemos a cena que ia dirigir. Logo depois, disse que ia tomar banho antes de irmos à escola*

de cinema. Nesse momento, tremi [já que em mais de uma ocasião não chegou a um encontro por demorar mais de uma hora no banho], e mais ainda quando disse: "Demoro um minuto, Leonel". Aí dei-me conta de que o encontro ia ser duro. Duvidei seriamente da minha capacidade para "estar quieto" (passivo); sendo assim a primeira coisa que fiz foi pegar uma revista e impor-me como tarefa lê-la até que Carlos me dissesse que estava pronto. Estava indo bem, mas a cada três ou quatro minutos Carlos empenhava-se em fazer as coisas ficarem mais difíceis para mim: do banheiro [que era no seu quarto] dizia: "Já saio, Leonel". A empregada [treinada pela mãe] constantemente entrava no quarto gritando que se apressasse. Estive a ponto de intervir, mas logo pensei que isso também era assunto de Carlos. Quando me dei conta de que a empregada estava fazendo o que me "dava vontade" de fazer e custava-me não fazer (apressar Carlos), acabou a minha vontade de estrangulá-la. Decidi dedicar também a ela a leitura da revista: Saiu do chuveiro:

C: Agora vamos, Leonel.
AT: (sem tirar os olhos da "minha" revista) Ok[394].

Enquanto se arrumava [muito lentamente, como de costume], voltou a dizer: "agora vamos" em quatro ocasiões. Ficava claro que, nesse contexto, "agora vamos" significava "tranquilo"; isto é: estava depositando sua angústia em mim. A seguir aconteceu a seguinte cena:

C: (muito assustado) Leonel! [Isso era um sinal claro de que havia "cruzado" algo, isto é: teve a sensação de que havia cortado o rosto, etecetera, e estava muito angustiado por isso].

Segui lendo minha revista; nem o olhei. Ele muito rápido entendeu perfeitamente e deu risada.

C: Tive um "cruze".
AT: Ok.

Pouco depois:

C: Leonel!

Segui com minha revista, mas de repente reagi de uma forma muito histriônica, como se estivesse muito angustiado. De fato, estava imitando sua mãe. Rimos.

Pouco depois:

C: Leonel!
AT: Te assusta tanto o que tem que fazer hoje na escola de cinema?
C: Acha que estou assustado?
AT: Isso é o que estou te perguntando.
C: Sim, estou mesmo.

Disse que tinha muita necessidade de demonstrar a seus colegas e ao professor que poderia fazer isso bem. Quando saímos da sua casa, já sobrava pouca revista para folhear. No taxi, chegando na escola, olhou o relógio:

C: Vamos chegar a tempo. Achou que eu ia atrasar quando entrei no chuveiro, não é?
AT: Ah, achei?

[No encontro seguinte disse que seus colegas e professor tinham gostado muito de como dirigiu a cena].

No episódio vê-se como a passividade produziu um silêncio que Carlos escutou, na mesma medida em que esse silêncio da ação se contrapunha à sua expectativa, que era: a de um ruído ativo, que nessa situação manifestava-se na gritaria da empregada se responsabilizando por ele.

Ação interpretativa

O contraste com essa expectativa transforma a passividade em uma presença ativa; ou, para dizer em outras palavras: a passividade aparece aqui como um zero com referência, na medida em que faz presente a ausência da atitude que o paciente demanda e espera encontrar.

Essa ação interpretativa passiva contribuiu para que Carlos começasse a sentir sua angústia (Leonel!), quando até esse momento tudo indicava que os únicos angustiados eram a empregada-mãe e o Acompanhante. Mas a angústia aparece dissociada e descontextualizada ("tive um cruze"), de modo que a contextualizei através de uma pergunta interpretativa ("Te assusta tanto o que tem que fazer hoje na escola de cinema?").

Para além das intervenções verbais, fundamentalmente através da passividade encenou-se um trabalho de contenção e manejo da transferência, no qual se devolve ao paciente os afetos e funções depositados no Acompanhante.

Nesse episódio, a ação interpretativa passiva exerce a função de ressignificar os vínculos patológicos (de dependência, etc.) derivados do contexto familiar e encenados na relação transferencial.

Por último, destaca-se que esse paciente pôde (a partir de determinado momento da relação terapêutica) tirar proveito desse tipo de intervenção passiva, ou seja: escutar os silêncios da ação. No entanto, muitas vezes não resta outra possibilidade além de passar algum tempo, ou muito tempo, sustentando o desejo e as ansiedades do paciente, e oferecendo a necessária dose de apoio concreto ou efetivo. Assim foi nas etapas iniciais do vínculo com Carlos. Caso contrário, seguramente não haveria chegado a se matricular na escola de cinema, entre outras coisas.

6.3 Administração do interpretativo na Clínica do Cotidiano

É frequente que alguns pacientes queiram falar sobre as situações que lhes aconteceram, de sua história, relações familiares e sociais, inquietudes e questões existenciais. Em geral, em tais casos a maioria do quefazer verbal do Acompanhante apresenta uma estreita relação de proximidade com situações cotidianas; de modo que a tarefa consiste em "oferecer-se como semelhante".[395] As conversas informais marcadas pela escuta atenta e interessada do Acompanhante, assim como por seus comentários fundamentados na Clínica do Cotidiano, oferecem por si só experiências terapêuticas importantes.

Não é pouco o que o vínculo terapêutico "faz por si só" (sempre que haja confiança), sem a necessidade de intervenções estritamente psicológico-clínicas. Este fazer do vínculo deriva fundamentalmente da atitude do Acompanhante, do modo de estar com, do modo de compartilhar situações e atividades, etc.

Aqui, o terapêutico tem lugar a partir de experiências que se aproximam do âmbito da amizade, do efeito estabilizador que produz o ter alguém com quem falar sobre temas pessoais, trocar comentários sobre um filme, sobre acontecimentos políticos e sociais divulgados nos meios de comunicação, ou simplesmente "falar por falar". Estes diálogos simétricos (no plano dinâmico) não implicam a anulação da atitude profissional do terapeuta, mas refletem seu emprego nos termos da Clínica do Cotidiano e da Amizade Profissional ou Transicional.

É muito frequente que praticamente a totalidade das relações e conversas dos pacientes girem em torno de temas relacionados com a doença. No hospital dia, centro de reabilitação, psicoterapia, oficinas, família, etecetera, ou fala-se da doença ou então a atividade tem uma relação direta com este tema único.

Ação interpretativa

Do ponto de vista do vínculo, o indivíduo fica alienado no que diz respeito à inserção em uma "cotidianidade normalizada", já que se produz um subinvestimento do mundo das coisas e dos objetos da cultura.

Daí a importância de que, sobretudo em determinados casos, o Acompanhante inclusive adote uma predisposição a não enfocar o psicológico; pelo menos não mais além do que se faz na vida cotidiana. É certo que às vezes os pacientes necessitam e demandam falar do psicológico. Mesmo assim, em determinadas situações convém perguntar se não é o Acompanhante que precisa disso, com o agravante de que estes pacientes tendem a amoldar-se às necessidades e à organização defensiva do outro.

Há ocasiões em que o Acompanhante Terapêutico sente que os encontros de duas ou três horas acabam sendo muito longos. A razão disso pode ser que o eixo central das atividades sejam as "conversas sobre temas psicológicos", de maneira que uma "sessão" de duas ou três horas pode, com efeito, resultar excessiva e ansiógena.

Quando se faz necessário reorientar esse tipo de situação, é conveniente procurar mediadores ou atividades mediadoras, seja ver uma exposição, um filme ou assistir televisão (comentando livremente o que se está vendo), jogar algum jogo com regras, ir a lojas, etc. O "material cênico" que se manifesta interativamente nestas situações é tão importante quanto o "material" que o paciente possa trazer em uma conversa sobre seus familiares, etc. Inclusive seria conveniente substituir o termo "material" por "acontecimentos", também no sentido em que a "associação livre" se processa por cenas.

Por sua vez, em situações pontuais e principalmente quando o fluxo da cena se interrompe ou sua direção acaba sendo prejudicial, pode ser conveniente realizar assinalamentos ou alguma intervenção interpretativa. É possível esboçar, pelo menos enquanto hipótese e em termos gerais, algumas indicações e contraindicações neste sentido.

Numa primeira instância, em nenhum caso o Acompanhante Terapêutico empregará o interpretativo de forma sistemática. Isso iria contra os fundamentos da Clínica do Cotidiano.

O interpretativo é um recurso tático. Se é certo dizer que o analista de neuróticos interpreta taticamente para continuar interpretando dentro de uma estratégia analítica, diria que o Acompanhante, caso "interprete", o faz para continuar Acompanhando.

Por outro lado, Etchegoyen[396] diferencia entre quatro tipos de interpretação, quais sejam: a *histórica* (construção ou reconstrução)[397] e a *atual*. Dentro desta última categoria, diferencia entre interpretação *transferencial* e *extratransferencial*.

Partindo dos episódios clínicos analisados nos capítulos anteriores, no que concerne à formulação do interpretativo, diria que:

1) Se for necessário, o Acompanhante emprega fundamentalmente (ainda que não exclusivamente) intervenções interpretativas atuais e extratransferenciais.

2) Sobre o transferencial, em grande medida (ainda que não exclusivamente) a intervenção é feita a partir de uma perspectiva vivencial e cênica, ou seja: mediante atitudes e ações que, evidentemente, podem ser acompanhadas de verbalizações. No entanto, aqui o transferencial não aparece enunciado na verbalização, e o interpretativo se manifesta e produz seus efeitos (de suporte, desmarcação, ressignificação de vínculos, etc.) sobretudo a partir dos níveis interativos ou cênicos.

Ação interpretativa

Se o interpretativo se caracteriza pela não explicitação semântica dos fenômenos transferenciais, isso se deve ao fato dessa tal explicação poder despotencializar a área de jogo, assim como os processos estruturantes naturais que se dão no contexto da construção e do desenvolvimento cênicos da transferência. Ao falar do tratamento das patologias graves, Winnicott comenta: "só recentemente me tornei capaz de esperar; e espera, ainda, pela evolução natural da transferência que surge da confiança crescente do paciente na técnica e no cenário psicanalítico, e evitar romper esse processo natural, pela produção de interpretações".[398]

Partindo de que na Clínica do Cotidiano a construção e o desenvolvimento do vínculo é mais importante que sua elaboração semântica, além disso há certo grau de incompatibilidade entre criar vínculo e, ao mesmo tempo, falar deste vínculo que está sendo construído.[399]

Diversos autores apontam que os fundamentos mais primitivos e potentes do vínculo se dão em um nível representacional não-verbal, pré-verbal e paraverbal.[400] Daí que "às vezes o ato de dizer ataca a ordem pré-verbal, pela distância que a representação de palavra induz frente às representações de estado das coisas".[401]

Estas investigações propõem deslocar o foco (a conceitualização) do trabalho terapêutico, do enfoque estritamente interpretativo para o enfoque empático, interativo, intersubjetivo, etecetera, tudo isso na medida mesma em que a intervenção, pensada por este enfoque, opera em níveis mais próximos aos que conformam os fundamentos primários de todo o vínculo.[402]

Sugiro, além disso, que no interpretativo convém ter cautela com a explicação verbal da transferência também porque, em maior ou menor grau, alguns pacientes tendem a vivê-lo de forma persecutória (reintrojeção do depositado) ou como rejeição.[403]

Não se trata de propor estas contraindicações em termos absolutos. Quero, pelo menos, deixar aberta a pergunta sobre se, em determinados casos e situações, a interpretação transferencial pode ser benéfica para o paciente. Na atualidade não disponho de suficiente material para discutir essa questão de forma suficientemente rigorosa.

Mesmo assim, algumas propostas de Fiorini sobre a diferença entre psicanálise e psicoterapia (focal, breve, de apoio) oferecem algumas referências para futuras investigações. Entre outras coisas, diz que não convém "denunciar" a transferência idealizadora, já que isso poderia prejudicar o desenvolvimento espontâneo de um tipo de relação que pode ter um valor estratégico. Por outra parte, diz que não se trata de "afirmar que exista uma estrita incompatibilidade entre apoio e explicitação da transferência, mas destacamos que há precauções a serem tomadas".[404] E conclui que "enquanto em psicanálise a análise da transferência constitui o eixo da estratégia terapêutica, em outras psicoterapias tal explicitação é sempre só *um recurso tático dentro de outra estratégia* que justamente não consiste em produzir mudanças mediante a regressão e a elaboração do vínculo transferencial".[405]

Entre outras coisas, estas interpretações táticas podem cumprir "uma importante *função de 'despejo' ou neutralização de obstáculos transferenciais* que travam o funcionamento da relação de trabalho".[406]

Para além desta discussão sobre o valor técnico das interpretações transferenciais, caberia perguntar em que medida a proposta de Fiorini pode ser levada a cabo através de ações interpretativas concretas, verbais e passivas. Considero que este enfoque tem a vantagem de possibilitar operar a partir da teoria da transferência, mas sem a necessidade de explicitar o transferencial.

7 FUNÇÃO DE INTERDIÇÃO

A FUNÇÃO DE INTERDIÇÃO É UMA MODALIDADE ESPECÍFICA DA AÇÃO interpretativa. Consiste em uma série de intervenções cênicas que modulam ou limitam os excessos das funções materna e paterna, assim como as atuações e demandas anárquicas e compulsivas do paciente. Trata-se de encenar o *sujeito da pulsão* em situações nas quais se observa a manifestação de *pulsões sem sujeito* (anarquia, compulsão, excessos, sintomatologia disruptiva, auto e heterodestrutividade, etc.).

A função de interdição tem como referência os fluxos e contrafluxos das "inundações" pulsionais, com suas expectativas, demandas e investidas às vezes excessivas ou anárquicas. Tais intervenções consistem em construir (enquanto representação cênica) "diques" que modulem, canalizem e (re)orientem o excesso e anarquia de tais inundações.

7.1 Interdição e frustração

Vimos[407] que algumas pessoas com psicose vivem uma *existência fantasmática*. A angústia dos fantasmas é não poder alcançar os avatares do pulsional e do desejo, pois não atingem uma corporeidade que possibilite criar uma relação de oposição.[408]

Além da corporeidade (integração psicossomática), o pulsional necessita de oposição para direcionar-se. Sem nada a partir do que "empurrar" (corporeidade) e sem algo ao que "empurrar" (interdição), o pulsional se converte em um caos que derrapa em si mesmo. Esse derrapar em si mesmo gera tensões que implodem e explodem, e se manifestam sob a forma de condutas dissociadas, disruptivas, compulsivas, auto e heterodestrutivas, que são a manifestação de pulsões sem sujeito.

Ante a ausência de referência opositora ou interdição, o sujeito terá que "suportar o peso do céu sem chão que o sustente" (María Zambrano).

Em termos clínicos, a interdição é um recurso cênico fundamental no que diz respeito a instituir, interativamente, o sujeito da pulsão.

A interdição é um processo estruturalmente distinto da frustração. Enquanto esta última produz a ira em relação ao objeto frustrante, na interdição o indivíduo "dá boas vindas" à aparição da terceiridade legisladora e apaziguante.

Não há nenhum equívoco quando se diz que o psicótico odeia a realidade por não tolerar a frustração.[409] No entanto, seria mais correto dizer que pelo menos teoricamente e em casos graves de psicose não há acesso à noção de sujeito que experimenta e processa o pulsional. Lembre-se que, no desenvolvimento emocional primitivo, só "sob condições de adequação do ego que os impulsos do id, sejam satisfeitos ou frustrados, se converterão em experiências do indivíduo".[410]

Sobretudo nos casos graves de psicose, a noção de frustração não tem cabimento ou não é primordial; de modo que aquelas condutas auto e heterodestrutivas que poderiam ser interpretadas como derivadas da raiva reativa ante a frustração, devem ser entendidas antes como a manifestação de pulsões sem sujeito, que buscam por "gritos" algo que lhes sujeite, isto é: a interdição.

Para aprofundarmo-nos nesta diferença entre interdição e frustração, poderíamos tomar como ponto de partida "O mal-estar na civilização". Nele, Freud (1930/1996) estabelece uma clara relação de contraposição entre o pulsional e a cultura. Na medida em que a noção de felicidade aparece fortemente tingida pela ideia de *satisfação pulsional*,

Função de interdição

a cultura é percebida fundamentalmente como aquilo que se contrapõe ao "animalzinho pulsional" (o Isso), ao mesmo tempo em que "a civilização é construída sobre uma renúncia ao instinto".[411]

Estabelece-se, assim, uma estreita relação de proximidade entre cultura, frustração, repressão, Supereu, culpa e infelicidade. Daí que, como assinalava Strachey,[412] em um primeiro momento Freud havia escolhido o título "A infelicidade na civilização".

Por sua vez, Freud estabelece uma série de relações entre cultura e neurose. A cultura, com suas exigências éticas, proibições, normas (veiculadas desde muito cedo pelos cuidados maternos e paternos), aparece sob a forma de *autoridade externa* que impõe a renúncia do pulsional e a repressão de seus representantes.

Em primeiro lugar, essa renúncia deriva da angústia frente à autoridade externa, isto é: angústia ante a ameaça de castigo e perda de amor.[413] Logo, tudo isso será introjetado e encenado no mundo intrapsíquico do sujeito (Supereu).

Freud centra-se na conflitiva entre o "animalzinho pulsional" (inclinação individual) e a cultura (coletivo), assim como na "agressividade vingativa"[414] derivada da frustração. O conceito de cultura aparece fortemente tingido pela noção de pai edípico e a correspondente angústia ante a ameaça de castração; uma cultura paterna que impõe o princípio de realidade e se interpõe contra o gozo pleno e irrestrito a que aspira o "animalzinho pulsional".

Segundo o ponto de vista aqui adotado, esta concepção de cultura é útil especialmente na hora de pensar sobre as relações entre indivíduos estruturalmente neuróticos. No entanto, se o neurótico adoece ao estar demasiadamente submetido às exigências culturais e superegoicas, o psicótico adoece por lhe haver faltado aquela função de interdição que o neurótico experimenta como sendo o motivo de seu mal-estar. Se o neurótico padece por excesso de repressão, a agonia psicótica está relacionada com sua carência ou precariedade, e isso na medida em que a lei cultural da ordem humana está precariamente instituída no contexto familiar.

No desenvolvimento normal, a figura paterna converte-se, para a subjetividade da criança, neste "maldito desgraçado" (agressão vingativa) que lhe denega a satisfação plena e irrestrita, pois se interpõe como um terceiro na relação simbiótico-fusional com a figura materna. Porém, aqui também se produz um paradoxo, já que o "maldito desgraçado" que se interpõe é, por sua vez, o representante da interdição que possibilitou a estruturação do sujeito da pulsão, sem o qual não há nem satisfação nem frustração pulsional. Tampouco há desejo, mas somente uma atração hipnótica a um espaço materno terrorífico, como aquele produzindo pelo canto da sereia.[415]

O mais terrível que pode acontecer com alguém é que não haja um "maldito desgraçado" em seu caminho; porque aquele que se interpõe é, ao mesmo tempo, aquele que abre o caminho e dá a "benção".

Se o proposto por Freud é válido no caso de indivíduos neuróticos, sobre a psicose haveria que contradizê-lo dizendo que o mal-estar do psicótico e de seus progenitores não está relacionado com a frustração de suas demandas pulsionais, mas sim com a deficiência da função de interdição. Aquilo que em Freud aparece como cultura neurotizante, provedora de repressão, infelicidade e mal-estar, no tratamento da psicose pode ser concebido como instrumento de intervenção.

7.2 O pulsional e o excesso das funções

Vimos[416] como a dissociação e a anulação entre as funções materna e paterna impõem a "lei sem lei" da organização defensiva, à qual o bebê terá que se amoldar. Agora convém esclarecer alguns aspectos interativos destes processos sob o ponto de vista pulsional.

Em várias ocasiões observei um tipo de atitude, principalmente em mães de psicóticos, que poderia se denominar a "síndrome da mulher insatisfeita". Devido ao fato de, como mínimo, tais mães costumarem apresentar uma estrutura de tipo fronteiriço, carecem assim da suficiente integração egoica para aceder à satisfação e frustração pulsional.

Seria mais correto, então, dizer que a figura materna oscila vertiginosamente entre as experiências de plenitude narcisista ("satisfação") e ameaça de aniquilação ("frustração"); de modo que seu filho será colocado no lugar de objeto capaz de proporcionar-lhe aquela plenitude e evitar esta ameaça.

Por sua vez, a figura materna tende a "satisfazer" compulsiva e indiscriminadamente as demandas pulsionais de seu filho, ao mesmo tempo que ignora as suas necessidades egoicas.

Aqui a "satisfação" é uma sedução,[417] e isso no sentido mais aniquilador do termo.

Este "atender às demandas de uma forma indiscriminada" manifesta-se sob diversas formas de "mimos" exagerados, nos quais a mãe constantemente está imaginando aquilo que seu filho necessita a cada momento, o que quer fazer, pensar e, em alguns casos, principalmente comer. Este "imaginário materno" tende a se converter em demanda no filho, ainda que somente do ponto de vista da mãe, que atende a essa demanda "real-imaginada"; por exemplo, enchendo de comida o seu supostamente insaciável filho.

No "sujeito" assim sujeitado ou submetido, não cabe falar de satisfação e frustração pulsional, posto que não há um suporte egoico que viabilize o desenvolvimento de um eixo organizador e pessoal do pulsional. Nisso consiste a deficiência do *sujeito da pulsão*.

Uma das consequências é que a "criatura" não pode existir como fenômeno autônomo e separado, já que as experiências de satisfação e frustração são fundamentais no processo de discriminação e integração.[418] Na patologia, outra consequência será a manifestação anárquica, compulsiva e dissociada do pulsional, como mostram as vinhetas clínicas a seguir.

A figura materna costuma abrigar intensos sentimentos de culpa em relação à doença de seu filho. A partir disso, desdobra um sem fim de tentativas falidas de reparação, que tendem a fomentar e cronificar ainda mais os vínculos patogênicos anteriormente descritos.

Tais tentativas de reparação resultam falidas pois a mãe tenta reparar a falta de apoio egoico atendendo de forma indiscriminada ao pulsional. Seria algo assim como alimentar uma criança pondo comida na boca de outra. Como se pode imaginar, a primeira criança (necessidade egoica) não sacia sua fome e segue demandando alimento (psíquico), de modo que para a outra (pulsional) dá-se mais e mais comida. Uma das crianças morre de inanição, enquanto a outra morre por excesso de comida. A mãe de um paciente esquizofrênico o ilustra da seguinte maneira:

> *Mãe: (dirigindo-se a seu filho) Eu sei que eu sou louca, mas você desencadeou minha loucura! (Chora) Você não vai me destruir; agora sou eu que vou me tratar, e com o dinheiro de seu tratamento! Você é o mais são dessa casa. Sabe, Leonel, eu só não interno ele porque*

não posso sentir um mínimo de culpa; porque se chego a sentir esse mínimo de culpa eu me mato. Pedro disse que destrói a casa para que meu marido e eu não possamos estar bem; mas agora ele terá que ir para o quarto de empregada. Eu sei que errei: foi muito mimo. Você sabe o que é uma pessoa que te supre totalmente, todo o tempo? (SIC).

A impossibilidade de reparar a situação parece se dar porque a mãe continua tentando suprir totalmente a seu filho. Sereno (1996) também acompanhou esse paciente, e conta seu primeiro encontro com ele e os pais. Segundo o pai, Pedro não está louco: "é um narciso-cômodo"[419] que teme perder suas mordomias. "Narciso-cômodo" e "mordomias" estão relacionados com a *satisfação* indiscriminada do pulsional. Nesse caso também pode-se observar a deficiência da função paterna, daquelas atitudes que modulam e limitam não somente as demandas pulsionais do paciente, mas também as investidas e demandas da mãe para com seu filho, assim como sua fome de saciá-lo plenamente.

Pedro quebra a casa (pulsão sem sujeito), talvez demandando a intervenção deste aspecto paterno que viria a "quebrar" (interdição) essa relação dual baseada na "satisfação" indiscriminada. Se estivesse presente esse aspecto paterno, pode-se dizer que haveria um verdadeiro "enquadre" sobre o qual Pedro poderia despejar seus impulsos destrutivos estruturantes.[420] Como não era assim, a alternativa foi quebrar a casa.

7.3 Interdição do excesso das funções: interdição primária

Em sua acepção mais primitiva, o termo "interdição" faz referência a: 1) o materno modula o excesso do paterno e, 2) vice-versa, o paterno modula o excesso do materno. Partindo de que o excesso aponta o exagero da dualidade patológica, a interdição deve representar-se com o número três, no sentido de introduzir uma terceiridade que media, modula e legisla.

Por sua vez, do ponto de vista do paciente a interdição primária deve ser representada com o número zero. Como vimos, o zero representa uma presença ausente; neste caso, no sentido em que a interdição não recai sobre o paciente, e sim sobre seus progenitores, cuidadores... Acompanhante. O paciente se beneficia indiretamente do efeito apaziguante da interdição.

Em certa ocasião uma Acompanhante trouxe à supervisão em grupo o caso de um paciente que erotizava demasiadamente a relação. A partir de um comentário da Acompanhante, soubemos que ela ia aos encontros de mini saia, o que, considerando as lindas pernas que tinha, não contribuía em nada para que o paciente se "tranquilizasse". Através de comentários e assinalamentos, o grupo de supervisão exerceu a função de interdição primária que nesse caso recaiu sobre a Acompanhante.

A seguir analisarei uma vinheta clínica para ilustrar e esclarecer alguns aspectos da interdição primária no contexto familiar.

7.3.1 Vinheta clínica: o caixa de correio, o psicótico, sua família e o carteiro

Em um capítulo sobre "A ação interpretativa como uma fase precoce da interpretação", Ogden (1994) cita como exemplo a ação de não aceitar alguns poemas que lhe ofereceu o paciente. Esta intervenção "representava uma etapa precoce de interpretação que comunicava os elementos essenciais do que ao longo tempo seria oferecido como um conjunto de interpretações simbolizadas verbalmente".[421]

Este tipo de intervenção (não aceitar os poemas, etc.) é habitual em psicanálise (e aproveito para assinalar que, desde a Clínica do Cotidiano, faríamos bem se partíssemos do princípio de que o Acompanhante aceita e inclusive dá presentes, a não ser que algo na relação transferencial recomende não fazê-lo). No entanto, observei uma série de processos clínicos que, sem contradizer Ogden, apontam mais para o sentido contrário, ou seja, que devido a uma intervenção cênica determinadas intervenções verbais anteriores adquirem uma significação efetiva para o paciente e para a família. Quer dizer, "compreendem" retrospectivamente uma série de questões das quais se vinha falando e que aparentemente todos compreendiam, mas que não produziam nenhuma mudança efetiva na dinâmica vincular.

Não se trata de dizer que o paciente e a família nunca haviam entendido nada do falado, tampouco que sua atitude pertinente em tais conversas eram dispositivos defensivos destinados ao engano e à manipulação. O mais correto seria dizer que compreendem o que se está falando, mas essa compreensão fica dissociada e, portanto, não contribui para ressignificar os vínculos patológicos.

Empregarei a imagem da caixa de correio para pensar sobre esta questão. A caixa de correio é algo que pertence à casa, mas costuma estar fora dela. É um espaço intermediário entre exterior e interior; espaço que media ambos e não está nem dentro nem fora (ou dentro do edifício e fora da casa). Para que a mediação entre exterior e interior seja efetiva, alguém deve abrir a caixa, pegar as cartas e lê-las.

No entanto, geralmente o psicótico e sua família não têm a chave da caixa de correio. Assim, seu conteúdo fica dissociado e inacessível. Em tais situações, cabe ao carteiro não apenas pôr as cartas na caixa (intervenção verbal), mas também as abrir (intervenção cênica) e eventualmente ler as cartas (encenação verbal).

Analisarei, a seguir, um episódio clínico que ilustra o exposto, assim como sua relação com a interdição do excesso materno.

A mãe de um paciente costumava me ligar sempre, geralmente para dar-me instruções sobre como administrar a vida de seu filho e meu trabalho com ele. Na grande maioria das vezes se tratava de situações que o paciente já podia administrar sozinho, sempre que alguém da família não se adiantasse.

A mãe, principalmente, funcionava sob a convicção de que seu filho não podia administrar sua vida sem sua "ajuda", que consistia em superestimulá-lo. De forma análoga, tinha certeza de que eu não seria capaz de administrar meu trabalho sem a intervenção dela; de modo que me superestimulava, entre outras coisas, com suas constantes ligações – lembre-se que um dos aspectos da "transferência familiar" consiste em que os familiares tratam o Acompanhante como se fosse o paciente, ao mesmo tempo que demandam que o Acompanhante atue segundo os padrões do excesso da função materna e da deficiência da função paterna.[422]

Contratransferencialmente sentia meu espaço sendo invadido, e isso "sintonizava" com o que vinha observando "de fora": o fato de que o espaço do paciente constantemente sofria a intrusão do excesso materno.

É importante reconhecer que esse tipo de situação costuma produzir irritação no Acompanhante. Isso porque essa irritação, ao lado da compreensão do que ocorre e seu manejo desde o enquadre terapêutico, são os fundamentos da intervenção.

Em certa ocasião, em uma conversa com a mãe proibi-lhe taxativamente que voltasse a fazer-me este tipo de ligação (literalmente disse a ela: "proíbo você de voltar a me fazer esse tipo de ligação"). Essa proibição de ligar operou a modo de interdição, como proibição de ser muito intrusiva nos assuntos de seu filho, inclusive no seu Acompanhamento.

A proibição de ligar é uma ação interpretativa verbal, que nesse contexto exerceu a função de interdição primária.

Como consequência disso a mãe mostrou uma maior tranquilidade e capacidade de contenção no que se referia aos assuntos de seu filho. Também *deixou de atuar como "terapeuta" onipotente, e adotou a atitude de uma mãe preocupada, angustiada e impotente*. Diria que, a partir desse ponto, passou a me ligar para pedir ajuda e não tanto para "ajudar-me".

Nas conversas, essa mãe (que estava em análise) manifestava uma capacidade satisfatória para compreender sua atitude. Todavia, esta compreensão ficava dissociada na caixa de correio e não se fazia efetiva; de forma que o carteiro abre a caixa e lê: "aqui diz que lhe está terminantemente proibido fazer este tipo de ligação". A partir da encenação dessa ação verbal, a mãe pôde significar afetiva e efetivamente aquela compreensão que tinha ficado dissociada na caixa de correio.

Nem sequer foi necessário explicar-lhe os motivos da minha atitude, pois esta explicação já estava impressa nas cartas (conversas anteriores) que agora podiam ser lidas retrospectivamente.

Assim como a ação interpretativa, a interdição também pode manifestar-se através de ações concretas, verbais e passivas.

No que diz respeito à interdição passiva, em certa ocasião meu acompanhado tinha que levar as chaves de sua casa, pois não haveria ninguém quando regressássemos. Com um gesto nervoso e imperativo a mãe impôs que eu me responsabilizasse pelas chaves. Como já havíamos falado disso em situações anteriores, limitei-me a adotar uma atitude totalmente passiva; de modo que durante alguns tensos segundos a cena da mãe oferecendo-me as chaves sem que eu as pegasse ficou congelada. Não teve outra alternativa além de dá-las a seu filho.

Certamente, não seria errado dizer que todo Acompanhante tem que ser um pouco "mal-educado", mas o faz para "educar", quer dizer: ressignificar cenicamente modos patológicos e cronificantes de relação.

7.4 Critérios para a administração da interdição: demanda e escuta

As intervenções anteriormente descritas resultaram significativas em função do vínculo significativo e de confiança com o paciente e com os familiares. Antes de poder intervir desta forma (abrir a caixa de correio, proibir verbalmente ou mediante a interdição passiva), pode ser que durante um tempo o Acompanhante tenha que suportar, tolerar e sustentar a tensão da situação sem poder fazer muito, ou nada, a respeito.

Esse "tempo de espera" depende em parte da experiência do Acompanhante, mas também de processos relacionados com o paradoxo de atuação contratransferencial. Primeiro o Acompanhante tem que se converter em objeto significativo nesta cena familiar, para logo desmarcar-se. A interdição é um recurso cênico neste sentido.

Fora do contexto deste processo, não corresponde falar de função de interdição, mas sim de uma atuação

Função de interdição

contratransferencial potencialmente prejudicial. Em outras palavras: se o Acompanhante exercesse a interdição antes de ter se convertido em objeto significativo, possivelmente a mãe haveria experenciado a proibição como uma situação de abandono, ou como uma função paterna intrusiva.

O que contém as angústias implicadas no excesso materno é a presença de um objeto significativo que exerce a função de interdição. Nesta, o Acompanhante se desmarca da dualidade patogênica, ao mesmo tempo que se interpõe entre o excesso materno e seu objeto (o paciente).

É difícil estabelecer, a partir da teoria, em que momento é possível e conveniente exercer a interdição. Em determinado momento de determinado caso, pode ser que seja conveniente ser estrito em alguns aspectos e mais tolerante em outros. Pessoalmente, minhas dúvidas começam a se dissipar quando a atitude do paciente ou da família termina sendo muito ansiógena ou me produz muito incômodo e irritação.

Os sentimentos contratransferenciais são fundamentais no que concerne à escuta no trabalho com psicóticos e seus familiares. A sensação de estar sendo invadido, assim como o aborrecimento e a irritação ante a atitude intrusiva da mãe, impulsionaram-me a exercer a interdição. Desta forma, o ódio profissional do Acompanhante pode contribuir para a evolução do paciente e da família, no sentido de imprimir um "basta" ao turbilhão hipnótico e ansiógeno do excesso materno.

É possível exercer a interdição a *partir* do ódio e *com* ternura; ainda que às vezes, como antes apontava, quando "os sentimentos estão adormecidos, há que falar-lhes com uma linguagem de raios e trovões".[423]

A clínica vai sendo construída na base de tentativa e erro; tudo isso demarcado e sustentado pela teoria, a análise do vínculo e a resposta do paciente e da família diante de determinada intervenção.

No que se refere a este último fator, pode-se pensar que a proibição de telefonar (assim como o não pegar as chaves) resultou frustrante para a mãe; sendo assim era de se esperar que reagisse com "raiva".

No entanto, uma série de detalhes sinalizava que essa mãe recebeu bem essa intervenção. Em termos gerais, ela estava mais contida; além disso, diminuíram as suas queixas de que eu era *muito passivo para com seu filho*. Poderia se pensar que a *mãe protestava, não pela minha passividade para com seu filho, mas devido a que até então eu não havia adotado uma clara atitude de interdição em relação a ela.*

Neste "protesto sem sujeito", a demanda está dissociada da necessidade psíquica; de modo que, por mais que se tentasse atender à sua demanda, a mãe seguiria protestando, já que necessitava do contrário daquilo que demandava. Demandava que "empurrasse" seu filho, mas necessitava que a ajudassem a "frear-se".

De outro lado, é muito importante reconhecer nisso um movimento potencialmente positivo, já que ao dirigir suas demandas ao Acompanhante, de alguma forma a figura materna está solicitando a intervenção de um intermediário, ou seja: a intervenção da função paterna.

Além dos sentimentos contratransferenciais, outra diretriz para a escuta consiste em que as atitudes e demandas compulsivas e anárquicas costumam indicar a necessidade de interdição.

Um exemplo: em um caso favorável, pode ser que o paciente proponha passar a tarde assistindo televisão e comendo pipoca, e que isso esteja associado com a necessidade de ter experiências prazerosas sobre a base do suporte que o Acompanhante lhe oferece.

Mas também pode ser que nos encontros o paciente só queira assistir televisão e comer pipoca em grande quantidade

Função de interdição

(demanda compulsiva). Se isso se mantêm por muito tempo, é possível tratar-se de uma situação em que o pulsional e a necessidade psíquica estejam dissociados, o primeiro usurpando a segunda. Segundo minha experiência, em tais casos "assistir televisão e comer pipoca" acaba sendo mais aborrecedor ou angustiante; de maneira que corresponde ao Acompanhante, desde sua "escuta", considerar que a demanda do paciente pode estar indicando a necessidade de interdição.

No caso de pacientes mais regressivos, a vinheta anteriormente descrita poderia acontecer da seguinte maneira: o paciente propõe ver a televisão e comer pipoca, e chega não com um, mas com sete sacos de pipoca (demanda anárquica, pulsões sem sujeito). Dos sete sacos, cinco já estão abertos, e com a confusão dois caíram no chão. Logo em seguida, recolhe um dos sacos e propõe ir comprar madeira para construir uma estante para a cozinha, mas na metade do caminho quer parar no mercado para comprar a comida que "habitará" a estante. Talvez valha a pena tentar fazer com que a estante torne-se um projeto a curto ou médio prazo, mas em primeira instância convém adotar uma atitude estrita de interdição.

Quando a necessidade de interdição não é atendida, não é pouco frequente que se produzam condutas disruptivas, auto e heterodestrutivas. Poderia se pensar que tais condutas são "gritos da necessidade", modos disruptivos de demandar a interdição. E quanto alívio pode ser produzido quando, por fim, pelo menos a polícia "escuta" tais "gritos".[424]

Um paciente internado podia fumar um maço de cigarro por dia, por isso os enfermeiros foram encarregados de limitar sua quantidade de cigarros. Como não podia deixar de ser, o paciente pedia cigarros de forma compulsiva, e uma das enfermeiras sempre dava, para não lhe "frustrar". Se a enfermeira houvesse escutado que a demanda compulsiva apontava para a necessidade de interdição, talvez o paciente não houvesse lhe atirado uma cadeira ("grito" da necessidade), que foi o que aconteceu. Isso parece indicar que o paciente não estava muito "satisfeito" com as concessões que essa enfermeira fazia a ele.

Parece ser que uma das dificuldades que os Acompanhantes encontram na hora de exercer a interdição está relacionada com a fantasia de que isso produzirá frustração e ira no paciente. No entanto, as vinhetas descritas ilustram como em muitos casos o que ocorre é justamente o contrário: a interdição produz efeitos apaziguantes, enquanto as condutas disruptivas derivam mais de sua ausência.

7.5 Fronteira geracional e sexualidade

Outro fundamento para pensar sobre a função de interdição está relacionado com a *fronteira geracional instituída pela situação edípica*, isto é: a fronteira que diferencia pais e filhos e legisla os intercâmbios afetivos e sexuais entre eles.[425]

Considerando os termos desenvolvidos nesse capítulo, a fronteira geracional é aquela instância mediadora que discrimina papéis e modula a erotização entre pais e filhos.

O estabelecimento dessa fronteira geracional costuma ser deficitário na família do psicótico. Pode haver uma relação extremamente erotizada com um dos progenitores (ou com ambos), ou a distribuição de funções e papéis não corresponde com os personagens. Assim, há casos em que o pai relaciona-se com o filho como se fossem irmãos, chama sua esposa de "mamãe" e/ou ela chama seu marido de "papai". Por sua vez, um paciente costumava dizer que "minha mãe e minha avó (materna) são exatamente o mesmo" (SIC) etc. Isso está relacionado com a indiscriminação de papéis e funções quando não há uma fronteira geracional que os organize. Como ilustração, citarei uma passagem de uma conversa que tive com a mãe de uma pessoa com esquizofrenia:

> Mãe: Eu não acho que Paola não possa ser curada. Eu me curei da minha doença.
> AT: Que doença?
> Mãe: Eu era psicótica. Sempre que acontecia algo de mau, queria me matar.
> AT: Como assim "psicótica"?
> Mãe: Eu tinha obsessão de matar as pessoas. Faz pouco tempo que comecei a ter afeto pelas pessoas.
>
> ....
>
> Mãe: Acho que matei Paola muitas vezes. Ela tinha uma relação muito boa com o pai, mas eu sentia inveja e competíamos; éramos como duas irmãs. (...) Eu fiz análise várias vezes, mas sempre que chegava no Édipo, fugia da análise. De fato, desejava a minha mãe.

(No começo da conversa a mãe contou que, sobretudo ultimamente, Paola tinha tentado estuprá-la em algumas ocasiões. Numa dessas vezes, eu tive que ir à casa em um domingo, pois a mãe havia se fechado no quarto e não se atrevia a sair).

> Mãe: Eu tenho poderes paranormais, e acho que quando Paola sofreu o acidente de moto e foi estuprada, de certa forma eu provoquei isso (chora). (SIC)

Nessa passagem pode-se observar algo do que foi exposto anteriormente: uma mãe que "deseja" sua própria mãe, "foge" do Édipo e se relaciona com a filha "como duas irmãs" que competem pela "figura paterna". Mas não se trata de uma figura paterna que representa e institui a lei dos direitos: é o direito sexual da mãe em relação a seu esposo, e o direito da menina a estabelecer com ele uma "relação objetal edípica transicional",[426] o qual lhe oferece "promessas de um grande direito, direito completo de mulher quando seja adulta, se souber crescer aceitando a Lei da Ordem humana".[427]

É evidente que essa mãe não podia localizar Paola no outro lado da fronteira geracional; de maneira que não intervém para reclamar seus direitos sexuais sobre seu marido e assim colocar sua filha no lugar de menina sexualmente imatura, mas repete a exclusão de toda a terceiridade, ou seja: a de seu próprio pai "não desejado" e a do pai de Paola.

Aqui também se pode ver como a mãe se localiza no lugar do bebê onipotente, capaz de estuprar e machucar (acidente de moto) Paola através de "poderes paranormais". Nesse contexto, esses "poderes paranormais" apontam para a onipresença e onipotência das pulsões (sexuais, destrutivas) sem sujeito nem fronteiras.

Em condições favoráveis, o investimento narcísico e sexual dos progenitores é fundamental para a narcisização e constituição do aparelho psíquico do lactante.[428] Por sua vez, ao falar da psicose Terrazas (1990) refere-se à "problemática da sedução, na qual somente se tem em conta o lado apaziguante dos cuidados maternos e são deixados no esquecimento a excessiva sexualização, insustentável e incompreensível para o sujeito infantil, ou seja, o lado traumatizante da sedução materna".[429]

De outro lado, e partindo das propostas de Winnicott, Ogden[430] fala da "mãe objetal externa sexualmente excitante", que superestimula o bebê produzindo nele uma excitação que ultrapassa o umbral de suas capacidades defensivas e de significação. Entre outras coisas, isso está relacionado à

Função de interdição

deficiência, na figura materna, de uma fronteira geracional que legisla "a proibição protetora do terceiro fálico".[431]

A contrapartida pode ser o bloqueio defensivo da participação afetiva por parte da figura materna, de maneira que essa possa oscilar entre uma erotização intrusiva e a ausência de toda participação afetiva, incluindo certo grau de erotização necessário para o desenvolvimento normal. Aqui corresponde falar de uma mãe, ou progenitores, excessivamente (des)sexualizados.

No que se refere ao psicótico, pode ser que se relacione com os progenitores da mesma forma, pondo-os no lugar de objeto de suas pulsões sem sujeito. Isso aparece refletido nas constantes "tentativas de estupro" de Paola para com sua mãe. Certa vez, Paola chorava e gritava pela rua:

Paola: Ah! Se eu pudesse passar por esse buraco!
AT: Qual buraco?
Paola: O buraco do prazer. (SIC)

Em seguida começou a bater no próprio rosto e tive que contê-la fisicamente (interdição corporal). Uns meses mais tarde, durante um encontro em sua casa saiu nua do banheiro e se jogou em cima de mim, tentando me beijar à força. Depois de tirá-la literalmente de cima de mim, saí do quarto mandando que se vestisse.

Esse episódio parece estabelecer uma relação de simultaneidade entre a impossibilidade de "passar pelo buraco do prazer" e as investidas de Paola na sua mãe e no Acompanhante, talvez numa tentativa desesperada de passar por aquele "buraco". Isso aponta que, na transferência, Paola assumia o lugar de mãe excessivamente (des)sexualizada, localizando o Acompanhante no lugar do objeto que poderia "satisfazer" a demanda de suas pulsões sem sujeito.

7.5.1 Interdição da erotização ansiógena: interdição secundária

Braga[432] conta o episódio de um paciente (a quem chama de Chico) que com frequência ia a cinemas pornográficos para se masturbar. Nos Acompanhamentos sentava-se duas filas na frente do Acompanhante e se masturbava. Depois dessas experiências o paciente se mostrava intensamente angustiado, e adotava uma atitude agressiva e "imbeciloide" (risadas desconexas, falar alto, etc.), chegando inclusive a bater na mãe em uma ocasião (esses são os "gritos" da necessidade demandando a interdição). Em consequência do pedido de Chico, em algumas ocasiões o pai o acompanhou ao cinema, mas isso não produziu nenhuma mudança positiva.

O Acompanhante conta que, certa vez, *recusou terminantemente a proposta de ir ao cinema pornô*, e "para minha surpresa, Chico aceitou sem protestar".[433]

Como na situação em que proibi os telefonemas compulsivos da mãe de meu paciente, poderia se pensar que Chico não protestou porque, com a interdição da atividade masturbatória compulsiva, o Acompanhante não o estava frustrando, mas atendendo à necessidade de uma intervenção paterna apaziguante e reguladora da erogeneidade.

De fato, o Acompanhante relata que a partir dessa intervenção, nos encontros o paciente pôde se interessar por outras coisas que não a masturbação;[434] esteve mais tranquilo e sua "loucura imbeciloide" diminuiu consideravelmente. Já não era necessário "gritar".

Poderia se pensar que a escuridão do cinema, com grandes pênis e vaginas na tela, o vulto indiscriminado dos outros espectadores, remete a um espaço extremamente erotizado e terrorífico.

Por outra parte, Braga comenta que "muitas vezes, ficamos ou vamos a lugares aos quais o paciente costuma

Função de interdição

estar ou ir, até compreender, às vezes com um alto custo de angústia, o mortífero que aquele lugar intensifica".[435]

Este comentário relaciona-se com o paradoxo da atuação contratransferencial, e com a importância de que, antes de exercer a interdição, primeiro o Acompanhante ocupe um lugar significativo; "entrar" no mortífero do paciente para logo Acompanhar-lhe até a "saída". Desde essa perspectiva, seria melhor falar de um processo de interdição que em termos sequenciais aproximados passaria pelos seguintes momentos:

0) A deficiência da função paterna e do sujeito da pulsão aparece sob a forma de demandas e condutas compulsivas e disruptivas do paciente.

1) O paciente "convida" (demanda) ao Acompanhante a participar em algum aspecto de sua dinâmica (ir ao cinema pornô).

2) O Acompanhante aceita o "convite" (paradoxo da atuação contratransferencial).

3) Isso contribui para o estabelecimento de uma situação transferencial significativa, na mesma medida em que o paciente pode identificar, na atitude do Acompanhante, aspectos da atitude de suas figuras parentais.

4) Por outro lado, ao não ser atendida a necessidade de interdição das demandas compulsivas, essas começam a "gritar" (atitude imbeciloide, agressiva).

5) O Acompanhante escuta os "gritos demandantes" do paciente e percebe que foi estabelecida uma situação vincular mortífera que produz angústia (escuta a partir da contratransferência), assim como a necessidade de sair deste lugar terrorífico.

6) O Acompanhante exerce a interdição e observa uma evidente diminuição da sintomatologia estereotipada e disruptiva.

7) Sem protestar (não há frustração), o paciente dá as boas-vindas à interdição.

8) Desta forma, o Acompanhante contribuiu para (res)significar cenicamente a função apaziguante e estruturante da interdição paterna.

Essa descrição sequencial aproximada resume o mais fundamental do que foi exposto nesse capítulo.

8 FUNÇÃO ESPECULAR

A NOÇÃO DE ESPECULARIDADE SE BASEIA NO FATO DA ATITUDE DO OUTRO significativo constituir e valorizar narcisisticamente o si-mesmo do sujeito, em função das imagens com que o outro o representa.

Na relação terapêutica, tais imagens manifestam-se na atitude do terapeuta para com o paciente, no tom de voz e nas construções semânticas que emprega, na forma de organizar e administrar o enquadre do tratamento ou tarefa reabilitadora, assim como nas construções discursivas empregadas na elaboração de diagnósticos (formais e informais) e nas concepções teóricas sobre a psicose e a doença mental.

Partindo desses diversos âmbitos, a especularidade aponta para a questão sobre o que vê o terapeuta quando se relaciona com o paciente, e como o paciente se vê nesse espelho que é o outro.

Em termos primários, as imagens especulares se processam como pares dicotômicos, isto é, como ideais e seus respectivos resíduos representacionais (esperto-bobo, bonito-feio, capaz-incapaz, adulto-infantiloide).

A estruturação, subjetivação e narcisização psico-neurótica se fundamentam, em grande parte, nos ideais (socioculturais, institucionais, familiares), uma vez que o neurótico tende a perceber e relacionar-se com o psicótico a partir dos resíduos representacionais destes ideais. Isso configura (pelo menos como ponto de partida) um olhar alienante dirigido às pessoas com psicose. Por sua vez, sobretudo nos casos mais graves de psicose, observamos uma considerável deficiência na capacidade de desmarcar-se desta especularidade alienante.

Portanto, a subjetividade e a narcisização do psicótico baseiam-se, em certa medida, em processos nos quais tende a encarnar e atuar os resíduos representacionais alheios.

Ainda que em um primeiro momento a especularidade alienante se processe no âmbito familiar, em maior ou menor medida ela tende a se reproduzir nos contextos de tratamento e reabilitação.

8.1 A noção de especularidade

> O olho que vê não é
> Olho porque tu o vês,
> É olho porque te vê.
>
> Antonio Machado[436]

Winnicott introduz seu artigo sobre o "Papel de espelho da mãe e da família no desenvolvimento infantil" (1967) dizendo que: "Sem dúvida, o artigo de Jacques Lacan, 'Le Stade du Miroir (1949), me influenciou. Ele se refere ao uso do espelho no desenvolvimento do ego de cada indivíduo. Lacan, porém, não pensa no espelho em termos do rosto da mãe do modo como desejo fazer aqui".[437]

Inicialmente, Winnicott baseia suas formulações naquelas experiências em que o bebê olha o rosto de sua mãe, de modo que ela "está olhando para o bebê e aquilo com que ela se parece se acha relacionado com o que ela vê ali";[438] de tal maneira que o bebê pode "ver a si mesmo" no rosto da mãe, como se este fosse um espelho.

Por sua vez, Winnicott diz que "as crianças cegas necessitam ver-se refletidas por outros sentidos que não o da vista".[439]

Função especular

Essa noção de especularidade não necessariamente visual abre o caminho para uma conceituação em termos de especularidade visual (olhar, expressões faciais, gestualidade), auditiva (ritmo, intensidade, tom de voz), representacional (palavra-imagem) e semântica (imagens desenhadas e refletidas através do discurso). Em condições favoráveis, essas modalidades de especularidade contribuem para a constituição e valoração narcísica do si-mesmo.

Depois de dizer que a residência do si-mesmo é o corpo, Winnicott destaca que no começo o si-mesmo do bebê pode residir no corpo da mãe. Em termos de especularidade visual diz: "O self [si mesmo] se reconhece essencialmente nos olhos e a na expressão facial da mãe",[440] e isso na medida mesma em que a mãe empatiza com os estados afetivos do bebê e reflete o que vê (sente) nele.[441]

Costuma-se dizer que "os olhos são o espelho da alma". No entanto, partindo do exposto haveria que se perguntar: os olhos de quem são espelho de que alma? Popularmente entende-se que os olhos de alguém refletem sua "alma" (subjetividade, afetos), mas cabe considerar essa versão mais primitiva onde o olhar do outro constitui o si-mesmo de alguém, refletindo-o.

Esse modo primitivo de comunicação especular não sucumbe às estruturações posteriores do psiquismo; sendo também correto dizer que alguém olha o olhar alheio não somente para ver o outro, mas para "ver-se visto pelo outro", e sentir que existe: "Quando olho, sou visto; logo, existo".[442] No desenvolvimento, aquilo que viria a ser um "eu existo" começa sendo um existir simples pelo olhar alheio.

O mesmo poderia ser dito a respeito da especularidade auditiva; por exemplo, em uma situação na qual o bebê balbucia e a mãe responde a ele refletindo seu balbucio, possibilitando assim que o bebê "reconheça-se" nesse balbuciar alheio.

Mas o bebê não "reconhece" necessariamente o balbuciar em si. Também é possível refletir o balbucio através de respostas visuais, táteis, etc. Demonstrou-se experimentalmente que os bebês processam suas experiências interpessoais através de uma "percepção amodal";[443] isto é, que captam fundamentalmente a intensidade, ritmo e forma dos estímulos, e somente posteriormente diferenciam os canais sensoriais específicos (visão, audição, etc).[444] Numa linguagem adulta, diríamos que o bebê pode escutar uma cor, ver ou cheirar um som, etc.

Assim sendo, a mãe pode "refletir" o balbucio do bebê através de movimentos com as mãos que seguem seu ritmo e intensidade. Também pode "refletir" através de sons (pá pá pá) o estado de excitação do bebê quando esse move os braços de forma rítmica. Aquilo que possibilita ao bebê "reconhecer-se", constituir um sentido do si-mesmo, é o fato de que o ritmo e a intensidade do som emitido pelo outro entoam (sintonizam com) o ritmo e intensidade de seus movimentos, independentemente do fato de que o outro responda com estímulos visuais, auditivos ou táteis.[445]

Stern inclusive faz um comentário terminológico importante, no sentido de que o termo "refletir" (reflexo especular) destaca os aspectos visuais da interação e aponta para a ideia de "imitar" o bebê. No entanto, "a imitação verdadeira não permite aos membros do casal adotar como referência o estado interior".[446]

Se em um momento de entusiasmo o bebê levanta os braços e faz uma careta, e a mãe se limita a imitá-lo, haverá uma maior tendência a que o bebê experimente tão somente a possibilidade de compartilhar condutas externas. De outro lado, se a mãe emprega canais sensoriais distintos aos empregados pela criança, a ênfase recai sobre o estado afetivo que está sendo compartilhado e que está

Função especular

por trás da conduta externa. Por exemplo, pode pronunciar um "ooohhhh!" e aplaudir, de modo que esses estímulos entoem como o ritmo, a intensidade e a forma de expressão de entusiasmo do bebê. Isso é o mais facilitador no que se refere à constituição de um sentido do si-mesmo e o acesso à intersubjetividade, o que virá a ser o sentimento de que é possível compartilhar estados afetivos internos.

Esses modos primitivos de comunicação vão sendo constituídos também por um sem fim de especularidades representacionais; mas antes de considerar o universo representacional do bebê, é necessário analisar o dos progenitores.

A partir de uma leitura lacaniana da "Introdução ao narcisismo" (Freud, 1914/1996), Terrazas assinala como a imagem de si mesmo tem seu fundamento no universo representacional do outro, e a constituição do aparelho psíquico está atravessada por uma situação na qual "o narcisismo da criança é o narcisismo dos pais".[447] O espelho se constitui aqui partindo do amplo leque do que se pode considerar precário, satisfatório ou excessivo na narcisização dos progenitores.

Tudo isso configura uma situação de identificação e narcisismo primário, cuja sentença será que "o homem nasce cativo das imagens de seus progenitores".[448] Desde sua primeira respiração o bebê será investido com representações gestadas antes mesmo de que ele fosse gestado; nasce sendo (na subjetividade de seus progenitores) o que não é, e seu vir a ser estará atravessado por essa condição na qual, no melhor dos casos, haverá espaço para certa dose de não ser o que nasceu sendo.

A partir de seu universo representacional e relacional, os progenitores atribuem significados às manifestações do bebê e realizam "sintonias seletivas" e "dessintonias".[449] Isto é, qualificam as manifestações do bebê como "pertinentes" ou "impertinentes", e respondem segundo esse código de valoração. "As sintonias são também um dos principais veículos da influência das fantasias dos pais sobre seus infantes [...] Mediante o emprego seletivo da sintonia, a responsividade intersubjetiva dos pais atua como padrão para dar forma e criar novas experiências intrapsíquicas correspondentes na criança. Desse modo os desejos, medos, proibições e fantasias dos pais delineiam as experiências psíquicas da criança".[450]

Uma mãe pode considerar impertinente que sua bebê (pré-simbólica e pré-verbal) bata em sua boneca, de modo que consciente ou inconscientemente tende a dessintonizar com essa manifestação da agressividade. Por exemplo, a mãe pode pronunciar um "nãããooo" cuja intensidade vai decrescendo e dessintoniza com o estado de excitação crescente da bebê, fazendo com que se detenha.

As sintonias seletivas e dessintonias podem produzir efeitos positivos (interdição, inserir o bebê nos valores e nas normas culturais) e negativos (uma excessiva repressão, bloqueio de impulsos agressivos). Mas aqui importa destacar que desde o começo o universo representacional dos progenitores, atravessado pelos valores socioculturais, vai organizando um "padrão intergeracional"[451] que atua na constituição e valoração do si-mesmo.

Na medida em que os processos de maturação atualizam-se em nível afetivo e cognitivo, dentro de suas possibilidades o bebê começa a classificar, em função daquele padrão intergeracional e cultural, o que está bem e o que está mal, o belo e o feio, o sentir-se olhado como alguém esperto ou tolo; o "sentir-se olhado como" equivalendo a ver a si mesmo como esperto ou tolo, o que empurra, por sua vez, a *encarnar* aquilo que o outro lhe reflete. O outro segue sendo o espelho, mas agora *trata-se de um espelho que também qualifica*.

Função especular

Neste âmbito das valorações especulares, o bebê ou a criança buscará no outro os signos (positivo ou negativo) da valoração de si mesmo; signos que percebe sobretudo nos sinais visuais e auditivos emitidos pelo outro significativo.

Mesmo na vida adulta as modalidades posteriores de especularidade, entre elas a semântica, nunca serão tão fundamentais e potentes quanto a especularidade visual e auditiva (não-verbal, pré-verbal e para-verbal). Estas últimas são fundantes, e como bem atesta o dito popular, "não é o que diz, mas como diz". Alguém pode dizer a uma menina: "que feia você é", e fazer com que ela se sinta linda.

Portanto, a partir de uma leitura global há pelo menos dois níveis de especularidade: um mais primitivo, pré--simbólico, não-verbal, pré-verbal e para-verbal, processado fundamentalmente pelos perfis de sintonia. Diante desse espelho a questão que se impõe ao bebê é ser ou não ser, existir ou não, constituir ou não um sentido do si-mesmo. Em um segundo momento também entra em jogo a valoração narcisista do si-mesmo, assim como a intercomunicação através de espelhamentos verbais (palavra-imagem, palavra que nomeia o estado afetivo, palavra que qualifica) e semânticos.

Em termos gerais, a noção de especularidade aqui adotada baseia-se em que, tal como a figura materna, o terapeuta reflete ao paciente o que "vê" (a forma como representa o paciente). A questão seria: O que "vê" o terapeuta quando se relaciona com o paciente?; e o que "vê" e como se "vê" o paciente?[452]

Ambas as questões se entrelaçam pelo motivo que o terapeuta responde (sintoniza, reflete) em função daquilo que "vê", de modo que tais respostas atitudinais desenham uma série de rostos com os quais o paciente identifica-se, e que constituem a superfície do espelho no qual se olha.

Como veremos a seguir, aquilo que o terapeuta "vê", o "vê" em função de sua estrutura (em geral) psiconeurótica, das idiossincrasias de sua subjetividade e organização defensiva, e também em função dos atravessamentos socioculturais e institucionais que sustentam e nas quais se sustentam tais idiossincrasias.

Todos esses fatores vão constituir um conjunto de possibilidades e impossibilidades terapêuticas. Começarei analisando a vertente da impossibilidade que aponta para uma série de especularidades defensivas e alienantes (em grande medida inevitáveis), para logo adentrar nas dimensões possibilitadoras.

8.2 Especularidades defensivas e alienantes

Nos níveis primitivos de comunicação é fundamental que a figura materna faça uma regressão comunicacional para empatizar e sintonizar com os estados primitivos do bebê.[453] Para fazer essa regressão comunicacional deve contar com uma integração egoica satisfatória e uma organização defensiva flexível. Do contrário, a regressão comunicacional é vivida como uma ameaça de caos e desintegração, e então somente poderá refletir caos e desintegração; por exemplo, reflete a sensação de que o bebê vai morrer, de que seu rosto está sangrando ou seu corpo se despedaçando.

A alternativa consiste em organizar defesas extremamente rígidas, em cujo caso a figura materna não reflete nada, reflete um nada, um vazio infinito ou "buraco negro". Aqui o bebê olha e não se vê, balbucia e não se escuta. Definitivamente, não tem mundo e padece do que talvez seja a solidão mais deserta, dado que "os estados emocionais que nunca são objeto de sintonia serão experimentados a sós, isolados do contexto interpessoal da experiência compartilhável".[454]

Função especular

Em termos visuais haveria que se falar de uma figura materna cujo rosto somente possa refletir "a rigidez de suas próprias defesas",[455] gerando no bebê um empobrecimento em tudo o que se refere à "descoberta do significado no mundo das coisas vistas",[456] e consequentemente uma deficiência do sentido do si-mesmo, pois este se constitui a partir das sintonias interpessoais especulares.

O exposto possibilita pensar sobre situações clínicas nas quais se deve destacar algumas vicissitudes da organização defensiva dos profissionais e do contexto institucional.

É comum observar como em algumas instituições os pacientes passam o dia com "o olhar perdido", enquanto que em outras (geralmente menos "tradicionais") isso não ocorre. De fato, há casos em que inclusive a curto prazo observamos a diminuição ou até desaparecimento desse tipo de sintomatologia, somente por mudar o paciente de contexto institucional ou intersubjetivo.

Poderia se pensar que este "olhar perdido" deriva do não ser nem se sentir olhado de uma forma significativa, na mesma medida em que aquela regressão comunicacional necessária gera ansiedades que enrijecem as defesas dos profissionais.

De forma análoga ao que ocorre quando a figura materna não pode fazer a regressão necessária para empatizar e refletir (ou sintonizar com) o si-mesmo do bebê, tais pacientes sofrem um empobrecimento em tudo que é relativo à significância no mundo das coisas vistas, empobrecimento este que deriva da insignificância do olhar dos profissionais (o protótipo ou estereótipo seria a imagem do psiquiatra que não olha para o paciente durante as consultas). Em tais contextos intersubjetivos o psicótico olha e não se vê. Ao não se ver reflexivo não tem para onde olhar, e seu olhar se perde.

O mesmo poderia ser dito a respeito da "palavra perdida", naqueles casos de pacientes que falam (muitas vezes a gritos) com ninguém ou com um interlocutor dissipado em um espaço sem limites. Alguns diriam que o paciente "fala com seus objetos internos"; mas talvez seria mais correto dizer que, ao atuar dessa forma, está manifestando o fracasso da necessidade gritante de compartilhar seus estados afetivos através de representações verbais. Na medida em que este outro, o profissional, somente pode refletir a rigidez de suas próprias defesas, a palavra do paciente se perde na falta de interlocutor.

O sintoma "do paciente" deve ser entendido como o resultado de uma situação intersubjetiva na qual, como defesa (seja em nível individual e/ou como padrão institucional e cultural), os profissionais desprezam as verbalizações do paciente ("está louco", a noção de delírio-mentira-disparate).

"No grupo social do hospital, o esquizofásico é esquizofásico principalmente com o psiquiatra, enquanto é capaz de empregar uma linguagem quase direta e quase normal com um paciente internado e psicótico".[457]

Muitas vezes perde-se de vista esta noção de "sintoma intersubjetivo ou vincular" e só se leva em conta a ideia de que o olhar, ou palavra, perdida dos pacientes deve-se à perda de contato, de interesse e do sentido do real na psicose. Aqui o discurso ou as teorias sobre o defeito intrapsíquico no paciente funcionam como defesa.

Portanto, o contexto intersubjetivo (familiar, de tratamento) pode fomentar a nadificação do si-mesmo do sujeito; nadificação que constituirá o subsolo da alienação psicótica.

8.2.1 Alienação encarnada

Os transtornos narcisistas da figura materna (ou progenitores), seus excessos defensivos contra a angústia de castração e feridas narcisistas, tendem a gerar uma série de resíduos representacionais.

Função especular

Em termos primários, as imagens especulares são processadas como pares dicotômicos; isto é, como ideais e seus respectivos resíduos representacionais (esperto-tolo, bonito-feio, capaz-incapaz, adulto-infantiloide).

Portanto, os resíduos representacionais são a imagem especular invertida do ideal de si mesmo: representações da negatividade que tendem a ser reprimidas, negadas, dissociadas e projetadas. Para além dos extremos patogênicos, há aqui alguns resíduos representacionais "universais": criança (no sentido de infantiloide), tolo, desajeitado, deficiente, invejoso, má pessoa, assexuado e/ou pervertido sexual, agressivo, animal, etc.

Tais resíduos representacionais caracterizam em maior ou menor grau o modo de ser, a subjetividade e identidade de muitas pessoas com psicose; mas isso não deriva da psicose em si, mas fundamentalmente do atravessamento entre a estrutura psicótica e o contexto intersubjetivo (familiar, sociocultural, de tratamento) em que o sujeito está inserido.

No desenvolvimento emocional, em uma situação patogênica, a figura materna localiza o bebê no lugar do duplo especular, imagem invertida ou negativo do ideal de si mesma, e se relaciona com ele em função destas imagens desenhadas a partir de seus resíduos representacionais.

Melhor dizendo: na medida em que esta dualidade especular não está mediatizada por um eixo organizador (função paterna), costuma haver uma oscilação na qual o bebê será colocado no lugar da encarnação real do ideal, para logo ser vertiginosamente investido e atingido pela a imagem invertida deste ideal (resíduo representacional). Este último parece produzir-se sobretudo quando a realidade de sua existência não satisfaz o ideal dos progenitores.[458]

Esses padrões de vínculo bloqueiam os processos identificatórios. De um lado a identificação com o ideal impõe exigências supra-humanas da ordem do mítico, não oferecendo, portanto, referências humanas e humanizantes com as quais se identificar. Na eclosão da psicose, em muitos casos observamos o colapso destes processos identificatórios falidos.

Se o indivíduo consegue sobreviver minimamente bem àquelas exigências impostas pelos ideais, pode ser que nos encontremos ante alguém com um considerável nível de genialidade e singularidade criativa, ainda que, em geral, isso traga um alto custo afetivo em nível de angústias, pequenos ou não tão pequenos colapsos, defesas tais como o isolamento social e um sistema de falso si-mesmo excessivamente rígido e limitante.

Em muitos indivíduos psicóticos aquelas virtudes parecem estar "presentes" pelo menos potencialmente,[459] além do que em geral a genialidade e singularidade podem estar "submergidas" e tenhamos que lidar fundamentalmente com suas imagens especulares invertidas, quais sejam: a "tolice" psicótica e a estereotipia.

Assim, uma ideia fundamental: na medida em que o psicótico não pode identificar-se com o ideal do outro, tende a encarnar os resíduos representacionais deste ideal.

No que se refere às diversas dimensões (cultural, institucional, relacional) da especularidade alienante que culmina na alienação encarnada, vale lembrar as exposições de Foucault (1964) sobre a intrínseca associação entre loucura e animalidade na Época Clássica (sec. XVII-XVIII). Na medida em que o ideal sociocultural (mediatizado pelas instituições) se baseava na edificação de uma razão pura, produziu-se uma dissociação de tudo o que estava relacionado com a desrazão, inclusive a *"animalidade humana"* (resíduo representacional do ideal racionalista). Esses rostos da animalidade dissociada desenharam a imagem de si mesmo que refletia ao louco e, ao mesmo tempo, delimitaram as formas de tratá-lo.

Na medida em que o louco não pode desmarcar-se dessa dualidade especular, acabou convertendo-se naquilo que no outro estava dissociado; encarnou a imagem especular invertida (animalesca) daqueles ideais da razão clássica.

Assim, o auge das manifestações animalescas da loucura parece corresponder ao auge do racionalismo. A seguir veremos que o ápice de algumas manifestações "patéticas" da psicose parece condizer a alguns ideais de nossa época.

Não há dúvida de que todos nós indivíduos estamos implicados, na qualidade de sujeito e objeto, em situações nas quais podem produzir-se especularidades alienantes; de maneira que é fundamental considerar o grau de (in)capacidade para desmarcar-se.

8.3 Desmarque especular[460]

Como na "simbiose patogênica", em seu extremo a especularidade alienante ocorre em função da interação complementar entre dois fatores: por um lado, a precariedade da condição psíquica do (futuro) psicótico, e por outro lado os excessos da organização defensiva do outro significativo. Esses excessos produzem uma série de resíduos que exploram aquela precariedade, que se aliena ao não poder desmarcar-se desta dualidade sem mediação.

Aqui há uma espécie de fascinação hipnótica com o outro, no sentido em que o indivíduo segue suas "ordens" sem aperceber-se do mandato e do mandatário; da mesma forma que, quando nos movemos na frente do espelho, nossa imagem refletida não deixa de corresponder a um só milímetro de nossos movimentos ("ordens"): os segue estritamente sob a forma de imagem invertida.

Em termos gerais, as possibilidades de desmarcação dependem da capacidade para estabelecer uma relação de alteridade consigo mesmo e com o outro (ver-se "de fora" em suas relações com o outro), assim como para "odiar apropriadamente" e a partir disso "destruir" o objeto (fusionado, idealizado) da dualidade especular, para assim desmarcar-se daquela fascinação hipnótica.

O desmarque especular manifesta-se em uma série de formas cotidianas de desmarcação dos aspectos alienantes do olhar alheio. Não é pouco frequente escutar alguém dizendo: "olha, não fala comigo como se falasse com um louco" (o que pode ser expressado através do olhar, gestos, outras palavras, etc.).

Por si só a frase revela que com os loucos se fala a partir de lugares alienantes, de modo que a desmarcação poderia ser traduzida como: "não fala comigo como se falasse com um tolo". Aqui pode-se observar o sujeito localizando-se virtualmente fora da dualidade especular e, apoiado em seu ódio ou irritação, "colocando o outro no seu lugar" e devolvendo-lhe seus resíduos representacionais (nesse caso, "tolo"). Sem esse desmarque pode ser que alguém se sinta abobado e atue como tal. De uma forma mais radical, o psicótico tende a encarnar a tolice alheia.

Analisando estes processos pelo outro lado do espelho, é aventada a hipótese segundo a qual, sobretudo em sua condição de neurótico, e principalmente sob sua vertente mais defensiva, o terapeuta tende a perceber a psicose como sendo uma alteridade defeituosa de si mesmo, isto é, do ideal de si mesmo que se sustenta nos valores culturais e institucionais nos quais está inserido (o terapeuta). O círculo vicioso se fecha quando, ao não se desmarcar, o psicótico encarna as imagens invertidas ou os resíduos de tais ideais.

Mesmo assim, sustento que para além das idiossincrasias e dos excessos da organização defensiva de determinado terapeuta, o fundamento desta trama especular alienante constitui parte da estrutura daquela que talvez seja a mais torpe das relações humanas: a relação entre neuróticos e psicóticos.

8.4 Estrutura especular de relação entre neuróticos e psicóticos

O psicótico é o espelho em que nos vemos, e simultaneamente a radiografia na qual, em geral, não nos reconhecemos.

Leonel Dozza de Mendonça

Fazendo uma leitura global da especularidade alienante no desenvolvimento emocional, resulta que ao refletir a rigidez de suas defesas, a figura materna nadifica e ignora o si-mesmo do (futuro) psicótico, e logo aliena este nada refletindo os resíduos representacionais do ideal de si mesma. Sobretudo em sua vertente mais doentia e alienada, o psicótico se converte assim em um não-ser empanado de resíduos representacionais.

Já que o verdadeiramente terrível é a angústia impensável de não ser, de não existir de modo algum no olhar alheio, involuntariamente o psicótico se oferece ao mundo sob a condição suplicante de pelo menos ser a encarnação dos resíduos representacionais alheios, um oferecimento suplicante que para o neurótico será praticamente impossível não aceitar.

Dessa forma, vemos que os fundamentos nos quais se sustentam a estruturação, subjetivação e narcisização psiconeurótica, como podem ser a repressão, a negação, a projeção, o Ideal do Eu (engendrados aos valores e ideais socioculturais transmitidos em primeira instância pelos progenitores), enfim, que tudo isso configura uma situação em que os resíduos que aos neuróticos lhe sobram encaixam muito bem nos buracos do nada de que o psicótico padece e a partir dos quais se oferece.

Mas cabe lembrar que em princípio tais "buracos negros" do não-ser psicótico não têm bordas nem rostos, de maneira que em grande medida serão formatados pelos resíduos que ao neurótico lhe sobram.

Para além do que acontece no âmbito familiar, o psicótico se converte em "curinga" da negatividade psiconeurótica.[461]

Em função do contexto das cartas em jogo (contexto intersubjetivo), este "curinga" da negatividade adquire seu valor específico encarnando ou atuando aquilo que no neurótico costuma ser inconsciente, aquilo que se fez inconsciente por ter sido reprimido, e que foi reprimido (negado, desprezado) por contrapor-se aos valores e ideais socioculturais em que se sustentam a estruturação e a subjetivação psiconeurótica.[462]

Neste modelo primitivo de relação ou "regulação mútua",[463] o psicótico se converte imaginariamente, para o neurótico, numa representação materna primitiva a serviço de sua organização defensiva. A partir de uma perspectiva distinta, ainda que em acordo com o proposto, ao falar da "fase de simbiose total" no âmbito da psicoterapia psicanalítica com esquizofrênicos, Searles diz: "O terapeuta responde com intensidade como se o paciente fosse uma mãe onipotente, devido não somente à história da prolongada relação simbiótica do paciente com a mãe ter promovido nele acentuadas qualidades maternais, mas também porque o estado atual profundamente indiferenciado do eu do paciente dá ao terapeuta a sensação de potencialidades ilimitadas para sua própria gratificação".[464]

Nas páginas seguintes Searles nos desafia a ter coragem de reconhecer estes aspectos da relação terapêutica, o que não significa que devamos atuá-los. O que é sim possível dizer, é que quando descrevemos os aberrantes modos de vinculação estabelecidos pela figura materna patogênica, até certo ponto fazemos uma descrição extremada dos modos em que nós neuróticos geralmente nos relacionamos com os psicóticos.

Trata-se fundamentalmente de empanar o "buraco negro" do não-ser psicótico com os resíduos representacionais engendrados pelos ideais que estruturam a subjetividade e narcisização neuróticas.

Ao longo destes capítulos vimos como uma série de fatores socioculturais, institucionais e familiares (e sem dúvida, vinculares) podem fomentar a alienação do psicótico. Se isso fosse tudo, haveria que se falar de uma absoluta impossibilidade terapêutica; dessa maneira convém compensar essa dimensão impossibilitadora propondo algumas questões relativas à clínica especular; mas isso sem perder de vista que uma dimensão possibilitadora passa pela análise e pela desmontagem daquela dimensão impossibilitadora.

8.5 Desmontagem do discurso

Por que devo sublinhar que eu não sou assim?
Por que eu sou assim!

Ferenczi[465]

Ao falar do efeito alienante da linguagem verbal, Stern diz que no desenvolvimento emocional as aquisições simbólicas e verbais geram escisões entre "duas formas de experiência interpessoal: conforme vivida e conforme representada verbalmente",[466] entre o que se significa a partir dos perfis de entonação e as significações semânticas.[467]

"As pessoas que falam precisam de uma forma de comunicação que seja negável. É vantajoso para elas expressarem hostilidade, desafiarem a competência dos outros ou expressarem amabilidade e afeto de uma maneira que possa ser negada se elas forem explicitamente responsáveis por isso. Se não houvesse esse canal negável de comunicação e entoação os contornos tornar-se-iam tão bem reconhecidos e explícitos que as pessoas seriam responsabilizadas por suas entoações; então algum outro modo de comunicação negável, sem dúvida, seria desenvolvido".[468]

Na relação terapêutica, a alienação especular tende a manifestar-se a partir dos perfis de entonação, que costumam ser o negável. Por sua vez, fazemo-nos responsáveis pelas significações verbais que tendem a escindir-se da experiência interpessoal vivida e a se converter na "versão oficial".[469]

"Geralmente, a mensagem não-verbal é aquilo que se quer dizer e a mensagem verbal é a 'oficial'. A mensagem 'registrada é aquela pela qual somos oficialmente responsáveis'".[470]

A partir do apresentado deriva uma das vertentes da clínica especular que veremos mais adiante: se tendemos a negar, ou então não nos fazemos responsáveis por determinadas significações alienantes geradas pelos perfis de entonação, resulta que tais significações tendem a aparecer encarnadas no paciente sob a forma do que denomino "sintoma intersubjetivo ou vincular" – aquele no qual o paciente encarna os resíduos alheios. Do lado do terapeuta, um dos recursos defensivos que toma a linguagem verbal como aliada consiste em negar os perfis de entonação e em diagnosticar tão somente sintomas e déficits intrapsíquicos no paciente.

Este efeito alienante da linguagem verbal não é aleatório; está intrinsecamente atravessado pelos pertencimentos institucionais do terapeuta (referências teórico-ideológicas, escolas, associações, "cultura" da equipe ou instituição, compromissos corporativos).

Função especular

Por exemplo: ao falar da psicanálise de pacientes psicóticos, Rosenfeld disse que "Em sua raiva invejosa estes pacientes procuram destruir e arruinar as interpretações do analista ridicularizando-as ou privando-as de seu significado".[471]

O proposto ao longo desse capítulo impõe formular uma "hipótese especular" sobre este *discurso clínico*. Em seu livro, o mesmo Rosenfeld ilustra amplamente como o *ideal institucional* do grupo kleiniano consistiu em analisar pacientes psicóticos mediante a técnica analítica clássica, e fundamentalmente com o emprego de interpretações;[472] de modo que aquilo que se contrapõe a este ideal tende a ser percebido como resíduo (paciente "invejoso", "destrutivo", "zombeteiro", "incapaz" de aceitar as interpretações).

Aqui, a "hipótese especular" seria: o paciente não ridiculariza as interpretações devido a sua raiva invejosa; o que faz é refletir o "ridículo" que é um terapeuta que tenta tratar--lhe como se fosse um neurótico.

Além disso, veremos[473] que algumas verbalizações zombeteiras do paciente têm uma raiz lúdica sã... sobretudo se o terapeuta as escuta dessa perspectiva.

Ainda em termos hipotéticos haveria que questionar em que medida aquilo que Rosenfeld diagnostica como "raiva invejosa" ou tendência a "destruir e arruinar as interpretações", aponta mais aos impulsos do paciente a desmarcar-se atacando aqueles aspectos do enquadre e da técnica nos quais o terapeuta tem institucionalizada sua organização defensiva, compromissos corporativos e ideais. Com isso, o paciente não estaria arruinando as interpretações nem as privando de seu significado, mas estaria precisamente revelando a significação da interpretação no contexto intersubjetivo (dual, institucional).

Partindo disso, pode ser que o terapeuta seja o que se enfureça ("raiva invejosa") ante o colapso de seu ideal provocado pelo paciente.

O passo seguinte consiste em questionar se o terapeuta reconhece, ou não, essas contribuições do paciente.

O grande "inimigo" desse reconhecimento são as resistências do terapeuta (em grande parte atravessadas pelos seus compromissos corporativos), e não tanto as resistências e déficits que defensivamente costumamos atribuir ao paciente.

No terapeuta é travada uma batalha entre esse reconhecimento na relação terapêutica, e sua necessidade (legítima) de ser reconhecido nos âmbitos profissional, acadêmico e das associações; sem o qual, entre outras coisas, não vão lhe indicar pacientes, nem convidar para dar conferências, publicar artigos, etc.[474][475]

Não se trata de demandar, por imperativos éticos, que o terapeuta renuncie à gratificação narcísica que pode obter a partir dos âmbitos institucional e corporativo (isso seria como tentar tourear o touro agarrando-o pelos chifres). O importante é ter em mente que nossa tarefa com o paciente pode e costuma entrar em conflito direto com nossos compromissos corporativos e pertencimentos institucionais, na mesma medida em que a existência encarnada do paciente pode representar, em maior ou menor medida, uma constante ameaça aos ideais e discursos que sustentam, e nos quais se sustentam, tais compromissos e pertencimentos.

Alguém, sozinho, tem possibilidades muito limitadas de desmontar seu próprio discurso; sempre necessitará do aporte de um outro (supervisor, colegas de equipe, analista, leitores) que o faça. Antes de tudo, há que considerar este outro que o psicótico encarna. "Então, qual é o único lugar a partir do qual podemos questionar o nosso? É o lugar do objeto do qual nos ocupamos [...]. O problema consiste justamente em poder pensar esse objeto – objeto em sentido epistemológico – como uma linguagem desprovida de todas essas incidências de poder que nosso saber contém".[476]

No item 9.3.1 analisarei uma situação na qual Baremblitt desmontou meu discurso.

8.6 Processamentos da clínica especular

Em termos esquemáticos, a clínica da função especular passa por três processamentos: o diagnóstico especular, a ética do reconhecimento e a validação intersubjetiva das contribuições do paciente.

Diagnóstico especular

O diagnóstico especular consiste em diagnosticar *sintomas intersubjetivos ou vinculares*. Além do anteriormente exposto sobre a análise e a desmontagem do *discurso*, na *clínica* o processamento do diagnóstico especular é baseado em que: devido ao fato de o psicótico tender a encarnar aquilo que no outro está reprimido, negado e desprezado, a partir de determinadas manifestações patológicas e alienadas da psicose é possível inferir as defesas que operam nos métodos e discursos de tratamento, sejam eles na relação dual, grupal (equipe) ou institucional.

Ética do reconhecimento

"Meu vizinho um dia sonhou que o Diabo conduziu-o a um lugar para escavar em busca de ouro, mas ele não encontrou nada. Então o Diabo disse: 'Está aí, certamente; somente você não pode desenterrar agora; mas tome nota do lugar, de modo a poder reconhecê-lo de novo, sozinho.'

Quando o homem perguntou se o lugar deveria ser identificado por algum sinal, o Diabo sugeriu: 'Basta cagar nele; assim, não ocorrerá a ninguém que haja ouro escondido aí e você poderá reconhecer o lugar exato.' O homem assim fez e então acordou imediatamente e viu que havia feito um grande monte na cama." [477]

A ética do reconhecimento consiste em reconhecer que ao alienar o psicótico na trama especular, e ao alienar no psicótico nossos resíduos representacionais, simultaneamente alienamos nisso algo mais valioso de nós mesmos, que é algo potencialmente valioso que o psicótico tem se somos capazes de conduzir-nos com ele por este caminho do reconhecimento.

Como no psiquismo infantil, também no inconsciente é necessário o reconhecimento da relação de atravessamento entre excremento (resíduo) e ouro (ideal), de que o desprezado pode ser algo valioso, de que este ser psicoticamente desfigurado, improdutivo e perdedor em nossa cultura triunfalista encarna, em certa medida, como catástrofe e de forma patética uma denúncia de algumas questões engendradas a partir dos modos neuróticos de subjetivação e produção, inclusive dos métodos e teorias de tratamento e reabilitação.

No âmbito artístico esta relação de atravessamento entre o desprezado e o valioso manifesta-se sobretudo em determinadas vertentes da arte contemporânea. Parte do método do artista consiste em navegar sem rumo por ruas e ruínas, procurando nos lixos do mundo um sem fim de resíduos para fazer sua arte e expressar seu ser. Para esse artista, os resíduos do mundo são seus tesouros. Melhor dizendo: constrói seus tesouros com os resíduos do mundo. Pode reconhecer, sem ter que pensar, que a ele lhe falta aquilo que no mundo sobra.[478]

Essa ideia de recolher, reaproveitar e ressignificar o desprezado também aparece no crescente interesse pela reciclagem de papel, vidro, plástico e outros lixos, principalmente nos países industrializados. Que se saiba, os processos de reciclagem não são rentáveis, e os produtos reciclados costumam ser mais caros.

Função especular

Para além da crescente conscientização ecológica gestada no seio da globalização, parece que tais práticas de reciclagem, assim como a compra de produtos reciclados, inscrevem-se como manifestação de uma sensibilidade contemporânea que tende a reaproveitar seus resíduos.

Como veremos a seguir, a arte de reciclar e ressignificar os resíduos que nos sobram e que o psicótico encarna é um dos eixos fundamentais da clínica especular.

Antes, vale apenas assinalar que para além da metáfora, nos Acompanhamentos não é pouco frequente que Acompanhante e acompanhado naveguem literalmente por ruas e ruínas... às vezes procurando algo... outras vezes tirando proveito da casualidade de havê-lo encontrado.

Validação intersubjetiva

O terceiro processamento da clínica especular é a validação intersubjetiva das contribuições do paciente, inclusive quando tais contribuições se manifestam sob a forma de patologia, estereotipia e sintoma (resíduos encarnados, sintomas intersubjetivos). Nesse sentido, Searles parece ter sido um terapeuta e um autor altamente capacitado:

"Uma mulher paranoide me deixou furioso durante muitos meses, e também ao pessoal da sala e às outras pacientes, com uma atitude arrogante que parecia expressar que se considerava dona de todo o prédio, como se fosse a única pessoa cujas necessidades deviam ser consideradas. Essa conduta desapareceu só quando pude perceber a semelhança desagradavelmente estreita entre sua tendência de abrir ou fechar as janelas da sala comum segundo seus desejos, ou ligar e desligar a televisão sem levar em conta os demais, e o fato de que eu entrava tranquilamente em seu quarto apesar de seus persistentes e ruidosos protestos, levava minha cadeira de armar, geralmente fechava as janelas, que ela preferia abertas, e deixava-me cair em minha cadeira: em síntese, comportava-me como se fosse dono de seu quarto".[479]

Aqui se pode ver como era "arrogante" o resíduo representacional do terapeuta, e possivelmente do pessoal, que a paciente encarnava e atuava.

Supõe-se (ideal) que um profissional da Saúde Mental é uma pessoa madura, capaz de reconhecer o outro e respeitar seu espaço. Do outro lado do espelho vemos uma paciente arrogante e pouco respeitosa.

Em um primeiro momento, Searles enfurecia-se e acusava a paciente de não levar em consideração o outro, para logo reconhecer que o sintoma "da paciente" era um "sintoma intersubjetivo e interpretativo" bastante preciso. Para que isso resultasse terapêutico, o terapeuta teve que validar intersubjetivamente esta contribuição da paciente.[480]

A validação intersubjetiva das contribuições do paciente não tem que passar necessariamente pela explicitação verbal do reconhecido, ainda que possa e às vezes deva passar por isso. O fundamental é a mudança na atitude mental e de conduta do terapeuta, a partir do que o sintoma intersubjetivo "do paciente" tende a desaparecer, tal como ocorreu com a paciente de Searles.

É nesse sentido que relaciono a clínica especular com a arte contemporânea e a reciclagem. Na vinheta pode-se observar como Searles recolheu seus resíduos, que a paciente encarnava, e os reciclou convertendo-os em algo valioso. Mas não algo valioso somente para a paciente, mas também algo terapeuticamente valioso para o terapeuta, na mesma medida em que pôde reciclar esta parte desprezada de si mesmo e empregá-la de forma construtiva.

Daí que sobretudo o trabalho com psicóticos pode ser uma tentativa, por parte do terapeuta, "de levar a tarefa de sua própria análise mais além do que poderia levá-la seu próprio analista".[481] Talvez Winnicott estivesse dizendo que ao menos potencialmente o psicótico pode ser mais "analítico" que um psicanalista. Essa proposta é sem dúvida válida se consideramos também válida a ideia de que o psicótico encarna aquilo que no outro é inconsciente.

De uma forma um pouco irônica diria que, enquanto o terapeuta opera fundamentalmente pelo manejo da transferência, o psicótico o faz (mesmo que seja sem se propor a isso) pela "interpretação" minuciosa e sistemática da "contra" transferência. Toda terapia relativamente exitosa faz supor que foi terapêutica para o terapeuta.

Na relação terapêutica, o "saber" é trazido pelo paciente sob a forma de "saber encarnado" (oráculo, sintoma). Mas esse é um "saber que não se sabe" e que se aliena se não é reconhecido e validado intersubjetivamente. Da validação intersubjetiva é que dependerá que esse "saber-sintoma" esteja mais próximo de ser excremento ou ouro, resíduo ou tesouro.

8.7 Advertências e observações

Até aqui, a clínica especular não aponta necessariamente a formas de intervenção, mas sim a formas de ser e estar com o paciente, considerando quais lugares ocupa em nosso "olhar" e como este "olhar" manifesta-se em nossos discursos, atitudes, formas de conceber a tarefa e o enquadre, etc.

Daí que essas proposições podem ser especialmente interessantes na hora de pensar sobre o Acompanhamento Terapêutico e a Clínica do Cotidiano; na hora de pensar que mais do que as intervenções pontuais, estas manifestações do "olhar" conformam o contexto vincular intersubjetivo da relação terapêutica, e podem ganhar significações imensas no simples fato de conversar com o paciente em um café.

Por outra parte, é importante que tudo o que foi exposto sobre as tramas alienantes urdidas pelos neuróticos não seja entendido como reprovação ou condenação da neurose e do terapeuta com seus compromissos corporativos (ainda que sem dúvida mereçamos alguma repreensão nesse sentido), da mesma forma que não se deve entender como condenação tudo o que foi dito sobre as implicações entre patologia e contexto familiar. Simplesmente, "assim são as coisas", e não pode haver um autêntico processo terapêutico senão sobre a base do questionamento construtivo de todas as partes implicadas.

No capítulo sobre o paradoxo da atuação contratransferencial vimos que a imagem de um terapeuta idealmente são, maduro e tecnicamente capacitado pode fomentar ainda mais os sentimentos persecutórios do paciente e da família, na mesma medida em que a atitude deste terapeuta se distanciaria demais dos padrões vinculares na família do psicótico.

Se naquele contexto vimos que a evolução do paciente acontece *graças à* - e *apesar da* - atuação contratransferencial, o mesmo vale para a especularidade alienante.

A partir dos âmbitos teórico, cultural e institucional; das associações (psicanalíticas ou não); e dos compromissos corporativos, em maior ou menor medida há uma demanda que aponta à imagem de um terapeuta ideal. "Temos um lugar socialmente definido e supõe-se que sabemos sobre aquilo com que trabalhamos. Isso nos investe de um poder que não podemos recusar, e temos que assumir isso".[482]

Não há dúvida de que tais demandas e investimentos podem produzir efeitos positivos que contribuam para organizar a atitude profissional e ética do terapeuta, além de estimular a sua formação (no sentido amplo do termo). Mas é importante não perder de vista que os ideais sempre vêm acompanhados de seus resíduos, e a questão que se propõe é o que fazer com estes resíduos para que contribuam à relação terapêutica.

Tentei propor um modelo conceitual e metodológico para abordar essa questão, não para pretender eliminá-la.

Com efeito, a análise pessoal do terapeuta não lhe "vacina" contra a tendência à alienação especular, mas oferece-lhe maiores possibilidades no que se refere à ética do reconhecimento e da validação intersubjetiva.

Para concluir, diria que a validade do proposto nesse capítulo pode ser mais, ou menos, relativa. Segundo meu ponto de vista, trata-se de uma validade invariavelmente inequívoca. Mas não inequívoca em sua condição de fato sempre observável, mas inequívoca como referência conceitual válida na hora de questionar as vicissitudes do vínculo terapêutico.

Se expus essas questões em termos um pouco radicais, foi para esclarecer ao máximo a referência conceitual. De todas as maneiras, quando penso nas aberrantes e patéticas imagens que o louco encarna (desde a história da loucura de Foucault até nossos dias), não consigo decidir se fui radical para me fazer entender, ou se fui muito *light* por temer ser radical.

9 O BRINCAR E O HUMOR

O BRINCAR E O HUMOR PODEM FACILITAR UMA SÉRIE DE PROCESSOS terapêuticos em diferentes níveis. Partindo das propostas de Winnicott sobre o brincar, e de Freud (1905) em "O chiste e sua relação com o inconsciente", veremos que:

O brincar e seus derivados (entre eles o humor) facilitam o estabelecimento de modos primitivos de comunicação e a relação com a realidade externa compartilhada. Este efeito facilitador deve-se ao fato de que o brincar ignora, em certa medida, as exigências da razão crítica e da lógica convencional e linear.

Por outro lado, o brincar e o humor podem ser empregados no manejo da sintomatologia e da transferência. Em alguns casos contribuem para que o terapeuta e o paciente se desmarquem dos aspectos alienantes da especularidade e estabeleçam modos estruturantes e narcisizantes de relação.

Por outro âmbito de análise, o brincar e o humor podem contribuir para a administração das reações contratransferenciais, e mais especificamente para que o ódio do Acompanhante resulte terapêutico para o paciente.

9.1. Brincar, humor e especularidade

> ... a psicoterapia se dá na superposição das duas áreas lúdicas, a do paciente e a do terapeuta. Se o terapeuta não pode brincar, então ele não se adequa ao trabalho. [...] O brincar é essencial porque nele o paciente manifesta sua criatividade.[483]
>
> Winnicott

Nessa pesquisa não poderia faltar uma referência a algo tão necessário, tanto para o terapeuta quanto para o paciente, como o brincar e o humor. Empregarei o termo "brincar" para me referir às incursões do par Acompanhante--acompanhado no campo da transicionalidade, o qual supõe certo grau de ruptura com a lógica, o discurso e a conduta convencional e linear. Tudo isso costuma estar tingido por certa dose de irresponsabilidade sã e transgressão construtiva.

O humor é uma extensão do brincar.[484] Ambos têm em comum o proporcionar ao indivíduo ganho de prazer e evitação do desprazer. Também facilitam o estabelecimento de modos primitivos de comunicação, assim como a comunicação estruturante de conteúdos reprimidos, dissociados e não acessíveis à verbalização em termos convencionais.

No artigo intitulado "Por que brincam as crianças?", Winnicott[485] diz que brincam para expressar agressividade, controlar a ansiedade, adquirir experiência, estabelecer contatos sociais, integrar-se e comunicar-se. No tratamento e no cuidado de pessoas com psicose, e de maneira geral, o brincar e humor podem facilitar tais processos, tanto no terapeuta, quanto no paciente. "O natural é o brincar, e o fenômeno altamente refinado do século XX é a psicanálise".[486]

Mais além do jogo clínico que se desenrola sob o olhar interpretativo do terapeuta, importa destacar que "o brincar é por si mesmo uma terapia",[487] e, com isso, concluir que "uma psicoterapia de tipo profundo pode ser efetuada sem trabalho interpretativo";[488] afirmação que, na realidade prática de uma terapia, é questionável, mas interessante e válida se não for tomada em termos absolutos.

Em sua qualidade de fenômeno transicional, o brincar e suas derivações tem lugar no espaço intermediário entre o subjetivo e o objetivo, a onipotência dos processos intrapsíquicos e a realidade externa compartilhada, princípio de prazer e realidade, o sono e a vigília, a fantasia e os fatos. Possibilita uma série de transições e transações entre estes pares dicotômicos: "Sem alucinar, a criança põe para fora uma amostra do potencial onírico e vive com essa amostra num ambiente escolhido de fragmentos oriundos da realidade externa".[489]

Além dos efeitos terapêuticos que o jogo pode produzir no paciente, veremos que a incapacidade do terapeuta para brincar pode e costuma culminar em uma série de formas de especularidade alienante; enquanto sua capacidade para o brincar contribui para a especularidade estruturante e para o processo de significação.

De igual importância é a advertência de que as margens destes espaços intermediários do brincar são tênues e escorregadias. Se o terapeuta se propõe a brincar e propõe que o paciente brinque, também tem que considerar que o brincar "é sempre passível de se tornar aterrorizante",[490] razão pela qual muitas vezes se detém ou termina de forma desfavorável, inclusive catastrófica. No extremo, mais de uma vez as brincadeiras de desempenhar papéis acabaram em assassinato, e os adultos constantemente estão vigiando o brincar infantil, caso algo ocorra. Na vida cotidiana não é pouco frequente que uma brincadeira termine em gritos e socos.

À primeira vista pode parecer inadequado que o terapeuta adote uma atitude brincalhona ante uma série de manifestações da sintomatologia, colapso e sofrimento psicóticos. Nesse sentido, vale lembrar que os humoristas costumam usar suas tragédias existenciais e problemas físicos em suas produções humorísticas, de modo que "O humor pode ser considerado como o mais alto desses processos defensivos. Ele desdenha retirar da atenção consciente o conteúdo ideacional que porta o afeto doloroso".[491] E culmina esse processo deslocando o investimento para algo acessório e em certa medida insignificante.

Como exemplo, Freud cita o chiste do réu que, enquanto era conduzido para ser executado, numa segunda-feira pela manhã, disse: "É, a semana está começando otimamente".[492] Aqui o prazer humorístico deriva de um gasto de afeto penoso economizado, em parte devido a que o deslocamento para algo acessório (o dia da semana) apoia-se no processo primário e transgride a lógica formal, desvalorizando o afeto penoso.

No que se refere ao sujeito produtor de humor, esse deslocamento produz uma "exaltação do eu",[493] derivada do réu poder posicionar-se em uma relação de superioridade e relativa indiferença em relação ao seu sofrimento (a angústia por ser executado). É como se nesse interjogo da alteridade de si mesmo, alguém se sentisse muito superior para sofrer do padecimento que sofre. "Essa grandeza reside claramente no triunfo do narcisismo, na afirmação vitoriosa da invulnerabilidade do ego."[494]

No ouvinte da produção humorística, entre outras coisas o prazer humorístico deriva do "reconhecimento" (não consciente) da eficácia de tais processos defensivos, de tal maneira que "a despesa com a compaixão, já preparada, torna-se inutilizável e podemos descarregá-la, rindo".[495] Ao ver que o réu consegue desvalorizar seu sofrimento, economizamos a despesa com a compaixão e a rimos.

Essa dupla proposição sobre o sujeito produtor e o ouvinte oferece um ponto de partida para pensar sobre o humor na Clínica do Cotidiano. Em outro lugar disse que "o humor é o instrumento que possibilita transformar os dramas e as tragédias – nossos e de nossos pacientes – no terreno do brincar".[496]

Os próximos itens baseiam-se na hipótese segundo a qual o brincar e o humor podem chegar a ser instrumento fundamental para a economia contratransferencial do terapeuta

O brincar e o humor

e, ao mesmo tempo, no manejo da sintomatologia (intersubjetiva) e da transferência, inclusive tudo aquilo relativo à especularidade e ao processo de (res)significação.

9.2 O riso e sua relação com o psicótico

> *Rir-se de tudo é próprio dos tolos, mas não rir-se de nada o é dos estúpidos.*
>
> Erasmo de Rotterdam, 1466-1536

> *Acaso sei eu por que o homem é o único que ri. Só ele sofre tão profundamente que teve que inventar o riso.*
>
> Nietzsche

Em "Os chistes e a sua relação com o inconsciente", Freud (1905) refere-se ao humor como sendo "uma das mais altas manifestações psíquicas".[497] A capacidade para o chiste, para a comicidade e o humor deriva dos jogos infantis, e mais especificamente do "jogo com palavras e pensamentos",[498] que tem seu fundamento nos modos primitivos do funcionamento psíquico.[499]

Ao falar do efeito da comicidade, entre outras coisas Freud[500] assinala que o cômico resulta da comparação entre o Eu adulto e o infantil; de forma que o riso deriva, entre outras coisas, da apercepção de um excessivo gasto energético do eu infantil. Por exemplo: alguém pode aperceber-se de que põe a língua para fora enquanto escreve; quer dizer, que age como um Eu infantil que despende muita energia e isso é cômico para o Eu adulto. A energia restante que o Eu adulto economiza fica disponível e é descarregada através do riso. Essa diferença de gasto se encontra:

"(a) por uma comparação entre uma outra pessoa e eu,
(b) por uma comparação inteiramente no interior da outra pessoa,
(c) por uma comparação inteiramente no interior do eu."[501]

Portanto, tais mecanismos da comicidade só são possíveis em um sujeito capaz de estabelecer uma relação de alteridade consigo mesmo e com o outro, o que possibilitaria a comparação de despesa de energia entre o outro e o eu (a), no outro (b), ou inteiramente dentro do Eu (c).

Aqui se pode propor uma possível objeção: na medida em que o psicótico sofre um considerável prejuízo na estruturação de uma relação de alteridade consigo mesmo, estaria contraindicado o emprego do humor como forma de intervenção.

Além disso, Freud (1905) assinala que o *duplo sentido* é um dos elementos fundamentais para a técnica do chiste e seu efeito no ouvinte, o que faz supor um sujeito mediador entre o sentido abstrato e o literal (duplo sentido). Com o que, pelo menos como ponto de partida teórico, o psicótico supostamente careceria da estruturação psíquica necessária para tirar proveito da participação em situações humorísticas.

No entanto, sabemos (ou considero) que isso não é assim. Muitos psicóticos têm capacidade para o humor, enquanto outros não; e (ainda que por caminhos diferentes) o mesmo vale para os neuróticos. Haveria que se falar de uma (in)capacidade intersubjetiva para o humor.

De todas as formas, é interessante observar que, quanto menor é a capacidade do psicótico para construir e entender chistes, ou participar em situações humorísticas, maior costuma ser o efeito cômico que produz nos demais.

Uma série de episódios e condutas do psicótico resultam engraçadas às pessoas em geral. No âmbito mais específico, e especialmente nas reuniões informais entre profissionais que trabalham com psicóticos, o riso costuma estar garantido.

O psicótico, principalmente na medida em que não chega a participar intersubjetivamente em situações humorísticas e rir-se delas, encontra-se preso em uma relação sem mediação com o riso alheio; de modo que pode chegar a converter-se em um "chiste sem sujeito" ou "chiste ambulante". Mais que participar do chiste, ele o constitui e o encarna.

Para ser relativamente fiel à diferenciação estabelecida por Freud (1905), diria que o psicótico pode ser chistoso na medida em que encarna e atua aquilo que no neurótico está reprimido; torna-se cômico em função da comparação do gasto de energia (entre o Eu "adulto" do neurótico e o Eu "infantil" do psicótico), e é humorístico na medida em que o Eu do neurótico se posiciona em uma relação de superioridade, no sentido de não reconhecer-se nos padecimentos, nos defeitos e na condição psíquica do psicótico (como o réu que desvalorizou seu sofrimento posicionando-se em uma relação de superioridade).

Não é difícil elucidar alguns dos elementos que estabelecem essa comicidade do psicótico. De fato, o mesmo Freud (que apenas menciona a psicose em seu trabalho) oferece algumas sugestões ao analisar a economia do riso. Dirá, por exemplo, que os "modos de pensamento do inconsciente impressionam a crítica – embora não invariavelmente – como sendo cômicos";[502] e isso na mesma medida em que a reveladora linguagem dos sonhos pode ser engraçada (por exemplo, quando em uma reunião informal alguém conta um sonho).

Também resulta cômica a ingenuidade, isto é: todas aquelas manifestações de conduta em que se observa no outro uma economia de despesa devido à falta de inibição interna ou repressão (o que ocorre em certa medida na psicose). Se em uma reunião um menino mostra o pênis e diz à sua mãe que quer fazer xixi, pode ser que os adultos deem risada. Se um adulto faz isso, ou um menino maior, possivelmente isso já não tenha graça. Para que tenha graça "devemos saber que a inibição interna está ausente na pessoa produtora [do cômico]".[503]

Também costuma ser engraçada toda expressão caricaturesca das emoções, os movimentos expressivos excessivos ou sua contrapartida (por exemplo, no caso do catatônico). Definitivamente, podem resultar cômicas (ainda que não necessariamente) todas aquelas expressões e manifestações mais diretamente derivadas dos mecanismos que governam o psiquismo infantil (primitivo) e inconsciente.

Se não devemos confundir o infantil com o psicótico, diria que são modos primitivos de funcionamento psíquico na psicose (processo primário, escisão, deficiência da repressão) os que vão colocá-la em uma relação sem mediação com o riso alheio. É daí que os sonhos, o delírio e a "salada de palavras" podem resultar engraçados.

A graça da "salada de palavras" (comum, por exemplo, em alguns pacientes com esquizofrenia) parece se dever a que tal "salada" representa para o neurótico uma ruptura com as exigências da lógica formal e linear (economia de despesa), algo que o remete ao prazer da linguagem infantil que privilegia a homofonia e a "apresentação (acústica) da palavra".[504] Por sua vez, o delírio remete o neurótico ao prazer da livre fabulação na infância. Desde logo, isso é o que o neurótico se representa para si, mas não se deve dar como certo que seja prazeroso para o psicótico.

Por outro lado, Freud (1905) comenta que alguns de seus pacientes neuróticos riem quando a interpretação é uma tradução fiel do inconsciente, isto é: que o riso testemunha a validade ("verdade") do comunicado, no qual o paciente se reconhece. Trata-se, portanto, de um riso que valida o escutado na medida em que o sujeito se reconhece nele. "Parece que realmente se concorda em que a redescoberta do que é familiar, o 'reconhecimento' é gratificante".[505]

Agora: vimos que o psicótico tende a encarnar e atuar aquilo que no outro é inconsciente, de maneira que o riso frente às manifestações do psicótico viria a testemunhar (como faziam os pacientes de Freud) a validade ou "verdade"[506] de tais manifestações. Ou seja: ainda que inconscientemente, o neurótico se reconhece nelas.

No entanto, em um nível secundário e a partir da razão crítica, o neurótico tende a desvalorizar isso em que se reconhece colocando aí um signo de negatividade (disparate, etc.) e rindo-se da "tolice psicótica".[507]

Esse riso frente à "tolice psicótica" costuma desenhar no espelho a imagem que o psicótico encarna. Em termos pictóricos, trata-se de imagens tipo bufão, bobo da corte, palhaço (no sentido pejorativo), criança engraçada ou tola, etc.

Se o proposto resulta minimamente válido, podemos considerá-lo uma descrição aproximada de uma das formas em que o humor pode converter-se em algo alienante; isto é, uma das vertentes do nexo alienante entre o riso e o psicótico.

A partir do humor é possível estabelecer relações alienantes e estruturantes. Pode ser alienante na mesma medida em que certas pessoas são desagradáveis ao empregar sua "graça burlesca" para depositar no outro os seus próprios resíduos representacionais. Aqui entrariam em cena esses chistes e piadas "de mau gosto" que tendem a ridicularizar, diminuir, submeter, menosprezar, etc.

Desde logo, sempre cabe considerar a escuta do sujeito objeto da piada. Algumas pessoas têm grande capacidade para economizar energia baseando-se em seu dom para levar as coisas com humor; e sem dúvida "há nessa *blague* [piada] algo como que magnânimo".[508]

Por outro lado, se é possível dizer que algumas formas de humor resultam alienantes (seja com neuróticos ou psicóticos), cabe esperar que estes processos que alienam contenham os fundamentos para pensar sobre o estabelecimento de formas estruturantes de comunicação baseadas no humor.

A diretriz para discutir essa proposição clínica seria: a encenação de formas brincalhonas e humorísticas de intervenção deriva, em primeiro lugar, da possibilidade de desmontar o nexo alienante entre o riso e o psicótico. Não se trata de não rir do psicótico e com o psicótico, dado que essa seria uma tentativa falida de contrapor-se a tais fundamentos do riso e reprimi-lo. Trata-se de operar, partindo do brincar e do humor, a validação intersubjetiva dos modos de funcionamento psíquico na psicose, recontextualizar aqueles nexos sem mediação com o riso e ressignificar o contexto intersubjetivo em que eles se produzem (ver próximos itens).

Com tais intervenções, ou atitudes brincalhonas, pretende-se promover alterações no contexto intersubjetivo (interpessoal); de modo que, ainda que a estrutura psíquica do paciente não se altere, é possível observar alterações positivas em suas manifestações psicodinâmicas.

Convém começar essa discussão analisando o brincar (na relação terapêutica) em "estado puro" (brincar não humorístico), para em seguida adentrar naquelas situações do brincar mais diretamente relacionadas com o humor e com as tendências pulsionais.[509]

Mesmo assim, convém advertir que na encenação de situações humorísticas não se trata de esperar, necessariamente, que o paciente ria. Ou seja, será considerada humorística toda intervenção em que se empregue mecanismos de comunicação similares aos empregados no humor. Ainda que o paciente não ria em tais circunstâncias, pode obter ganho de prazer, evitação de desprazer e/ou algum benefício afetivo derivado do efeito de (res)significação. Se o paciente puder rir, e nós também, melhor ainda.

O "riso intersubjetivo" é a contrapartida daquela risada alienante na qual em geral somente um ri do outro, mas não com o outro.

9.3 Jogo de palavras

Particularmente em minha experiência com esquizofrênicos graves, percebi que tais pacientes costumam desfrutar da possibilidade de estabelecer uma comunicação verbal que desvaloriza a lógica formal e linear e se baseia na rima, ritmo, etc. Em tais experiências comunicacionais, o fundamental da tarefa terapêutica é a manutenção de um estado afetivo e de conduta caracterizado por uma disposição brincalhona, uma vez que toda tentativa de estabelecer um sentido formal atrapalha e prejudica essa disposição e o jogo comunicacional.

Freud comenta que principalmente as crianças e alguns doentes privilegiam que a "apresentação (acústica) da palavra tome o lugar de sua significação".[510] Também o prazer derivado de algumas formas de poesia pode advir dessa fonte.[511]

No melhor dos casos, esse privilégio da representação acústica e o mesmo sem sentido constituem um espaço de jogo no qual o sujeito pode descansar da tensão (gasto de energia) que supõe a sustentação da linearidade do pensamento e as exigências formais da razão crítica.[512] Este "lugar de descanso" é o espaço transicional.

Ainda que não se refira a pacientes psicóticos, no capítulo intitulado "A busca da pessoa" Winnicott diz que:

"No relaxamento próprio à confiança e à aceitação da fidedignidade profissional do ambiente terapêutico (seja esse analítico, psicoterapêutico, de assistência social, arquitetônico, etc.) há lugar para a ideia de sequências de pensamentos aparentemente desconexas, as quais o analista fará bem em aceitar como tais, sem presumir a existência de um fio significante [...] O terapeuta que não consegue receber essa comunicação, empenha-se numa tentativa vã de descobrir alguma organização no absurdo, em consequência de que o paciente abandona a área do absurdo, devido à desesperança de comunicá-lo".[513]

Diria que a aceitação do sem sentido (por parte do terapeuta) institui um contexto intersubjetivo que significa o "sentido" possível daquilo que, em essência, não tem sentido. Este "sentido minimalista" deriva da possibilidade de *compartilhar* o sem sentido, dado que os "... encontros intersubjetivos têm *status* objetivo nos seres humanos".[514]

Durante os primeiros meses de Acompanhamento, um paciente esquizofrênico grave (Pedro) mostrou-se muito negativista e sempre me mandava embora de sua casa. Os encontros, que em princípio estavam previstos para durar três horas, em geral não chegavam à segunda hora. Em um desses encontros, como de costume, Pedro soltou do nada uma palavra sem sentido, ante a qual respondi nos mesmos termos. Como os olhos esbugalhados, e talvez um pouco surpreendido, Pedro olhou para mim e continuou o jogo.

Sem que nenhum dos dois verbalizasse, em poucos minutos estabelecíamos as *regras do jogo*, que basicamente consistiam em dizer qualquer coisa sem demora, isto é: sem pensar. Esse jogo pode ter durado meia hora ou mais, e eu sentia um movimento de inércia que tendia a perpetuá-lo. O aspecto temporal do enquadre (final do encontro) contribuiu para delimitar essa tendência.

Somente com esses dados, convém perguntar qual sentido terapêutico pode ter esse tipo de situação. É difícil qualquer afirmação em termos de resultados terapêuticos a médio e longo prazo. Em nível mais imediato, é possível dizer que Pedro dava sinais claros de estar desfrutando, e manteve um contato comunicacional positivo durante todo o encontro. Pela primeira vez em vários meses não me expulsou, e o encontro durou as três horas previstas.

Ao falar da psicoterapia com esquizofrênicos, Searles refere-se à capacidade do terapeuta para "participar cada vez mais com o paciente em jogos de palavras, verbalizações caóticas e sem sentido e o livre voo da fantasia, dos quais ambos desfrutam. [...] e é este tipo de interação lúdica e livre que historicamente se pode rastrear até os começos da relação verbal na vida da criança pequena, o que serve de base para o desenvolvimento gradual no paciente de limites egoicos firmes [...]. Com surpresa, o terapeuta compreende que há um tipo de caos e de confusão que não é destrutiva nem provoca ansiedade, mas sim prazer, isto é, o caos brincalhão".[515]

Tudo aponta ao fato de que a comunicação prazerosa para o paciente (e Acompanhante) assume uma importância crucial. De forma análoga, o desenvolvimento comunicacional da criança passa invariavelmente pelo jogo de palavras e pela livre fabulação, e resulta evidente que os adultos não só o permitem, mas também o desfrutam. Com isso, os adultos em geral, e os terapeutas de psicóticos em particular, podem permitir-se ficar "saudavelmente loucos", isto é: fazer incursões interpessoais no âmbito do sem sentido, cujo sentido consiste em compartilhá-lo através do jogo. Tudo isso se dá sobre a base de algumas formas de comunicação socialmente aceitas e validadas em função do papel (de adulto, pais, terapeuta).

Por sua vez, o jogo com Pedro pôde contribuir para enquadrar e significar intersubjetivamente sua "salada de palavras". Como indiquei, esse enquadre (as regras do jogo) está baseado fundamentalmente na ideia de que a aceitação do sem sentido institui um contexto intersubjetivo que significa o sentido possível daquilo que essencialmente não tem sentido.

Aquilo que num primeiro momento era verbalização caótica, desintegrada e ansiógena, converteu-se (significação) em um jogo compartilhado de palavras que resultou prazeroso e ansiolítico. Trata-se de um efeito de significação verbal sem significado semântico.

9.3.1 Desmontagem do discurso e ferida narcísica

Seguindo com a vinheta anteriormente descrita, poderia se pensar que quando Pedro expulsava-me (às vezes fisicamente), essa atitude era uma reação ante minha resistência a permitir aqueles níveis primitivos de comunicação relacionados com o jogo. Neste sentido, vale mencionar o que ocorreu depois de nosso jogo de palavras, tal como descrevi em outro lugar: "Quando fui embora do apartamento de Pedro (e esse dia ele não me expulsou), sentia muita dor no corpo, sobretudo no peito, onde parecia que uma massa sólida ia se expandindo. Essas sensações permaneceram durante semanas, e o fato é que sentia uma angústia intensa; a ponto de ter que ligar para Pedro na sexta (o jogo de palavras havia sido na terça) inventando uma desculpa e dizendo que não poderia vê-lo nesse dia [...]. Na semana seguinte, mais ou menos recuperado, fui ao apartamento de Pedro e percebi que já não havia canal de comunicação. De modo que ele me disse: 'você entrou em mim, mas depois saiu'".[516]

Essa descrição ilustra como o jogo pode chegar a ser assustador, nesse caso, para o Acompanhante.[517]

A perda, em um segundo momento, do espaço do jogo comunicacional, derivou fundamentalmente da deficiência da capacidade do Acompanhante para jogar desmontando a lógica formal e as cadeias associativas.

Em uma linha de reflexão similar, ao falar da comunicação com esquizofrênicos, Searles (1966) assinala como determinadas verbalizações caóticas e burlescas do paciente podem derivar da intenção sádica de atacar e enlouquecer o terapeuta. Por outro lado, acrescenta que tais verbalizações burlescas e caóticas "têm na raiz uma qualidade lúdica sã".[518]

Sustento que o fato de ser algo são ou patológico, lúdico ou sádico, depende em grande parte da organização defensiva e da resposta do terapeuta. Na medida em que o terapeuta é capaz de sustentar-se na área de jogo, tende a perceber tais verbalizações burlescas e caóticas como possuindo uma qualidade sã; e as perceberá como algo sádico, enlouquecedor e patológico na medida em que a incursão em tais âmbitos comunicacionais lhe resulte confusional e persecutória (foi o que aconteceu comigo).

Assim, quando relatei essa vinheta no "I Encontro de Acompanhantes Terapêuticos de São Paulo" (1989), disse que "não podia aceitar e suportar o jogo psicótico que Pedro me propunha, qual seja: o de que nossos corpos se fusionassem deixando-me indiscriminado em sua loucura."[519] Atualmente não estou de acordo com esse "diagnóstico situacional", de maneira que convém aplicar aqui o "diagnóstico especular", isto é: aquele em que se diagnostica as vicissitudes (nesse caso discursivas) das defesas do terapeuta.

Neste sentido, naquele "Encontro de Acompanhantes" Gregório Baremblitt comentou com grande acerto essa vinheta, dizendo que: "Um momento transcendental desse encontro, dessa 'terapia', foi, ao meu ver, quando o paciente propôs a um dos colegas um jogo. Um jogo de dizer coisas sem nexo, que o colega experimentou, não por causalidade, como um jogo corporal e não apenas verbal. Nesse momento, se sentiu angustiado e, como em um momento máximo da psicose, uma proposta de indiscriminação, um perigo de captura especular, alienação narcisista e simbiose. Interessante, porque aquilo que o chamado paciente propôs é o que os chamados analistas costumam propor a seus pacientes na primeira sessão: a associação livre. Neste momento o paciente não estava propondo nenhuma indiscriminação. O que propunha era um momento cartesiano – Descartes escreveu o método. Esse paciente está dizendo: 'Esse é o momento do método; exponho o método para construirmos o mundo, um mundo único e irrepetível, em uma produção imprevisível que consiste em aceitar o *non-sense*. Desconstruir o mundo dos sentidos, para poder, livremente, associar tudo o que não tem sentido.' Uma proposta desta natureza é a proposta mais desonesta que um terapeuta pode receber na sua condição de especialista, profissional. A angústia do perigo de colapso, de colapso do instituído, para a produção de um mundo novo. Creio que esta é uma proposta de invenção radical. A cada vez, o objeto, a relação de encontro (não de desencontro), o palavrório para se referir a isto, tudo isso tem que ser inventado, e daí que se insiste na questão da poesia."[520]

Com suma facilidade as frases disparatadas de Pedro costumavam produzir o riso. Contudo, depois da desmontagem feita por Baremblitt, se houve algo engraçado, foi o desmascaramento da trama que urdi com fins defensivos: uma trama discursiva que sentencia o defeito intrapsíquico do paciente para assim encobrir o próprio.

Como vimos, um gasto excessivo de energia (neste caso, para fins defensivos da minha parte) pode resultar cômico.

Além do mais, Freud (1905) disse que o desmascaramento é um dos recursos para a produção do cômico, e que esse desmascaramento cômico se dirige em geral "contra pessoas e objetos que reivindicam autoridade e respeito, que são, em algum sentido, 'sublimes'".[521] Neste contexto, a suposta "autoridade, respeito e sublimidade" do terapeuta deriva fundamentalmente do reconhecimento sociocultural de seu rol profissional, assim como de todos os ideais nele depositados.

Se o apresentado pudesse ter algum valor geral, diria que a desmontagem daqueles nexos alienantes entre o riso e o psicótico supõe um golpe como ferida narcísica no terapeuta, na mesma medida em que tais desmontagens levam consigo certo grau de desmascaramento de sua organização defensiva, compromissos corporativos e status sociocultural. Fundamentalmente através destes lugares disse que "Pedro propôs um jogo patológico", quando deveria dizer que "eu não soube ou não consegui jogar".

Por sua vez, Pedro saiu dessa desmontagem com ares de Dom Quixote, que, segundo Freud, "é originalmente uma figura puramente cômica, uma criança grande; suas fantasias originárias dos livros de cavalaria subiram-lhe à cabeça. Para começar, é sabido que seu autor não pretendia mais dele e que essa criação gradualmente cresceu além das primeiras intenções do criador. Mas depois que o autor equipou essa figura ridícula com a mais profunda sabedoria e os mais nobres propósitos, tornando-o representação simbólica de um idealismo que acredita na realização de seus objetivos, que assume suas obrigações seriamente e que toma suas promessas literalmente, essa figura deixou de ter um efeito cômico."[522]

Parece haver uma estreita relação de correspondência entre a capacidade do terapeuta para tolerar aquelas feridas narcísicas, derivadas de tais desmontagens e desmascaramentos, e as possibilidades de estruturar um olhar narcisizante ("cervantino") ao paciente. Onde falha o primeiro, sucumbe o segundo. Onde o terapeuta não pode sustentar o jogo, o paciente recebe especularmente o signo da negatividade e do patológico. E o inverso: onde o terapeuta pode jogar, abrem-se maiores possibilidades de estruturar um olhar narcisizante e validar o modo de ser psicótico.

9.4 Jogo de ações e trajeto poético

Se no item anterior vimos algumas questões relativas ao jogo de palavras e à livre fabulação, agora vale falar de *jogo de ações* e da *encenação de tais fabulações*, priorizando aquilo que ocorre no contexto comunitário.

Um exemplo de jogos de ações aparece refletido no episódio em que Paola e eu, como de costume, tínhamos nos perdido pela cidade de Madri e procurávamos o caminho de casa. Em determinado momento, ao dobrar uma esquina havia uma flecha desenhada na parede, indicando a direção contrária da que caminhávamos. Sem vacilar, Paola apontou a flecha e disse: "Não, é naquela direção", e se pôs a caminhar por onde indicava a flecha; com isso eu disse: "Sim", sem pensar se a mudança de direção tinha algum sentido lógico em termos espaciais e a respeito do aspecto formal da tarefa (encontrar o caminho de casa). O certo é que em seguida encontramos referências (ruas, lugares) que possibilitaram *estruturar um caminho*.

Analisando o ocorrido, em um primeiro momento havia uma situação de sem sentido e caos, de estarmos perdidos na cidade e sem referências espaciais. Logo, com perspicácia Paola significou esse sem sentido empregando um elemento da realidade externa (a flecha) e conferindo um sentido "sem sentido" tanto à flecha como ao caos. O sentido derivou da direção indicada pela flecha, e o sem sentido de que, segundo a lógica formal, não tem sentido orientar-se por tais sinais.

O fundamental foi a construção brincalhona deste sentido de orientação, e não tanto o sentido da própria orientação (quer dizer, se o sentido que indicava a flecha era, ou não, o mais "correto").

Se alguém não pode aceitar essa situação de jogo, possivelmente pensará: "essa esquizofrênica sente que a realidade externa está organizada segundo suas necessidades e a onipotência de seus processos psíquicos; de modo que devo ajudá-la a ver que não há nenhuma relação entre nossa situação (estarmos perdidos) e a flecha com a qual nos encontramos por acaso."

Por esse enfoque alguém poderia atuar, por exemplo, esforçando-se por ensinar a paciente a pedir informação, usar o mapa da cidade, etc.

Se uma atitude pedagógica pode ser favorável em determinadas situações e casos, no episódio descrito poderia arruinar a produção daquele "trajeto poético", assim como a capacidade de perspicácia lúdica e criativa da paciente, com a qual ela sempre se virava para chegar aos lugares ou simplesmente não chegar, quando se tratava somente de perder-se por Madri.

Trata-se de um trajeto poético no sentido em que, como em algumas formas de poesia e no jogo de palavras, o trajeto não se desenvolve seguindo a lógica formal e linear. Isso faz lembrar o caminhar errático de Dom Quixote,[523] e aquele no qual:

> *Caminhante, são tuas pegadas*
> *o caminho e nada mais;*
> *caminhante, não há caminho,*
> *se faz caminho ao andar*
> Machado[524]

Com Paola, a aceitação deste caos brincalhão sempre esteve sustentada pelo enquadre, de maneira que ao final do encontro tínhamos que ter chegado na sua casa. Além disso, quando observava que o caminhar caótico resultava angustiante, tratava de delimitar o caminho. Se alguém se propõe a ser uma bandeira que se deixa levar pelos ventos do ocaso, deve se certificar de estar atado ao mastro (enquadre).

Já no que se refere à encenação de fabulações, para aproveitar o fio de argumentações citarei uma vinheta clínica do Acompanhamento Terapêutico de Pedro (paciente com esquizofrenia grave). Claudia Aguiar conta que: "Estava perto de seu aniversário e Pedro queria se presentear com uns óculos. Dizia que queria ver melhor. Enquanto me contava o tipo de óculos que necessitava para ver melhor, comecei a perceber que não encontraríamos em uma ótica comum. Saímos de seu bairro e fomos parar no centro da cidade [São Paulo]. Pedro pegou a minha mão e me levou pelo caminho, dizendo que corria o risco de se perder. Caminhando de forma acelerada, saímos na rua Santa Efigênia. Nessa rua, fomos parando de loja em loja. Então ele queria comprar brocas, chaves de fenda, madeira e essas coisas. Disse-lhe que não tinha dinheiro para comprar tudo o que queria. Pedro desiste e retoma a ideia dos óculos. Começa então a rememorar o passado, referindo-se a uns óculos que tinha quando morava em outra cidade, antes do primeiro surto. O ambiente era nostálgico e eu disse isso. Pedro continuou falando, agora de drogas, ácido, picadas e morte. Então, entramos em uma loja onde se vendia material, instrumentos e roupas adequadas para quem trabalha com produtos agrotóxicos. E foi lá que comprou seus óculos. O vendedor, Pedro e eu, nos envolvemos na experimentação de vários óculos, a tal ponto que o vendedor pediu o espelho pessoal de maquiagem da atendente de caixa, para que Pedro pudesse provar os óculos. Comprou um daqueles de lentes transparentes, diferenciando-os dos antigos que usava e que tinham lentes escuras, 'onde o outro não podia ver meus olhos', disse".[525]

Pedro queria presentear-se com uns óculos por seu aniversário, e acabou que a compra e principalmente toda a *produção* do presente passou por uma construção significante da passagem do tempo, da situação anterior ao primeiro surto, dos óculos escuros e das drogas.[526]

Como se se tratasse de uma construção onírica ou chistosa, em termos de representação verbal os "óculos escuros" e "drogas" (relacionados com morte) passaram por um processo de (res)significação e condensação, convertendo-se em "óculos agro tóxicos" com lentes claras, para ver melhor.

Todavia, na vinheta descrita, a construção de "óculos agro tóxicos" não se reproduz a partir de representações verbais, mas sim no contexto de uma série de encenações que culminam na concretização daqueles óculos.

Em um indivíduo neurótico, a matéria dessa vinheta se aproxima ao que poderia ser o material manifesto de um sonho; de maneira que acordaria estranhando o absurdo de tais imagens, perguntando-se sobre o significado daqueles óculos agrotóxicos. Em termos analíticos, se questionaria sobre as vicissitudes dos deslocamentos, condensações e restos diurnos a partir dos quais o trabalho do sonho haveria construído aquelas imagens.

Por sua vez, o que se observa na vinheta é a encenação concreta de um sonho, mas um "sonho" sustentado pela ação e interação com elementos da realidade externa compartilhada.

Resguardando as diferenças, diria que aquilo que no neurótico é construído a partir de "dentro" (trabalho do sonho), sobretudo no psicótico grave há que construí-lo para fora.[527] É como brincar de encenar um sonho que o paciente não pode sonhar.

Tais encenações também são trajetos poéticos que desvalorizam a lógica formal e convencional.

Em resumo, essas vinhetas ilustram algumas formas de construção significante, possíveis graças ao estabelecimento e sustentação de um espaço de jogo. Tudo isso supõe a capacidade, por parte do Acompanhante, de participar na construção de situações cênicas que implicam certo grau de irresponsabilidade sã, transgressão e desconstrução construtiva. Para que isso não se converta em um jogo assustador e ansiógeno, deve estar atravessado por diversas formas de enquadre e interdição (dizer a Pedro que não tinha dinheiro para comprar tudo, delimitar o caminho com Paola, etc.), assim como pelo emprego de fragmentos, objetos, pessoas e situações da realidade externa compartilhada.

9.5 Brincando com o sintoma

Há situações nas quais a atitude brincalhona do Acompanhante Terapêutico pode contribuir para mudar o contexto intersubjetivo, e consequentemente produzir um efeito ressignificante sobre determinados sintomas intersubjetivos.

Metaforicamente, diria que alguns aspectos da existência humana (e sobretudo aqueles que se manifestam de forma mais radical na patologia psicótica) se desenvolvem em um labirinto sem saída, isto é: do qual é impossível sair caminhando pelas encruzilhadas do labirinto. No entanto, os labirintos não costumam ter teto. Sob essa condição, a única saída de um labirinto sem saída é por cima, o que possibilita desmarcar-se da impossibilidade imposta no plano da horizontalidade.

Essa metáfora indica que o brincar (e em seu caso o humor) é um recurso fundamental que possibilita dar esse salto qualitativo: desmarcar-se da impossibilidade imposta no plano da horizontalidade e estabelecer a dimensão possibilitadora da verticalidade, ou de todos os graus de transversalidade que possibilitem sair por cima. A essa possibilidade de saída ou desmarcação denominarei *escape transversal*.

O labirinto sem saída seria o aprisionamento nas manifestações estereotipadas e crônicas da patologia; é a captura alienante que impossibilita a desmarcação, seja do Acompanhante, seja do paciente ou da família. O escape transversal é a desmarcação, e o brincar, um recurso possibilitador nesse sentido.

Paola (uma paciente com uma esquizofrenia grave) sempre 'passava' tudo. Quando eu lhe sugeria ou propunha algo, fazia algum comentário ou pergunta, sua reação mais frequente era dizer simples e sinceramente: "passo". Em certa ocasião, estávamos em sua casa e Paola pediu fogo para acender um cigarro, ao que eu disse: "passo" (imitando sua forma de dizer).

Paola (sorrindo): Vai, me dá o fogo.
Acompanhante: Não, passo.
(Insistiu mais umas duas vezes, mas continuei passando)
Paola (ensaiando se levantar): Então vou pegar o fogo na cozinha.
Acompanhante: Bom, ok; toma o fogo.
(Paola volta a se sentar)
Acompanhante: Pensando melhor, passo. (Rimos) (SIC)

Este jogo se estendeu durante uns minutos e adquiriu uma forma cíclica. Quando Paola ensaiava se levantar para ir pegar o fogo, já o fazia como representação teatral, esperando que eu cedesse e me dispusesse a dar-lhe fogo. No entanto, mal se sentava, recebia seu merecido e esperado "passo", e a cena voltava a iniciar com ela pedindo fogo (no final acendi o cigarro). Tudo isso acompanhado por risadas e sorrisos.

Aquela situação labiríntica sem saída (dado que seu "passo", já de início, a deixava sem saída), que costumava resultar extremamente incômoda e negativista, converteu-se em um jogo compartilhado e prazeroso para ambos, melhorando em termos gerais o fluxo comunicacional. A partir desse dia, ainda quando Paola voltava a seu "passo", a experiência compartilhada por ambos era diferente: o "passo" deixava de ter aquela densidade labiríntica impossibilitadora e de rejeição.

Aparentemente, o recurso da imitação, o ter imitado Paola dizendo "passo", foi o que produziu o riso e possibilitou aquele escape transversal. Sobre a imitação, Freud disse: "A experiência tem ensinado que toda coisa viva difere de tudo o mais e requer uma espécie de despesa para nossa compreensão; desapontamo-nos se, em consequência de uma completa conformidade ou de uma mímica enganadora, não necessitamos fazer nenhuma nova despesa. Desapontamo-nos no sentido de um alívio, sendo descarregada pelo riso a despesa com a expectativa que se tornou supérflua".[528]

Na vinheta, além do riso derivado desta "comicidade de expectativa" (não reagi como Paola esperava), cabe acrescentar que a imitação levada a cabo concorda com um traço seu de conduta (dizer "passo"), e com isso o reconhecimento (nesse caso de si mesma) acaba sendo prazeroso e engraçado. Quando Freud disse que "toda coisa viva difere de tudo o mais", esse que difere é o Acompanhante, que na qualidade de imitador requer um mínimo gasto de entendimento da parte de Paola.

Por sua vez, na medida em que o Acompanhante encenou a atitude de Paola, esta pôde reconhecer-se em tal encenação e estabelecer uma alteridade de si mesma, isto é: ver-se de fora ou observar-se a partir de uma alteridade de si mesma, mas no sentido de que vê a si mesma refletida no outro que a imita.

Quando o indivíduo pode estabelecer uma alteridade intrapsíquica de si mesmo, tem a capacidade de rir de si mesmo e assim desmarcar-se, pelo menos até certo ponto, de seus automatismos, estereotipias, gastos excessivos, etc. Isso parece ter acontecido com Paola, com a diferença de que pode rir de si mesma ao se ver refletida no Acompanhante que a imita.

Não se trata de dizer que o riso é terapêutico por si só. O que faz o riso é informar de que uma desmarcação foi produzida, com a qual a energia que sobrou ficou disponível para ser descarregada mediante o riso. Dessa perspectiva, o riso é um critério bastante fiel de avaliação clínica, principalmente no que se refere à desmarcação.

Certamente há que considerar o contexto no qual o riso foi produzido. Paola costumava rir de forma desconexa e às gargalhadas, às vezes dos "chistes" sem pé nem cabeça que me contava: aqui não há desmarcação, mas fundamentalmente uma tentativa falida de descarga motora.

Não obstante, para além de que em função da gravidade de sua esquizofrenia se considerasse que a paciente não tinha acesso à intersubjetividade, na vinheta rimos juntos de algo que podíamos compartilhar: foi um "riso intersubjetivo".[529]

Se neste aspecto da relação com Paola não havia até agora acesso ao brincar e ao humor, isso se devia fundamentalmente a uma incapacidade intersubjetiva interpessoal. Com isso, convém considerar que estes processos especulares implicados na economia do riso operam também no Acompanhante.

Naquela situação de jogo compartilhado, a paciente deu uma lição especular muito efetiva: frente a meu "passotismo" (na situação de jogo) Paola respondeu de forma brincalhona; de maneira que, olhando-me nesse espelho, perguntei-me por que havia estado tanto tempo irritando-me e levando a sério o "passotismo" dela, ou seja, porque estava gastando tanta energia irritando-me com o seu (nosso) "sintoma".

Ao se ver a partir desse lugar, no qual a paciente ocupa o lugar de alguém, o Acompanhante pôde rir de si mesmo, isto é: pela comparação com o excesso de energia que estava desperdiçando ao irritar-se e ao se pôr demasiadamente sério com o "passotismo" da paciente. Ao não precisar se irritar, o gasto economizado se descarrega mediante o riso.

Paola (em tom de recusa): Passo.
Acompanhante (imitando-a): Eu também passo.
Paola (com entusiasmo): Uva passa?
Acompanhante: Nããoo; a passo lento.
Paola: Puto. (rimos) (SIC)

Aqui se pode ver a paciente tomando a iniciativa da escape transversal, brincando de desmontar a lógica formal e passando da cadeia de representações "passo você" (desprezo) a "uva passa" (convite ao jogo).

9.6 Clínica do absurdo

O humor e o tornar cômico a alguém podem estar a serviço de tendências hostis – como aponta Freud no texto de 1905 –, o que pode fomentar manifestações ofensivas e alienantes de humor. Mesmo assim, argumentarei em prol da hipótese segundo a qual, inclusive em situações em que o humor está a serviço das tendências hostis do Acompanhante, seu emprego enquanto intervenção cênica pode contribuir para que o paciente se desmarque das especularidades alienantes.

Em primeira instância, vale lembrar das propostas de Winnicott sobre como os pais manifestam, de forma adequada e estruturante, seu ódio para com o bebê através de canções de ninar e do processo de desilusão. Neste contexto, uma das tarefas dos progenitores consiste em odiar apropriadamente seu bebê, considerando sua condição psíquica.

Em termos muito gerais, haveria uma primeira etapa que poderia se denominar: "etapa das canções de ninar", que corresponde aproximadamente com o processo de ilusão. Aqui os progenitores devem encontrar "válvulas de escape" para o ódio (tais como as canções de ninar). Essas "válvulas de escape" estão ao serviço da economia psíquica dos pais, enquanto o bebê beneficia-se ao não receber os impactos do ódio de uma maneira que sua organização psíquica não possa processar.

Em uma segunda etapa, que poderia ser denominada "etapa do brincar compartilhado", desde o processo de desilusão, pouco a pouco os pais vão introduzindo novas formas de manifestar o ódio, e o brincar compartilhado será um recurso fundamental nesse sentido. Trata-se de um ódio estruturante, pois impulsiona o processo de desilusão, que é o facilitador da destruição do objeto fusionado e da quebra do objeto idealizado.

Resguardando as diferenças, diria que a partir do brincar e do humor enquanto formas de intervenção, é possível operar processos análogos aos anteriormente descritos; processos nos quais o ódio profissional do terapeuta pode resultar estruturante para o paciente, no sentido de contribuir com que empregue seu ódio para desmarcar-se da especularidade alienante.

De forma análoga ao que ocorre no desenvolvimento primitivo, tais manifestações do ódio contribuem tanto para a economia psíquica do terapeuta quanto para a do paciente. Do lado do terapeuta, cabe destacar o trabalho de Winnicott[530] sobre a contratransferência, no qual afirma que "assim como" os pais, invariavelmente o terapeuta odeia o paciente psicótico, e isso devido ao intenso grau de ansiedade (persecutória, confusional) e de frustração que ele gera.

A análise pessoal do terapeuta não elimina tais reações afetivas. Na melhor das hipóteses, possibilita administrá-las em benefício do paciente.

Winnicott dá algumas indicações para a expressão estruturante do ódio; por exemplo, ao dizer que o "ódio é expressado pela existência do final da sessão".[531] Diz também que o ódio "que *está justificado* no marco existente deve ser separado e mantido em reserva, disponível para eventual interpretação".[532]

Se substituímos a "eventual interpretação" por uma "eventual intervenção", abre-se a hipótese segundo a qual o brincar e o humor podem operar como recursos mediadores na expressão terapêutica do ódio.

Em certa ocasião, o terapeuta de família havia receitado a Carlos umas gotas feitas com produtos naturais, numa tentativa de substituir ou diminuir a medicação psiquiátrica. A forma de uso de tais gotas consistia em administrá-las embaixo da língua a cada uma hora. Durante um encontro na casa de Carlos, a empregada (treinada pela mãe) entrou no quarto, pegou o frasco das gotas e disse (como se falasse com uma criança): "vamos, abre a boca, levanta a língua", e administrou as gotas. Eu não soube o que fazer nem o que dizer, fiquei paralisado ante a encenação deste tipo de situação que havia levado Carlos a uma dependência e infantilismo crônicos.

Depois de uma hora, a empregada voltou a entrar no quarto e a cena foi repetida. Senti-me intensamente irritado e indignado.[533]

No entanto, na hora seguinte a empregada havia ido embora, e como não poderia deixar de ser, Carlos pediu que eu administrasse as gotas. Perante minha negativa, começou a protestar, argumentando que não sabia como usar o conta-gotas (abrir o vidro e pingar as gotas).

> Acompanhante: *Olha, me diz uma coisa: você é imbecil?*
> Carlos: *Por que está me dizendo isso?*
> Acompanhante: *Porque se você me fala que não sabe pingar umas gotas embaixo da língua, e eu acredito nisso, terei que pensar que você é um imbecil.*
> Carlos: *Não, é que não sei como se usa isso. Por que não me ajuda? É que não sei. (Pegou o frasco como se fosse um homem pré-histórico que tem um computador de última geração nas mãos). E agora, Leonel, como se faz?*
> Acompanhante: *Não sei; procura aí, vê se tem um manual de instruções (fiz como se procurasse o manual).*
> *Vacilando entre sorrir e fazer cara de menino chorão, com atitude imbeciloide, Carlos abriu o vidro e pingou as gotas, sempre perguntando, a cada etapa (abrir, encher o conta-gotas, levá-lo à boca e apertá-lo) como se fazia. Ante o que eu voltava a dizer que procurasse o manual de instruções. (SIC)*

Depois desse dia Carlos passou a tomar as gotas sozinho, inclusive recusando quando, em uma ocasião, a empregada dispôs-se a fazer isso.

Em primeira instância, poderia considerar-se que a desmarcação especular se produziu quando perguntei a Carlos se era imbecil. No entanto, o desenlace decisivo da cena parece ter se produzido quando propus que procurasse o manual de instruções.

Um "manual de instruções para conta-gotas" é algo engraçado, que remete a um gasto excessivo e supérfluo de energia, e também a algo absurdo e disparatado. Mas essa encenação chistosa traz uma mensagem implícita e, ao mesmo tempo, inequívoca. Se essa mensagem fosse comunicada em termos diretos, sem a mediação da encenação chistosa, seu conteúdo seria: "você é um imbecil" (hostilidade). No entanto, na vinheta fui eu que fiz o papel de imbecil (encenação), já que somente um imbecil teria a ideia de procurar um manual de instruções para conta-gotas.

Essa encenação chistosa é uma modalidade de *ação interpretativa*. Consiste em *encenar uma situação* empregando técnicas similares às do chiste, o que é diferente de contar um chiste. Na vinheta descrita, essa encenação se baseia na imitação. Todavia, e ao contrário do uso da imitação discutida nos itens anteriores, aqui não se trata de imitar a conduta do paciente tal e qual (por exemplo: dizer "passo" a Paola), mas de representar cenicamente o caráter imbeciloide, absurdo, infantiloide de tais condutas.

Daí que a hipótese clínica seria: ao fazer-me de imbecil refleti a atitude imbeciloide de Carlos, contribuindo para que se desmarcasse da imbecilidade derivada das especularidades alienantes do contexto familiar.

Para seguir discutindo o proposto, vale a pena recordar um chiste citado por Freud: 'Um homem obrigado a seguir viagem confiou sua filha a um amigo, solicitando-lhe que velasse pela virtude dela durante sua ausência. Meses mais tarde ele retornou e encontrou-a grávida. Como se esperava, ele reprovou amargamente seu amigo que lhe parecia incapaz de explicar tal desgraça. "Bem", perguntou finalmente o pai, "onde ela dormia?" – "No quarto, com meu filho." – "Mas como você pôde deixar que ela dormisse no mesmo quarto que seu filho, se eu tanto lhe implorei que a protegesse?" – "Afinal de contas havia um biombo entre eles. A cama de sua filha ficava de um lado, a de meu filho no outro e o biombo ficava no meio." – "E suponha que ele contornasse o biombo?" – "É verdade", retrucou o outro pensativamente, "isso bem pode ter acontecido". [...] Desse modo a aparente estupidez do amigo apenas reflete a estupidez do pai. [...] A técnica dos chistes absurdos que temos até aqui considerado consiste portanto em apresentar algo que é estúpido e absurdo [o manual de instruções para conta-gotas], seu sentido baseando-se na revelação e na demonstração de algo mais que seja estúpido e absurdo."[534]

Nota-se que a vinheta clínica tem a mesma estrutura relacional, especular, que o chiste citado por Freud, com a diferença de que o pai ficou preso na situação, enquanto Carlos serviu-se dela para desmarcar-se.

De fato, a vida cotidiana está cheia de situações nas quais se encena o absurdo (tolice, etc.) para refletir o absurdo da atitude do outro, e vice-versa. Este seria o fundamento da Clínica do Absurdo: encenar o absurdo para que o paciente se aperceba disso e se desmarque. Segundo minha experiência, para que isso funcione o terapeuta tem que encenar o absurdo de modo que tal encenação seja *mais absurda* que o manifestado pelo paciente. Tem que haver algo de caricatural.

Tais formas de espelhamento não têm que ser necessariamente engraçadas; tampouco trata-se de que o terapeuta esteja procurando fazer o paciente rir.

O ocorrido na vinheta não teve muita graça para Carlos (que tinha capacidade para captar seu sentido chistoso), e isso devido ao fato de que, na encenação chistosa, ele ocupava um lugar análogo ao do pai da moça no chiste citado por Freud. E como é plausível supor, para o pai não teve nenhuma graça que o amigo refletisse sua tolice.

Por outro lado, Carlos deixou escapar um ou outro sorriso quando falei do "manual de instruções". Não seria equivocado dizer que este riso (o rir-se de si mesmo) tem lugar no "lugar" (o Acompanhante) onde se gera a alteridade de si mesmo, ou seja: nesse lugar onde o paciente pode observar a si mesmo na atitude do outro, aperceber-se do absurdo de sua conduta imbeciloide e rir-se dela ao se reconhecer.

Em termos esquemáticos e aproximados, na vinheta clínica o desenvolvimento desta estrutura relacional poderia ser descrito da seguinte maneira:

O paciente se encontra atordoado, capturado em uma especularidade alienante da qual não pode se desmarcar. Neste atordoamento há algo como um espelho embaçado ou opaco, de modo que não pode se ver nem aperceber-se do ridículo e do absurdo que é a cena da empregada administrando-lhe as gotas; diante do que:

Comporta-se como uma criança imbecil na mesma medida em que é tratado como tal (encarna e atua o resíduo representacional), e ao mesmo tempo demanda que seja tratado como tal.[535]

O Acompanhante sente-se irritado e indignado com esta situação, o que aponta à ideia do ódio que impulsiona a exercer a interdição daquela dualidade alienante. Aqui se expõe o problema de como representar este ódio de maneira que resulte estruturante.

Se em um primeiro momento perguntei se o paciente era imbecil, em seguida o afirmei (quando propus que procurasse o manual de instruções); mas afirmei representando cenicamente, fazendo-me de imbecil para que o paciente pudesse representar a si mesmo naquela especularidade alienante. Neste caso, tal encenação assemelha-se à técnica do chiste que consiste em espelhar a tolice alheia, de forma que Carlos ri de si mesmo ao se ver refletido nessa encenação.

A encenação chistosa realiza um movimento de ridicularização do paciente, ou melhor, desembaça o espelho e possibilita que ele veja o ridículo da situação. Agora, quando a empregada vem administrar as gotas, Carlos diz que "não precisa", enquanto me olha com um sorrisinho envergonhado e cúmplice. A evolução clínica possibilita afirmar que pouco a pouco Carlos foi adquirindo um crescente e necessário senso do ridículo.

O humor foi amplamente empregado no Acompanhamento de Carlos, em grande parte nas situações relacionadas com a empregada (ou "empregada-mãe"). Essa última costumava ser extremamente ativa e acelerada; sempre entrava em seu quarto falando compulsivamente, limpando e arrumando. Por isso a batizei "o furacão", o que produziu intensas risadas em Carlos. Ele não demorou a contar para a empregada; e a partir desse momento, quando ela entrava no quarto era recebida por nós com um "aí vem o furacão", o que era motivo de riso para todos. Simultaneamente, isso a freava um pouco, fazia com que se "envergonhasse" de "corte", contribuindo para que se visse no espelho.

Em certa ocasião entrou muito acelerada e falante, interrompendo uma conversa entre Carlos e eu. Como tudo indicava que ela tinha intenções de se estender, Carlos soltou um pum; a empregada foi embora irritada e dizendo que ele era mal-educado. Ante a manifestação de irritação da empregada, Carlos reagiu com uma gargalhada, enquanto eu, um pouco mais discreto, somente ri. Isto é; à medida em que não precisamos ficar irritados pela atitude intrusiva da empregada (que nessa ocasião foi embora irritada), o gasto da irritação e indignação tornou-se supérfluo em nós e ficou disponível para ser descarregado mediante o riso.

Uma perspectiva pedagogista talvez destacaria que é ruim soltar pum diante das pessoas, e também a mim não parece adequado que Carlos tivesse tais modos em toda a parte (e de fato nunca o fez). De todas as formas, o primeiro é o primeiro, e não estaria fora de contexto dizer que semelhante hostilidade anal levada a cabo por Carlos foi uma forma um tanto peculiar e heterodoxa de escape transversal e desmarcação.

Esse "torpedo aerofágico", com o qual Carlos "tirou a empregada de cima dele" (desmarcação), parece ser uma manifestação de sua capacidade para destruir o objeto da dualidade especular alienante. Neste sentido, esse "torpedo aerofágico" pode ter derivado dos "torpedos especulares" através dos quais manifestei meu ódio de uma forma estruturante e não disruptiva, com o que Carlos pôde fazer o mesmo em relação à "empregada-mãe".

Foi preciso esperar algum tempo até que o sopro de seu flato fosse convertido em hálito articulado sob a forma de palavra.

Nesta seção, não se tratou de converter o brincar e o humor em uma panaceia, mas de investigar os recursos de atitude que podem ser terapêuticos em determinadas situações, em função das características do caso, do momento da relação terapêutica, do estado afetivo do paciente neste momento, do estilo pessoal e da capacidade do terapeuta para intervir dessa forma.

Não parece ser possível estabelecer a priori, a partir da teoria e da técnica, em quais casos e situações convém ou não empregar tais recursos. Talvez haja muito de tentativa e erro, de aproximações gradativas acompanhadas pela observação de como o paciente reage.

Como em quase tudo que é relativo ao método do Acompanhamento Terapêutico, as situações brincalhonas e humorísticas ocorrem através do precário e, simultaneamente, potente âmbito da improvisação, do inesperado e da espontaneidade. Assim o foi nas situações descritas. A teorização vem depois, ainda que não haja dúvidas de que um marco teórico bem fundamentado contribua para que o terapeuta se permita realizar incursões nestes âmbitos, e também para "defender-se" (se precisar) na hora de relatá-lo para a instituição à qual pertence.

A modo de conclusão

Em nossa introdução víamos que o Acompanhamento Terapêutico é uma prática ainda "jovem" e relativamente pouco teorizada, na qual se opera partindo de um relativo mas considerável nível de precariedade teórica.

Esta precariedade não se deve apenas àquela "juventude", mas em grande medida à complexidade multifacetada e difusa inerente a uma prática que acontece no contexto comunitário e domiciliar do paciente.

Não seria equivocado dizer que o Acompanhamento Terapêutico está regido pela "Teoria do Caos"[536], no sentido em que se trata de uma prática "pouco estruturada" na qual as variáveis são menos controláveis e previsíveis em comparação com um Centro de Reabilitação ou com a psicoterapia.

No entanto, considerando a análise descritiva apontada nessa pesquisa, aquilo que parecia ser uma prática "pouco estruturada" na verdade constitui uma clínica que parece ter seu fundamento em "outra estrutura"; uma estrutura mais complexa, multifacetada, polifônica, repleta de atravessamentos (inter)subjetivos e personagens, desde familiares do paciente até seu cachorro, o garçom do bar, os vizinhos e um infinito, etc.

Esta complexidade tece uma rede, um emaranhado, que constitui o campo de intervenção do Acompanhante Terapêutico; campo no qual terá que estabelecer e sustentar um enquadre (para que o emaranhado seja rede) e discriminar, em cada caso e situação, quais são seus objetos de intervenção (além do fato de que tenha claro que seu paciente sempre será só um).

A esta "rede", ou a esta "outra estrutura" multifacetada, polifônica e complexa, denomino Clínica do Cotidiano.

Essa noção de Clínica do Cotidiano atravessa de uma forma ou outra os conceitos mais específicos do Acompanhamento Terapêutico. Por sua vez, a tentativa de teorizar sobre esta "outra estrutura", que resiste a se deixar nomear pela terminologia à qual estamos habituados, demandou uma conceitualização em termos do paradoxo e da elaboração de alguns conceitos mais ou menos específicos, tais como:

– Amizade profissional ou transicional
– Método
– Enquadre ambulante e aberto
– Paradoxo da atuação contratransferencial
– Violência necessária
– Ação interpretativa: concreta, verbal e passiva
– Função de interdição: primária e secundária
– Clínica do absurdo, etc.

Sob outra perspectiva, diria que o deslocamento ao comunitário, domiciliar e cotidiano problematiza de forma radical a prática e toda a conceitualização sobre o rol, tarefa, enquadramento e intervenção; de maneira que a noção de Clínica do Cotidiano seria uma tentativa de "dar conta" dessa problematização... essa seria nossa "teoria do caos".

Sobre o rol, fica claro que o Acompanhante Terapêutico não é um psicoterapeuta ou "psicanalista ambulante" e que, sendo o caso, inclusive é possível falar de certos níveis de Amizade Profissional ou Transicional (sem assumir o rol de amigo). Trata-se, como vimos, de um rol (as)simétrico, quer dizer, que pode apresentar diferentes graus de simetria no plano dinâmico, mas que será sempre estruturalmente assimétrico.

A modo de conclusão

Por sua vez, a *tarefa* consiste em reduzir as manifestações vinculares e psicodinâmicas doentias (sem a pretensão de alterar a estrutura psicótica), principalmente aquelas que se manifestam como condutas e atitudes disruptivas e alienadas, assim como obter um nível ótimo de integração comunitária (mediante o estabelecimento de vínculos significativos com lugares e pessoas), autonomia e desenvolvimento de fatores de proteção (alimentação, moradia, realização de atividades esportivas, lúdicas, criativas, culturais, etc.).

Para poder apoiar a consecução da tarefa a partir de seu rol, o Acompanhante Terapêutico terá que dispor de um *enquadre* de acordo com o âmbito de intervenção, e, portanto, deverá ser um Enquadre Ambulante. Por outro lado, o enquadre pensado a partir da Clínica do Cotidiano também é um Enquadre Aberto, o que implica que pode abranger a intervenção no âmbito das relações familiares (sem que o Acompanhamento Terapêutico converta-se em uma "terapia de família em domicílio") e comunitárias do paciente. Além disso, este enquadre ambulante e aberto permite a inclusão e participação de terceiros (diferentemente da relação terapêutica "clássica" baseada na relação dual ou em um enquadre grupal "fechado"), sempre que isso contribua para a realização da tarefa. Em resumo, o enquadre da Clínica do Cotidiano é um Enquadre Ambulante e Aberto... o que não significa que deambule por todas as partes nem que tudo possa "entrar".

Se na psicanálise de neuróticos o analista foca em como o psiquismo se mostra na transferência, o Acompanhamento Terapêutico lembra que, para além de toda a transferência que pode haver na relação dual, o psiquismo se manifesta constantemente, por sua lógica, em todas as relações cotidianas do sujeito... com a diferença de que, no Acompanhamento Terapêutico, essa manifestação cotidiana tem lugar "dentro" de um enquadre aberto, o que confere a essas situações cotidianas seu caráter clínico.

Dessa forma, a Clínica do Cotidiano está obrigada a não ser jamais uma clínica exclusivamente de relação dual. E é por isso que, pela coerência, há que se falar de um enquadre aberto, ainda que seletivo.

A respeito da *intervenção*, por um lado se trataria de uma entrada em cena da forma mais cotidiana possível, mas com um sentido clínico subjacente, seja na hora de exercer a Função de Interdição, de intervir com Ações Interpretativas (Concretas, Verbais ou Passivas) ou de favorecer a desmarcação da alienação especular, às vezes mediante o uso do Brincar e do Humor, etc.

A máxima seria: o Acompanhante Terapêutico é um terapeuta que parece uma pessoa... no sentido de que em muitos aspectos sua conduta aberta aproxima-se em grande medida a uma atitude cotidiana.

Por outro lado, na noção de intervenção pensada a partir da Clínica do Cotidiano também se opera por um "princípio de não intervenção", e isso no sentido de que o quefazer do Acompanhante Terapêutico consiste em acompanhar o paciente na realização de atividades e de vivência de experiências cotidianas que produzem efeitos terapêuticos e reabilitadores. Aqui a diferença consiste em que não se trata de uma intervenção terapêutica sobre uma "situação problema", mas que o terapêutico e reabilitador, ou a consecução da tarefa, deriva mais das situações cotidianas experimentadas.

Sobretudo este "princípio de não intervenção" da Clínica do Cotidiano impõe uma reavaliação da *noção de trabalho*, principalmente na hora de validar aquelas situações nas quais entram em jogo a passividade como forma de Ação Interpretativa ou a realização conjunta (e de um lugar simétrico) de atividades cotidianas aparentemente triviais.

A modo de conclusão

É interessante observar como os familiares, o paciente, outros profissionais e inclusive o Acompanhante tendem a significar essas situações como "não trabalho", algo "não técnico", ou "que não precisa de formação", e que inclusive "qualquer um poderia fazer usando o senso comum".

Portanto, a conceitualização sobre a Clínica do Cotidiano pode cumprir a importante função de validar teórica e metodologicamente esses aspectos do Acompanhamento Terapêutico que justificam dizer que nele opera-se através de "outra estrutura".

Essa validação é importante também para que o Acompanhante Terapêutico possa fazer frente às possíveis demandas e inclusive queixas que possam vir do paciente, familiares ou outros profissionais e instituições.

Não havendo a validação teórica e corporativa desta "outra estrutura", há maiores possibilidades de que o Acompanhante Terapêutico adote os esquemas de referência próprios a outras práticas, em geral mais validadas e instituídas ("psicanalista ambulante", assistencialismo, pedagogismo, uso de um "enquadre fechado ou dual").

Definitivamente, o que se deve dizer taxativamente é que não é qualquer pessoa e qualquer profissional que pode tomar um café com um paciente com o mesmo sentido, intencionalidade e efeito que um Acompanhante Terapêutico treinado.

O anteriormente exposto permite traçar algumas linhas de reflexão para investigações futuras:

– Seguir desenvolvendo a Clínica do Cotidiano desde a problematização e especificidades das noções de rol, tarefa, enquadre e intervenção.

– Investigar a aplicação da noção de Clínica do Cotidiano em outros âmbitos. Por exemplo: no "Centro de Dia" e na "Equipe de Apoio Social Comunitário" de Parla (dispositivos dirigidos por mim, geridos pela Fundação Manantial em acordo com o Conselho de Assuntos Sociais da Comunidade de Madri), há um grupo (criado inicialmente por Rosa María Reyes) denominado "Espaço de Famílias e Agregados", no qual se aplicam alguns princípios da Clínica do Cotidiano. Os usuários e familiares são convidados a tomar um café e compartilhar momentos tranquilos, nos quais uma das consignas consiste em que nesse espaço não se fala da enfermidade e, dessa forma, os profissionais nunca respondem a partir de um lugar estritamente clínico, mesmo que as diferentes ações (incluindo o lugar em que se senta cada profissional) costumem ter uma intencionalidade tática. Por sua vez, valoriza-se especialmente a experiência grupal entre familiares e usuários, o intercâmbio de experiências de vida, as relações de amizade que são criadas, etc. Os resultados desse grupo são realmente espetaculares.[537] Além disso, também poderia ser investigada a aplicação da Clínica do Cotidiano em recursos residenciais para pessoas com patologias graves, já que o funcionamento de tais recursos se dá sobre situações cotidianas.

Sem dúvida, essas possibilidades apontam que a noção de Clínica do Cotidiano constitui uma categoria mais ampla que o Acompanhamento Terapêutico e, portanto, poderia ser aplicada a outros dispositivos e em diferentes patologias e situações.

– Em uma linha similar à anteriormente sugerida, seria possível investigar a aplicação de algumas ferramentas da Clínica do Cotidiano na psicoterapia de pacientes com patologias graves; por exemplo, o conceito de Ação Interpretativa, a Função de Interdição, etc.

A modo de conclusão

– Em geral emprega-se o Acompanhamento Terapêutico como um dispositivo acessório e complementar, por exemplo, à psicoterapia ou ao trabalho institucional. No entanto, pelo menos hipoteticamente o Acompanhamento Terapêutico poderia ser o eixo do processo terapêutico de determinados pacientes, como podem ser com aqueles que recusam quase qualquer tipo de psicoterapia ou tratamento institucional, em cujo caso o Acompanhamento Terapêutico pode estar indicado não somente para facilitar a vinculação a tais terapias, mas até mesmo como o dispositivo mais indicado para determinados casos. Creio que esta modalidade de Acompanhamento Terapêutico tenderá a ser mais frequente na medida em que contemos com mais Acompanhantes experientes e com uma formação sólida, capazes de manejar (com a ajuda da supervisão) os complexos e intensos vínculos que possam ser desenvolvidos nestes casos.

– Investigar sobre o impacto que o exercício do Acompanhamento Terapêutico pode provocar no Acompanhante. Além da relação corpo a corpo com pacientes com patologias graves, vimos que a Clínica do Cotidiano se fundamenta em "outra estrutura", o que de alguma forma rompe os esquemas de referência prévios do Acompanhante e produz diferentes modalidades de ansiedade (por exemplo, do tipo confusional) e possíveis atuações como defesa (assistencialismo, pedagogismo, especularidades defensivas).

– Considerando todo o anterior, investigar como deveria ser um programa de formação em Acompanhamento Terapêutico; conteúdos, metodologias, dispositivos de formação e apoio contínuos (trabalho em equipe, grupos de estudo, grupo operativo, supervisão), etc.

E para finalizar, outra possível linha de investigação deriva da pergunta sobre se a desmontagem da trama especular alienante entre neuróticos e psicóticos poderia inclusive supor certa reavaliação da noção de psicose, ou pelo menos do que em geral se entende acerca do que é uma pessoa com psicose.

No fim das contas, a "História da Loucura" de Foucault nos ensinou que este conceito esteve em constante transformação ao longo da história; uma transformação extremamente vinculada a como em cada época a loucura foi representada e tratada. Neste desenvolvimento histórico, principalmente a partir da segunda metade do século XX assistimos ao desenvolvimento de uma sensibilidade contemporânea que, mesmo com suas contradições, procura resgatar certa positividade da loucura e voltar a fazer circular os "loucos" pelas paisagens comunitárias.

Assim, se tivesse que ficar com uma ideia, ficaria com essa: se antes assinalava a importância de validar essa "outra estrutura" que é a Clínica do Cotidiano, agora nos encontramos frente à importância de validar essa outra estrutura que é a psicose.

Seria importante investigar em que medida grande parte da negatividade da psicose deriva da "psicose em si" ou então da psicose em seu tempo e contexto, em cujo caso estaríamos falando de uma negatividade gestada a partir de uma trama especular alienante que gostaríamos de pensar que pode ser desmontada, ou pelo menos transformada, posto que vem se transformando ao longo da história.

Desse ponto surge outra linha de investigação, que trata de discriminar psicose e doença mental, o que abre a possibilidade de desvincular a psicose deste modo de negatividade, e assim poder falar de um modo de ser psicótico... um modo de ser que em grande parte foi

A modo de conclusão

percebido e definido exclusivamente em função de suas manifestações patológicas.

Haveria que se falar de uma "clínica da validação", que passa pela desmontagem dessas formas de negatividade pura junto com a validação do diferente, o que também pode acontecer, por exemplo, através de ações denominadas de "luta contra o estigma social"; "luta" na qual participamos, no "Centro de Dia" de Parla, com o programa de rádio "Que Loucura de Radio", protagonizado pelos usuários do Centro[538] e o Guarda Roupa Solidário "Roupa Linda".[539]

Se antes dizia que a Clínica do Cotidiano está obrigada a não ser nunca uma clínica exclusivamente de relação dual, agora é preciso dar um passo a mais e dizer que também deve operar com implementação de projetos, movimentos, ações de participação social cidadã que fomentem a visibilidade positiva das pessoas com psicose, assim como a convivência entre indivíduos neuróticos e psicóticos.

Sem dúvida, muitas questões e dúvidas se abrem, mas gostaria de finalizar com uma certeza: as pessoas com psicose estão demonstrando, apesar de, e graças a nós, e cada vez em maior escala, que têm muito mais capacidade do que se acreditava há não muitas décadas; que efetivamente não estão estruturalmente condenadas ao mito da "deterioração progressiva" nem ao da "cronicidade estancada", e tudo aponta para que tampouco estejam invariavelmente condenadas ao mito da "medicação psiquiátrica sempre e para sempre".[540] Muitos psicóticos (ainda que sejam relativamente poucos, são e serão cada vez mais) estão demonstrando que com mais ou menos apoio podem viver sozinhos, sustentar com dificuldades um trabalho e certa estabilidade emocional (como a maioria das pessoas), uma relação (in)estável de casal (como a maioria das pessoas), ter filhos, etecetera.

Além disso, umas das últimas "correntes" ou "movimentos" na atualidade consiste no que se chamou "Recuperação" (*Recovery*), cujos primórdios poderíamos localizar na segunda metade do século XX, ainda que seja agora, no início do século XXI, que esteja ganhando força. Nesse movimento valoriza-se muito a importância de "empoderar" as pessoas com psicose (quer dizer, fomentar e validar suas capacidades ou potencialidades, devolver-lhes o poder de decidir sobre suas vidas, narcisizá-los, etc.), o que supõe, curiosamente, essa ruptura com a negatividade da psicose da qual estávamos falando.

Neste contexto de "desnegativização" e empoderamento, cada vez mais personalidades famosas, pessoas com cargos importantes, artistas, cidadãos "comuns", etc., começam a "sair do armário" e a "confessar" sua condição de pessoa com psicose ou algum diagnóstico psiquiátrico.

Por outro lado, a Recuperação se baseia em grande medida no associacionismo, mas não se trata de criar associações de profissionais ou familiares, mas de associar as pessoas com psicose.

Entende-se que o relato de pessoas que passaram por uma doença mental e que se recuperaram pode ser de grande ajuda. Inclusive há a figura do "paciente *expert*" ou "ativista", que costuma dar palestras a outras pessoas com psicose e a profissionais.[541] De fato, o curioso da Recuperação é que não fica muito claro se é um movimento impulsionado por profissionais ou pelos próprios pacientes-ativistas. Talvez não por acaso, um representante importante da Recuperação é Rufus May, um psicólogo inglês... com diagnóstico de psicose.[542]

... e, em que pese tais intenções de "positivização", se repassamos o percurso realizado nesse livro, vemos que definimos a psicose em termos de *falta* de completação na

A modo de conclusão

constituição do aparelho psíquico, a não organização de defesas adaptativas, as *falhas* nos processos de ilusão-desilusão, o que deriva de cuidados maternos não suficientemente bons, assim como a *deficiência* da função paterna e o excesso da função materna... ou seja, negatividade... e também uma negatividade atribuída em grande medida ao terapeuta... assistencialista, pedagogista, tendencioso a estabelecer especularidades alienantes, etc.

Trata-se de uma grosseira contradição entre discurso e ação, ou da dissociação entre as percepções idealizadas e denegridas da psicose?

Gostaria de pensar que se trata de dois polos antagônicos e complementares inevitáveis (o da negatividade e o da positividade, proximidade e distancia, enfoque empático e racionalista), que temos que integrar constantemente mesmo sabendo que nunca o conseguiremos totalmente; de modo que a alternativa consiste em dispor de modelos conceituais que sustentem um questionamento constante.

Notas

1. MAUER, S.; RESNISKY, S. Acompañantes terapêuticos y pacientes psicóticos – manual introductorio a uma estrategia clínica. Buenos Aires: Amorrotu, 1985.
2. (AAVV, 1991)
3. MAY, R. Dar sentido a la experiência psicótica y trabajar por la recuperación. In: GLEESON, J.F.M.; McGORRY, P. (org.) Intervenciones psicológicas en psicosis temprana. Bilbao: Editorial Desclée, 2005.
4. WINNICOTT, D. W. (1989a) Explorações Psicanalíticas I. Porto Alegre: Artmed, 2007. p.39.
5. WINNICOTT, D. W. (1965) El proceso de maduración en el niño. Barcelona: laia, 1982. p.49.
6. WINNICOTT, D. W. (1971b) O brincar e a realidade. Rio de Janeiro: Imago, 1975, p.169.
7. WINNICOTT, D. W. (1964) A familia e o desenvolvimento individual. São Paulo: Martins Fontes, 2013, p.26.
8. WINNICOTT (1989a) ibid., p.152.
9. WINNICOTT (1965b) ibid., p.53.
10. Segundo Stern, o si-mesmo é "a experiência subjetiva organizadora do que quer que seja que será mais tarde referido verbalmente como o "eu". Essa experiência subjetiva organizadora é a contraparte pré--verbal, existencial, do eu objetivável, autorreflexivo, verbalizável." (STERN, D.N. (1985) O mundo interpessoal do bebê: uma visão a partir da psicanálise e da psicologia do desenvolvimento. Porto Alegre: Artes Médicas, 1992, p.4.).
11. WINNICOTT (1989a) ibid., p.72.
12. WINNICOTT (1989a) ibid., p.197.
13. Oportunamente, veremos que não é possível descrever a estruturação e as manifestações psicodinâmicas da psicose sem descrever o ambiente.
14. WINNICOTT (1965) ibid., p.99-110.
15. WINNICOTT, D.W. (1958) Escritos de pediatria y psicoanalísis. Barcelona: Laia, 1979. p.227, colchetes. LDM.
16. Por analogia, poderia se pensar naqueles pacientes psicóticos graves que dependem de forma quase absoluta dos cuidados externos e que, no entanto, atuam como se fossem completamente independentes. Se é tirada deles a provisão ambiental, o colapso pode chegar a ser catastrófico.
17. WINNICOTT, D.W. Gesto Espontâneo. São Paulo: Martins Fontes, 1990, p.213.

18 WINNICOTT (1958) ibid., p.405-412.
19 Sobretudo os acompanhantes terapêuticos de pacientes com patologias graves, costumam experimentar e manifestar alterações emocionais significativas e, em certa medida, similares à preocupação maternal primária. Por isso que, "como" a mãe, o acompanhante deve contar com um círculo de proteção (equipe, supervisor, etc.) que contribua para que isso não se converta em um estado mórbido e de resistência.
20 WINNICOTT (1964) ibid., p.215ss; WINNICOTT (1965) ibid., 104s.; WINNICOTT, D.W. (1988) La naturaleza humana. Buenos Aires: Paidós, 1993.
21 WINNICOTT (1965) ibid., p.57s; STERN (1985) ibid., p.116.
22 WINNICOTT (1965) ibid., p.109s.
23 Ver item 1.6.
24 WINNICOTT, D. W. (1987a) Los bebe y sus madres. Bracelona: Paidós, 1993, p.59.
25 WINNICOTT (1989a) ibid., p.71.
26 Nota do tradutor: no presente trabalho optou-se por usar o termo "sustentação" para holding, pois é o mais comumente encontrado nas traduções dos trabalhos de Winnicott, disponíveis em português.
27 WINNICOTT, D. W. (1957) El niño y el mundo externo. Buenos Aires: Hormé, 1993. 4. ed.; DAVIS, M.; WALLBRIDGE, D. (1981) Limite e espaço – uma introdução à obra de D.W. Winnicott. Rio de Janeiro: Imago, 1982.
28 WINNICOTT (1988), p.184, colch.LDM.
29 DAVIS, M.; WALLBRIDGE, D. (1981) ibid., p.199.
30 FREUD, S. (1923) O Ego e o Id. In: FREUD, S. Obras completas de Sigmund Freud. Rio de Janeiro: Imago, 1996. vol. XIX. p.39.
31 Ver OGDEN, T.H. (1989) La frontera primaria de la humana experiência. Madrid: Julian Yebenes, 1992., 1989, p.162s.
32 WINNICOTT (1965) ibid., p 69; WINNICOTT (1989a), ibid., p.88ss.
33 WINNICOTT (1989a) ibid., p.205; STERN (1985) ibid., p.185ss.
34 Ver o item 1.5.1.
35 WINNICOTT (1989a) ibid., p.60.
36 WINNICOTT (1971b) ibid., p.135s.
37 WINNICOTT (1957) ibid., p.143.
38 Foi demonstrado experimentalmente que os bebês de três dias são capazes de reconhecer o cheiro do leite de suas respectivas mães (STERN, (1985) ibid., p.35,54ss).
39 WINNICOTT (1987b) ibid., p.234.
40 ibid., p.248s.
41 WINNICOTT (1958) ibid., p.292,411.
42 WINNICOTT (1965), ibid. p.171, colch. LDM.
43 Ibid., p.67; STERN (1985) ibid., p.251ss.

Notas

44 WINNICOTT (1989a) *ibid.*, p.137.
45 *Ibid.*, p.149, colch. LDM.
46 WINNICOTT (1989a) *ibid.*, p.218.
47 Ver capítulo 7.
48 WINNICOTT (1958) *ibid.*, p. 406.
49 *Ibid.*, p. 409; WINNICOTT (1988) p.180ss.
50 WINNICOTT (1965) *ibid.*, p.67.
51 STERN (1985) *ibid.*, p.179.
52 WINNICOTT (1964) *ibid.*, p.215.
53 WINNICOTT (1965) *ibid.*, p.220.
54 GREEN. (1977) In: Winnicott, D. W. e al. Donald W. Winnicott. Buenos Aires: Trieb, 1978. p.15.
55 Ver próximos capítulos.
56 WINNICOTT (1958) *ibid.*, p.409s.
57 WINNICOTT (1971b) *ibid.*, p.26.
58 Ver WINNICOTT, D.W. (1957) El niño y el mundo externo. Buenos Aires: Hormé, 1993; WINNICCOTT (1988) *ibid.*, p.40ss.
59 *Ibid.*, p.152.
60 *Ibid.*, p.148.
61 *Ibid.*, 145ss.
62 WINNICOTT (1958) *ibid.*, p.227.
63 WINNICOTT (1988) *ibid.*, p.159.
64 *Ibid.*, p.152.
65 WINNICOTT (1957) *ibid.*, p.145, colch. LDM.
66 WINNICOTT (1965) *ibid.*, p.176.
67 FREUD, S. (1911) Formulações sobre os dois princípios do funcionamento mental. In: FREUD, S. Obras completas de Sigmund Freud. Rio de Janeiro: Imago, 1996. Vol. XII, p.238, colch. LDM.
68 STERN (1985) *ibid.*, p.103.
69 WINNICOTT (1988) *ibid.*, p.151s.
70 WINNICOTT (1987a) *ibid.*, p.133.
71 Isso não significa que a mãe saiba do que necessita o bebê em cada momento. O que ela faz é interpretar (atribuir significados a) suas manifestações e dar uma ou várias respostas. Não se trata tanto de que as respostas da mãe "acertem na mosca", mas sim que alguma sirva ao bebê.
72 WINNICOTT (1965) *ibid.*, p.36ss.
73 WINNICOTT, (1971b) *ibid.*, p.140.
74 WINNICOTT, D. W. (1987a) *ibid.*, p.131s.
75 WINNICOTT (1989a) *ibid.*, p.45.
76 DAVIS, M.; WALLBRIDGE, D. (1981) *ibid.*, p.57ss
77 WINNICOTT (1989a) *ibid.*, p.113.
78 WINNICOTT (1971b) *ibid.*, p.150.
79 (cf. p.27s, p.131s)

80 WINNICOTT (1989a) *ibid.*, p.172ss.
81 *Ibid.*, p.174, colch. LDM.
82 *Ibid.*, p.174.
83 *Ibid.*, p.174ss.
84 STERN (1985) *ibid.*, p.17.
85 WINNICOTT (1989a) *ibid.*, p.176.
86 Esse processo de destruição-sobrevivência contribui à diferenciação entre fantasia e fato; com o qual ainda não se pode falar de "fantasia inconsciente" no sentido estrito – ver mais adiante no texto.
87 WINNICOTT (1989a) *ibid.*, p.174.
88 *Ibid.*, p.174.
89 *Ibid.*, p.185ss.
90 WINNICOTT (1965) *ibid.*, p.59s.
91 Ver capítulo 2.
92 WINNICOTT (1989a) *ibid.*, p.167.
93 WINNICOTT (1965), p.104.
94 FREUD (1911) *ibid.*, p.240.
95 WINNICOTT (1965) *ibid.*, p.57.
96 WINNICOTT (1989a) *ibid.*, p.72s.
97 FREUD (1911) *ibid.*, p.241-242.
98 WINNICOTT (1989a) *ibid.*, p.60.
99 Ver item 1.6.
100 FREUD, S. (1915) Os instintos e suas vicissitudes. In: FREUD, S. Obras completas de Sigmund Freud. Rio de Janeiro: Imago, 1996. vol. XIV, p.142.
101 Winnicott também considera a hipótese segundo a qual "talvez a integração apareça por primeira vez no momento culminante da excitação ou da raiva" (Winnicott (1958) *ibid.*, p.275).
102 Stern (1985) *ibid.*, p. 222-226 sugere que a categorização de experiências "boas" e "más" somente é possível dede uma mente pós-infantil capaz de conceitualizar, simbolizar, reorganizar a experiência, reindicar e agrupar as lembranças. Considera que as descrições clássicas da escisão são atribuíveis antes aos adultos (doentes ou não), ainda que lhe pareça aceitável dizer que "os bebês agruparão experiências interpessoais em várias categorias de prazer e desprazer, isto é, em agrupamentos hedonistas." (Ibidem, 225ss). Mais tarde, com a ajuda de símbolos e da linguagem, "pode na verdade 'dividir' sua experiência interpessoal, mas isso de fato não é um splitting e sim uma integração em uma categorização de ordem mais elevada." (*Ibid.*, p.226).
103 WINNICOTT (1957) *ibid.*, p.27.
104 KOHUT, H. *Análisis del self*. Buenos Aires, Amorrortu, 1997.
105 WINNICOTT (1958) *ibid.*, p.275.
106 *Ibid.*, p.276s.

Notas

[107] Aqui pode ser válida a hipótese segundo a qual a mãe projeta seu ódio (ao bebê) na realidade externa e logo protege o bebê desse ódio projetado. Desta forma o ódio se manifesta sob a forma de atitudes protetoras que sustentam a continuidade existencial do lactante. Trata-se de um "ódio protetor".
[108] WINNICOTT (1958) *ibid.*, p.277.
[109] WINNICOTT, (1958) *ibid.*, p.277.
[110] (cf. Khout, 1971)
[111] WINNICOTT (1965) *ibid.*, p.220, colch. LDM.
[112] WINNICOTT (1964) *ibid.*, p.37.
[113] WINNICOTT (1958) *ibid.*, p.290.
[114] WINNICOTT (1964) *ibid.*, p.37.
[115] WINNICOTT (1989a) *ibid.*, p.193.
[116] STERN (1985) *ibid.*, p.107.
[117] WINNICOTT (1971b) *ibid.*, p.13 s.
[118] WINNICOTT (1989a) *ibid.*, p.48.
[119] WINNICOTT (1971b) *ibid.*, p.17.
[120] O conceito de "objetos de self" de Kohut (1971) *ibid.*
[121] WINNICOTT (1958) *ibid.*, p.214.
[122] Pode ocorrer que não haja um objeto transicional materializado, e sim fenômenos e atividades que cumpram a mesma função (WINNICOTT, 1989a, *ibid.*, p.37). Além do mais, uma parte do corpo da mãe ou do bebê pode ser usado como objeto transicional, o que pode gerar perturbações se persiste por muito tempo (*ibid.*, p.75).
[123] WINNICOTT (1971b) *ibid.*, p.24.
[124] *Ibid.*, p.23.
[125] WINNICOTT (1989a) *ibid.*, p.45.
[126] WINNICOTT (1971b) *ibid.*, p.28.
[127] Há que lembrar que no processo de desilusão a experiência de onipotência é substituída pela onipotência pessoal, na qual "... a onipotência e a onisciência são retidas, juntamente com uma aceitação intelectual do princípio de realidade" (WINNICOTT, 1989a, *ibid.*, p.60), e passa do controle mágico ao controle por meio da ação, incluída a coordenação motora.
[128] WINNICOTT (1971b) *ibid.*
[129] *Ibid.*, p.29.
[130] *Ibid.*, p.30.
[131] *Ibid.*, p.19.
[132] *Ibid.*, p.76.
[133] De forma análoga, Kohut (1971) *ibid.*, ilustra como o *self* grandioso (experiência de onipotência) evolui para a "imago parental idealizada"; de modo que, no contexto das interações com os progenitores, gradualmente a criança vai descobrindo suas imperfeições e retirando os

investimentos de catexias narcisistas. Essas últimas são reinternalizadas e empregadas na constituição, consolidação e idealização do Supereu e do Ideal do eu. É produzida a "*aquisição de estruturas psicológicas permanentes que continuam, endopsiquicamente, as funções que previamente cumpria o objeto do self idealizado*" (ibid., 53, itálico LDM). Kohut certamente "se inspirou" em Winnicott. Por isso que denomina "transicionais" os objetos idealizados do *self*. A este processo, que se baseia na retirada da catexia objetal para a formação da estrutura psíquica, o denomina "internalização transmutadora" (ibid., 57).

[134] Ver o artigo "Nada no centro". In: Winnicott (1989a) ibid., p.41-43.
[135] Khan parece estar se referindo aqui ao Freud (1930) do "Mal-estar na civilização".
[136] KHAN, M. M. R. (s/a) Sobre Winnicott. Buenos Aires: Ecos, p.21.
[137] GREEN, in: Winnicott et al (1977) ibid., p.23.
[138] Ver item 1.4.
[139] Ver também capítulo 7.
[140] As demais questões desenvolvidas por Green serão discutidas ao longo dos próximos capítulos.
[141] WINNICOTT (1965) ibid., p.49.
[142] WINNICOTT (1987a) ibid., p.97,124.
[143] DAVIS, M.; WALLBRIDGE, D. (1981) ibid., p.152.
[144] (cf. Winnicott, 1988, p.215s)
[145] WINNICOTT (1965) ibid., p.49.
[146] Ver adiante.
[147] WINNICOTT (1989a) ibid., p.188.
[148] Ao falar de "situação transicional edípica", Ogden (1989), *ibid*. desenvolveu esta ideia da imago do pai na realidade interna da mãe. Também faz referência à presença ausente do pai, no sentido de que em um primeiro momento a menina se enamora do pai no olhar da mãe.
[149] WINNICOTT (1944), citado por DAVIS; WALLBRIDGE, *ibid.*, (1981), p.153s.
[150] Para uma visão global das proposições do autor sobre o pai, sobretudo nessa função de ambiente indestrutível, ver Winnicott, 1957, p.188s; (1964) ibid., p.31, 98s.; (1965) ibid., p.49, p.102, p.106, p.171; (1987a) ibid., p.124; (1989a) ibid., p.262, p.282-292.
[151] FARJANI, A.C., Édipo claudicante – do mito ao complexo. São Paulo: Edicon, 1987, STORK, J. La madres lo dado; el padre se hace. In: Revista de Psicoanálisis de Madrid. Asociación Psicanalitica de Madrid, número 4, 1986, p.63-80. OGDEN, (1989), ibid.
[152] FARJANI (1987) ibid., p.151.
[153] Essa metáfora corrobora a ideia de que o materno é da ordem da sensorialidade imediata (a terra envolvendo a semente), enquanto o paterno aponta à ordem da dedução (cf. Green in AAVV, 1970, 170)

Notas

e se faz presente pelos seus efeitos, a saber: aquecer a terra e, quando a semente esteja em condições de se expor e sair à luz, proporcionar os efeitos benéficos dos raios de sol.

[154] FARJANI (1987) ibid., p.133; STORK, (1986) ibid.
[155] WINNICOTT, (1964) ibid., p.106.
[156] Ver no próximo capítulo.
[157] RESNIK, S. El padre en el psicoanálisis. In: Revista de Psicoanálisis. Buenos Aires: Asociación Psicoanalítica Argentina, no. 4, 1989, p. 509.
[158] WINNICOTT (1965) ibid., p.76.
[159] Ibid., p.163.
[160] WINNICOTT (1971b) ibid., p.97.
[161] WINNICOTT (1965) ibid., p.132.
[162] STERN (1985) ibid., p.279; p.309.
[163] WINNICOTT (1958) ibid., p.222
[164] O alto grau de infantilismo observável em pessoas com psicose advém do compromisso entre a condição psíquica do indivíduo e a conduta ambiental (familiar, nos contextos terapêuticos, sociocultural; ver item 8.2).
[165] WINNICOTT (1965) ibid., p.163.
[166] STERN (1985) ibid., p.231.
[167] Ibid., p.257-282.
[168] WINNICOTT (1965) ibid., p.275s.
[169] Ver próximo item.
[170] Ver WINNICOTT, D. W.(1971a) Clinica psicoanalítica infantil. Buenos Aires: Hormé, 1993. p. 223-301.
[171] KHAN (s/a) ibid., p.35s.
[172] WINNICOTT (1971a) p.225, colch. LDM.
[173] WINNICOTT (1964) ibid., p.75.
[174] WINNICOTT (1965) ibid., p.250.
[175] Ibid. p.269.
[176] Ibid., p.251; WINNICOTT (1957) ibid., p.138; WINNICOTT (1989a) ibid., p.96.
[177] Ibid., p.72.
[178] Esse bloqueio defensivo poderia ser comparado com a surdez passageira que experimentamos por causa de um ruído ou explosão intensa; isto é: o ouvido reage à intrusão do fator externo bloqueando-se. Em um ambiente patógeno este bloqueio tende a converter-se em um padrão e automatizar-se.
[179] WINNICOTT (1964) ibid., p.215.
[180] Ver na continuação.
[181] WINNICOTT (1989a) ibid., p.154.
[182] Ver em seguida.
[183] SEARLES, H. (1966) Escritos sobre esquizofrenia. Barcelona: Gedisa: 1994, p.273-284.

[184] WINNICOTT (1964) ibid., p.97.
[185] Ver, por exemplo, SERENO, D. Acompanhamento terapêutico e cidade. Dissertação de Mestrado em Psicologia Clínica. Universidade de São Paulo, Brasil, 1996, p.109-115.
[186] WINNICOTT (1964) ibid., p.22.
[187] Ibid.
[188] Mais que falar de dois tipos de transtorno materno, em geral o que se observa é uma oscilação vertiginosa entre ambos. Pankow descreve estas interações da seguinte maneira: "na medida em que a criança é vivida como parte do corpo da mãe, e, por isso, submetido ao desejo e à palavra da mãe, essa está mais contente e é gentil. Apesar disso, despreza a criança para que não perceba que necessita dessa simbiose. Se depois desse desprezo a criança trata de se libertar para andar sozinho, dentro de seus limites, com uma existência de identidade própria, a mãe intervém para recuperar 'essa parte de si mesma' que está perdendo" PANKOW, G. (1979) Estrutura familiar y psicosis. Buenos Aires: Paidós, 1987, p.48s.
[189] Em uma carta a Spock, Winnicott (1987b [1962], ibid., p.223s) disse que não gostava do termo "simbiose", daí que vem ele se expressar em termos de estado primário fusionado e fusão parcial (no caso da mãe). Mesmo assim, para favorecer uma melhor compreensão diferencial empregarei o termo "simbiose" para fazer referência à uma relação fusional patológica e patógena, qualitativamente diferente da relação fusional estruturante.
[190] Para um desenvolvimento clínico desse delineamento, ver capítulo 8.
[191] WINNICOTT (1989a) ibid., p.46.
[192] AULAGNIER – SPAIRANI, citado por WAELHENS, A. De, La psicosis – ensaios de interpretación analítica y existencial. Madrid: Morata, 1972. p.51.
[193] WINNICOTT, (1958) ibid., p.141, 209; WINNICOTT (1988) ibid., p.167; WINNICOTT (1989a) ibid., p.72.
[194] WINNICOTT (1988) ibid., p.184.
[195] Ver na continuação do texto.
[196] WINNICOTT (1988) ibid., p.173ss.
[197] Ibid., p.29ss.
[198] WINNICOTT (1989a) ibid., p.167.
[199] Ibid., 168; Green, 1980.
[200] Ver nos próximos capítulos.
[201] WINNICOTT (1964) ibid., p.27.
[202] WINNICOTT (1987a) ibid., p.131.
[203] WINNICOTT (1989a) ibid., p.72; WINNICOTT (1987b) ibid., p.123ss.
[204] WINNICOTT (1965) ibid., p.154; WINNICOTT (1987b) ibid.,

p.136; WINNICOTT (1989a) ibid., p.190; STERN (1985) ibid., p.25; WAELHENS (1972) ibid., p.73-89).

[205] WINNICOTT (1958) ibid., p.382ss.

[206] WINNICOTT (1965) ibid., p.154.

[207] WINNICOTT (1989a) ibid., p.153ss.

[208] Em algum lugar Winnicott inclusive menciona o caso de uma paciente que pôde fazer a regressão à dependência graças a uma empregada confiável e afetiva.

[209] WINNICOTT (1989a) ibid., p.37.

[210] STERN (1985) ibid., p.182.

[211] Ibid., p.228, 7s, 167s; RACAMIER, P. C. (1980) Tratamiento de la psicosis, cuidado del psicótico. In: RACAMIER, P. C. Os esquizofrénicos. Buenos Aires: Biblioteca Nueva, 1982, p.139-157.

[212] WINNICOTT (1965) ibid., p.275, 316s.

[213] Ibid., p.56, colch, LDM.

[214] WINNICOTT (1989a) ibid., p.152; itál. LDM; colch. tradutora.

[215] Ibid., p.73.

[216] Ibid., p.77ss.

[217] Mannoni (em WINNICOTT et. al (1977) ibid., p.63s) afirma que essa proposta de Winnicott aproxima-se da noção freudo-lacaniana de forclusão, do passado forcluído não lembrável que aparece no real.

[218] WINNICOTT (1989a) ibid., p.73.

[219] Nos escritos de Winnicott há certa ambiguidade neste sentido. Em algumas passagens escreve (certamente influenciado por seus colegas kleinianos) "parte não psicótica da personalidade", ainda que advirta que essa proposta pode ser enganosa já que esta suposta "parte não psicótica" é mais uma manifestação do falso si-mesmo do psicótico (WINNICOTT (1965) ibid., p.272s). Por sua vez, ao referir-se aos casos "fronteiriços", afirma que "o cerne do distúrbio do paciente é psicótico, mas ele possui sempre suficiente organização psiconeurótica." (WINNICOTT (1989a) ibid., p.172). Dada a complexidade do tema, considero aceitável a ideia de uma estrutura "fronteiriça" que em psicopatologia costuma se manifestar como patologias graves, entre as quais estão incluídos os transtornos de personalidade, narcisistas, obsessivo-complusivos, etc., muitas vezes acompanhados por temores hipocondríacos, afecções psicossomáticas, delinquência, maus-tratos (violência de gênero, etc.) e adição às drogas. Ver FIORINI, H.J. *Estructuras y abordajes en psicoterapias psicoanalíticas*. Buenos Aires: Nueva Visión, 1993; Kohut, (1971) ibid.

[220] Ver na continuação.

[221] Não só o delírio exerce um importante efeito sustentador, como também as condições atuais de vida, o suporte humano recebido (familiares, amigos, grupos, instituições), a realização de atividades

laborais, culturais, religiosas, artísticas ou criativas; isto é, tudo aquilo que de alguma forma remete à transicionalidade.

[222] STERN (1985) ibid., p.225.

[223] FIORINI (1993) ibid., p.111; Kohut (1971) ibid.

[224] Essas relações se manifestam de diferentes formas segundo a organização psicopatológica básica. Por exemplo; no transtorno narcisista o sujeito tende a ficar à mercê do objeto idealizado (FIORINI, 1993, ibid., p.106ss; KOHUT (1971) ibid., p.54ss), enquanto que em um transtorno de personalidade com atividade delitiva rouba coisas que representam o objeto e tudo aquilo que idealmente poderia lhe proporcionar (WINNICOTT (1957) ibid., p.180ss). Trata-se de uma tentativa falida de roubar do outro aquilo que outro tipo de paciente "mendiga" ativa ou passivamente. Mesmo assim, é comum observar transtornos narcisistas em deliquentes. Em ambos os casos costuma coincidir a falta de autoestima, as mentiras, a excentricidade exarcebada, a hipersensibilidade à crítica, etc. (KOHUT (1971) ibid., p.108ss; p.154ss).

[225] OGDEN (1989), ibid., p.22.

[226] Ibid., p.26.

[227] WINNICOTT (1989a) ibid., p.175ss; WINNICOTT (1989b) ibid., p. 15.

[228] SEARLES (1966) ibid., p.31ss.

[229] GRINBERG, L.; SOR, D.; BIANCHEDI, E. T. Nueva introducción a las ideas de Bion. 1991, p.44.

[230] WINNICOTT (1965) ibid., p.194.

[231] WINNICOTT (1965) ibid., p. 36s; WINNICOTT (1987a) ibid., p.134; SEARLES (1966) ibid., p.57s.

[232] WINNICOTT (1957) ibid., p.167; WINNICOTT (1989a) ibid., p.234.

[233] WINNICOTT (1988) ibid., p.197.

[234] WINNICOTT (1987a) ibid., p.135; WINNICOTT (1989b) ibid., p. 250.

[235] CARROZOO, N. In : EQUIPE DE ACOMPANHANTES TERAPÊUTICOS DO HOSPITAL DIA "A CASA" (org). A rua como espaço clínico. São Paulo : Escuta, 1991, p.34.

[236] SECHEHAYE, M. A. (1947) La realización simbólica y Diario de uma esquizofrénica [1950]. México: Fondo de Cultura Económica, 1992, p.17.

[237] WINNICOTT (1971b) ibid., p.10.

[238] GREEN, em WINNICOTT et. al, 1977.

[239] O termo management utilizado por Winnicott poderia ser traduzido por "manejo, direção, administração". Mesmo que "manejo" possa levar a mal-entendidos (por exemplo: que seja entendido no sentido de manipulação), optei por mantê-lo pois é o termo empregado em praticamente todas as traduções ao espanhol [e também ao português]. Em uns poucos casos aparece "direção".

[240] WINNICOTT (1964) ibid., p.28.

Notas

[241] WINNICOTT (1964) ibid., p.180ss; WINNICOTT (1965) ibid., p.255; 294.
[242] WINNICOTT (1987b) ibid., p.41ss.
[243] WINNICOTT (1987b) ibid., p.39.
[244] Sobre a repressão teórica no âmbito da "política discursiva em psicanálise ver ALTHUSSER, L. *Estructuralismo y Psicoanalisis*. Buenos Aires: Nueva Visión, 1970, p.79; BAREMBLITT. In: EQUIPE DE ACOMPANHANTES TERAPÊUTICOS DO HOSPITAL DIA «A CASA» (org). *A rua como espaço clínico*. São Paulo : Escuta, 1991, p.89; BAULEO, A. *Notas de psicología y psiquatria social*. Madrid: Atuel, 1988, 52ss.
[245] KHAN (s/a) ibid., p.30.
[246] WINNICOTT (1964) ibid., p.157ss.
[247] WINNICOTT (1965) ibid., p.194.
[248] WINNICOTT (1989a) ibid., p.39.
[249] Parece que Winnicott atendia essa paciente em seu consultório particular. Pois quando trabalhava em instituições públicas dispunha da colaboração dos assistentes sociais psiquiátricos. Poderia ser válida a hipótese segundo a qual é mais fácil compartilhar, com outros profissionais, um "paciente público".
[250] WINNICOTT (1965) ibid., p.194.
[251] Também o diagnóstico do paciente, assim como uma série de vicissitudes de seu entorno, do enquadre global do tratamento e do vínculo com o Acompanhante, vão demandar que a tarefa tenha uma tonalidade mais clínica ou mais assistencial, mas sempre verde.
[252] Ver item 6.2.3.
[253] WINNICOTT (1965) ibid., p.194.
[254] Ver DOZZA et al. Manifiesto Antisocialista (1ª. Parte) In: Area 3: Cuadernos de temas grupales e Institucionales. 2011, no. 15, disponível em: http://www.area3.org.es/Uploads/a3-15-antiasistencialismo.pdf, acessado em 27/05/2017; DOZZA, L. M.; TARI, A. G. Estrategias asistenciales para pacientes graves. In: Area 3: Cuadernos de temas grupales e Institucionales. 1996, no. 3. disponível em: http://www.area3.org.es/Uploads/a3-3-Estrategiasasistenciales-LDozzayATar%C3%AD.pdf, acessado em 27/05/2017.
[255] Ver também o artigo sobre "Clínica do Cotidiano e Acompanhamento Terapêutico" (DOZZA, 2012).
[256] SERENO (1996), ibid., p.169, colchetes, LDM.
[257] São muitas as formas com as quais o Acompanhante pode fomentar esta existência fantasmática. Poderia citar aqui o caso da paciente que "como não falava, não perguntava e não respondia, o Acompanhante não o considerou, nem se apresentou formalmente, formando parte de uma equipe e de um enquadre, não lhe falou dos horários de Acompanhamento Terapêutico etc." (MAUER, S. K.; RENISKY, S. Jornadas sobre Acompañamiento Terapéutico. Organizadas por el

CESS en Zaragoza (transcripsión de las grabaciones, inédito), 39 páginas.
[258] FOUCAULT, M. (1964) Historia de la locura en la época clássica. Vols. I y II. México: Fondo de Cultura Económica, 1967.
[259] Ver item 6.2.2 infra.
[260] Ver item 5.2.1.2 infra.
[261] PULICE, G.; ROSSI, G. Acompañamiento Terapéutico: aproximaciones a su conceptualización. Presentación de material clínico. Buenos Aires: Xavier Bóveda, 1994, p.23-29; BARRETO, K. D. Andanças com Dom Quixote e Sancho Pança pelos campos da transicionalidade: relatos de um Acompanhante Terapêutico. Dissertação de Mestrado em Psicologia Clínica. Pontifícia Universidade Católica de São Paulo, 1997, p.169-180.
[262] Ver também as exposições de Baremblitt ((1991) ibid., p.79-84; e In: EQUIPE DE ACOMPANHANTES TERAPEUTICOS DO HOSPITAL DIA "A CASA" (org.) Crise e Cidade: acompanhamento terapeutico, São Paulo, EDUC, 1997, p.177-182). Destacaria também um capítulo que li recentemente intitulado "Os paradoxos da amizade" (PULICE, G. Fundamentos clínicos del Acompañamineto Terapéutico. Buenos Aires: Letra Viva, 2011, p.136) e que coincide bastante, mesmo que por caminhos diferentes, com o que escrevo na continuação.
[263] AAVV, 1991) ibid., p.136.
[264] Ibid.
[265] Ibid., p.135.
[266] BARRETO (1997) ibid., p.175.
[267] WINNICOTT citado por BARRETO (1997) ibid., p.179.
[268] O texto citado é: WINNICOTT, D. W. [1961] Varieties of Psychotherapy, in "Home is Where We Start From". New York: Norton, 1994.
[269] BARRETO (1997) ibid., p.179.
[270] Ibid., p.175, 178.
[271] É possível sustentar a atitude profissional inclusive enquanto se brinca com o paciente na piscina. Por outro lado, se o Acompanhante adota uma postura rígida e distante, isso pode ser devido a que "a atitude profissional pode erigir-se sobre as defesas, inibições e a obsessão pela ordem" (WINNICOTT, 1965, ibid., p.193). Neste sentido, estou de acordo com as exposições de Barreto sobre os perigos de que uma atitude profissional se converta em rigidez, falta de espontaneidade e afeto, assimetria defensiva, etc.
[272] WINNICOTT (1965) ibid., p.318.
[273] WINNICOTT (1964) ibid., p.86.
[274] RICKMAN, citado por WINNICOTT (1965) ibid., p.266.
[275] Além da questão dos honorários, no Acompanhamento Terapêutico particular costuma-se estabelecer que os gastos realizados durante os

Notas

encontros são por conta do paciente ou de sua família, o que constitui uma afronta à amizade.
[276] ETCHEGOYEN, R. H. (1986) Fundamentos da técnica psicanalítica. Porto Alegre: ArtMed, 2008, p.160.
[277] ibid, p.155, colch LDM.
[278] WINNICOTT (1987a) ibid. p.192ss.
[279] WINNICOTT (1971b) ibid. p.123.
[280] BION, W. R. (1967) Volviendo a pensar. Buenos Aires: Horme. 1990. ROSENFELD (1987) Impasse y interpretación. Madrid: Tecnipublicaciones, 1990; ETCHEGOYEN (1986) ibid.; GRITA La subjetividad em la técnica analítica. In: Intersubjetivo – Revista de Psicoterapia Psicoanalítica y Salud. Madri: Quipú, 1999, no. 1, p.7-16.; STERN (1985); STERN et al. (1998) Mecanismos não interpretativos na terapia psicanalítica. "Algo mais" além da interpretação. Livro Anual da Psicanálise. São Paulo: Escuta, tomo XIV, 2000., 1998; WINNICOTT, D. W.; (1947a) El odio en la contratransferência. In: WINNICOTT (1958) ibid., WINNICOTT, D. W. (1960a) Contratransferência. In: WINNICOTT (1965) ibid.
[281] WINNICOTT (1989a) ibid., p.80.
[282] WINNICOTT (1965) ibid., p.198.
[283] WINNICOTT (1957) ibid., p.118.
[284] Ibid.
[285] Do exposto pode ser extraído a sugestão de pensar o Acompanhamento Terapêutico a partir do psicodrama, não farei isso nesse contexto pois não tenho um conhecimento minimamente profundo do tema (que, na Espanha, em sendo desenvolvido por Alexandro Chevez e Andrea Montouri). Por outra parte, tomarei como ponto de referência algumas questões relativas à formação e o trabalho do ator. Atendi a vários atores em psicoterapia, mas meus conhecimentos sobre os processos do ator os devo também ao meu amigo Iñaki Aierra (ator e professor de arte dramático).
[286] STANISLAVSKI, C. (s.a) El trabajo del actor sobre su papel. Buenos Aires: Quetzal, 1977; HETHMON (1968).
[287] STERN et al. (1998), ibid.
[288] STANISLAVSKY (s.a.) ibid., p.108.
[289] STERN (1985) ibid., p.195.
[290] STERN (1985) ibid., p.192.
[291] WINNICOTT (1989a) ibid., p.188.
[292] BARRETO (1997) ibid., p.77s, p.181ss.
[293] FERENCZI, S. (1913); (1919); (1921a); (1925); (1926); (1933) Obras completas. Madrid: Espasa-Calpe; FIORINI, (s/a) Teoría y técnica de psicoterapias. Buenos Aires: Nueva Visión, 2000, 18ª. ed.; OGDEN, T.H. (1994) El concepto de acción interpretativa. In: Revista de Psicoanálisis de la AP de BA, Vol. XVIII, no. 3, 1996, p.495-520.

[294] FIORINI (1993) *ibid.*, p.89.
[295] BAREMBLITT (1991) *ibid.*, p.79-84.
[296] ZAC, J. Un enfoque metodológico del establecimiento del encuadre. In: Revista de psicoanálisis, vol. 28, p.593-610.
[297] ETCHEGOYEN (1986), *ibid.*, p.290.
[298] *Ibid.*
[299] ETCHEGOYEN (1986), *ibid.*, p.292.
[300] FIORINI (s/a) *ibid.*, p.33; WINNICOTT (1965) *ibid.*, p.206, 294.
[301] FIORNI (s/a) *ibid.*, p.113.
[302] Ver ponto 3.1.
[303] FIORINI (s/a) *ibid.*, p.23ss, p.185.
[304] ETCHEGOYEN (1986) *ibid.*, p.292.
[305] ETCHEGOYEN (1986) *ibid.*
[306] *Ibid.*, p. 296; FIORINI (s/a) *ibid.*, p.75s.
[307] Deter-me-ei, daqui em diante, nos casos em que o Acompanhamento Terapêutico aconteceu com uma grande participação da família, pois é nesses casos em que melhor pode-se observar os fenômenos que pretendo descrever.
[308] WINNICOTT (1965) *ibid.*, p.95.
[309] OGDEN (1989), *ibid.*, p.163.
[310] Ver item 7.3.
[311] WINNICOTT (1964) *ibid.*, p.93.
[312] SEARLES (1996) p.176.
[313] BLEGER, J. (1967) Simbiosis y Ambigüedad. Buenos Aires: Paidós, 1984, p.247s.
[314] Para além das particularidades desse caso, este tipo de regulação dos honorários (por hora) pode ser considerada uma constante nos Acompanhamentos Terapêuticos realizados em nível particular. Além disso, todos os gastos realizados durante o Acompanhamento costumam ser de responsabilidade do paciente ou responsável. Tudo isso é acordado no estabelecimento do contrato.
[315] SEARLES (1966) *ibid.*, p.61.
[316] WINNICOTT (1958) *ibid.*, p.269.
[317] Uso o termo "desmarcação" no sentido quando se sai da "marca" do outro ou de algum tipo de "engate" com o outro. Em uma analogia futebolística, trataria de desmarcar-se da marcação ou pressão, de uma defesa, que o impede ou anula. Também empregarei esse termo na hora de falar de "desmarcação especular" (ver item 8.3).
[318] Ver na continuação.
[319] (Cenamo, Silva e Barreto em AAVV, 1991, p.190-205)
[320] *Ibid.*, p.192.
[321] *Ibid.*, p.194.
[322] *Ibid.*, p.197.

Notas

[323] *Ibid.*, p.199; itál. LDM.
[324] *Ibid.*, p.199.
[325] *Ibid.*
[326] Segundo as minhas impressões, é evidente a irritação da Acompanhante quando diz: "Eu não faço como a sua mãe porque não sou sua mãe". Poder-se-ia pensar que, a partir de sua irritação, a Acompanhante se desmarca de sua "identificação" com a figura materna. Mas, sobretudo parece haver aqui uma "Acompanhante-filha" cansada de ter que ser o que supõe que a demanda materna espera que seja. Ao mesmo tempo, isso parece apontar à questão da constituição da identidade a partir da negação das identificações primárias. Isto é, "eu não sou igual que mamãe" implica que, gostando ou não, mamãe é uma referência para a constituição da identidade. Nesse sentido, resta apontar que o ódio (irritação da Acompanhante) é um elemento fundamental no processo de desidealização e integração (ver item 1.5.2.1).
[327] De acordo com Freud (1905) veremos que o riso é um critério fidedigno de avaliação clínica (ver capítulo 9).
[328] (AAVV, 1991, p.196)
[329] *Ibid.*, p.202.
[330] SEARLES (1966) *ibid.*, p.61.
[331] Ibid.
[332] (AAVV, 1991, p.202)
[333] SEARLES (1966) *ibid.*, p.64.
[334] (AAVV, 1991, p.204)
[335] SAFRA, G. Momentos mutativos em psicanálise: uma visão winnicottiana. São Paulo: Casa do Psicólogo, 1995, p.30ss.
[336] WINNICOTT (1958) *ibid.*, p.273; CATAFESTA, I. F. M (org.) D. W. Winnicott na universidade de São Paulo. (Textos del Congreso O verdadeiro e o falso: A tradição independente na Psicanálise Contemporânea, 1995). São Paulo: Instituto de Psicologia da USP, 1996, p.173ss.
[337] (Fulgêncio Junior, em AAVV, 1991, p.234)
[338] WINNICOTT (1988) *ibid.*, p.171.
[339] WINNICOTT (1989a) *ibid.*, p.79.
[340] DAVIS, M.; WALLBRIDGE, D. (1981) *ibid.*, p.128s.
[341] WINNICOTT (1965) *ibid.*, p.257.
[342] Esse ponto será desenvolvido no item 9.4.
[343] (cf. AAVV, 1991, p.29, p.140s; Dozza, 1992, p.37)
[344] Ver o capítulo 7.
[345] BRAGA. In: EQUIPE DE ACOMPANHANTES TERAPEUTICOS DO HOSPITAL DIA "A CASA" (org.), (1997), *ibid.*, p.15.
[346] (AAVV, 1991)
[347] FULGENCIO JUNIOR, L. In : (1991) EQUIPE DE ACOMPANHANTES TERAPEUTICOS DO HOSPITAL DIA "A CASA" (org.), *ibid.*, p.235.

[348] DOZZA (1994) *ibid.* p.41s.
[349] ROSENFELD (1987) *ibid.*, p.349ss.
[350] DOZZA, L. M. Acompañamiento terapéutico de pacientes psicóticos: consideraciones históricas, ideológicas y prácticas. In: Area 3 – Cuadernos de temas grupales e institucionales. Asociación para el Estudo de Temas Grupales, Psicosociales e Institucionales. No. 1, 1994, p.41. Disponível em: http://www.area3.org.es/Uploads/a3-1b-acompa%C3%B1amiento-LDozza.pdf, acessado em 25/05/2017.
[351] RICKMAN, citado por WINNICOTT (1965) *ibid.*, p.266.
[352] Ver também o tópico sobre a função da interdição, no item 7.5.1.
[353] A "síndrome do acostumamento" não é algo necessariamente negativo. Em determinados momentos da relação terapêutica, faz parte do paradoxo da atuação contratransferencial. Será algo negativo se o Acompanhante não pode "desacostumar" pouco a pouco e se desmarcar.
[354] Da mesma forma, quando se "expulsa" uma criança da relação fusional e edípica, está se contribuindo para a sua inserção no social a partir da instituição de relações legisladas, isto é: trata-se de uma exclusão que inseri, ou de uma proibição que autoriza. (ver Green, em AAVV, 1970, p.71-77)
[355] (CAIAFFA, em AAVV, 1991, p.98)
[356] Ver abaixo.
[357] PULICE; ROSSI (1994) *ibid.*, p.21.
[358] Ver próximos capítulos.
[359] Ao que diz respeito às contraindicações deste princípio de flexibilidade, ver na continuação.
[360] O manejo estrito do enquadre não impede que Acompanhante e acompanhado combinem mudanças pontuais de horário para facilitar a execução da Tarefa (atividades, acompanhamentos a compromissos, etc).
[361] FARNEDA, R. G. (1989) Considerações sobre a paixão no acompanhamento terapêutico de psicóticos. São Paulo, inédito.
[362] WINNICOTT (1958) *ibid.*, p.270.
[363] WINNICOTT (1987b) *ibid.*, p.122.
[364] WINNICOTT (1958) *ibid.*, p.278.
[365] KOHUT (1971), *ibid.*
[366] Aqui o cumprimento da hora de finalização dos encontros também contribuía a limitar e modular a idealização-fascinação para com o Acompanhante. Sem esta modulação, estes processos estruturantes poderiam ter se convertido em um obstáculo ao processo terapêutico.
[367] Não se trata de estabelecer uma regra segundo a qual o Acompanhante deve se abster de dizer "gosto de você" para o paciente, mas sim de que, devido às particularidades desse caso, optei por não dizer.
[368] (Lapanche e Pontalis, 1967, p.319)
[369] WINNICOTT (1987b), p.123.

Notas

370 (cf. AAVV, 1991, p.85ss).
371 (In: AAVV, 1991, p.86s).
372 Wallace Stevens, citado por OGDEN (1994), *ibid*.
373 PORTO ; SERENO, In : EQUIPE DE ACOMPANHANTES TERAPEUTICOS DO HOSPITAL DIA "A CASA" (org.), (1991), *ibid*., p.29.
374 OGDEN (1994), *ibid*.
375 *Ibid*., p.498.
376 Até onde pude pesquisar, a utilização do termo "ação interpretativa" por Ogden e Acompanhantes desde ser considerada pura coincidência. Não há nenhuma referência indicando que os Acompanhantes tenham tomado esse termo do artigo de Ogden. Seu artigo é de 1994, e em meados dos anos 1980, entre os Acompanhantes já falávamos de ação interpretativa (mesmo que pareça não haver nenhum artigo que desenvolva esse conceito). No desenvolvimento do que exporei na continuação, convém dizer que só recentemente tive acesso aos artigos de Ogden e Racamier. Não se trata de salvaguardar a originalidade, mas sim de destacar que esta convergência teórica "casual" é significativa; isto é, parece haver um movimento contemporâneo de reconhecimento de diversos níveis de comunicação, o que supõe uma certa desmarcação do modelo psicanalítico mais tradicional, centrado quase exclusivamente no enfoque verbal-interpretativo (ver sobretudo NASIO (s/a) ; RACAMIER (1980) *ibid*.; SEARLES (1966); STERN (1985); STERN et al. (1998).
377 *Ibid*., p.495.
378 *Ibid*., 516; STERN e outros, (1998) *ibid*.
379 Ver item 3.4 acima.
380 RACAMIER (1980), *ibid*.
381 *Ibid*, p.149.
382 *Ibid*., p.151.
383 *Ibid*.
384 *Ibid*., p.150.
385 STERN (1985) *ibid*., p.291s.
386 *Ibid*.
387 MACHADO, M. Alguns Cantares. tradução de José Bento. Disponível em: http://poemapossivel.blogspot.com.br/2011/06/adelfos-de-manuel-machado.html, acessado em 22/04/2017.
388 SECHEHAYE (1947) *ibid*.
389 FIORINI (s/a) *ibid*., p.16.
390 Na época Carlos apresentava uma melhora significativa, de modo que o contrassentido da brincadeira era evidente: "estou piorando=estou melhorando". A meu ver, sua melhora apresentava uma estreita correspondência com uma gradual perda de capacidade para a sedução do tipo "psicopática".
391 ETCHEGOYEN, (1986), *ibid*., p.36.

[392] Fiorini (1993) relata uma vinheta clínica em que um paciente de Kohut se orgulhava de adotar uma atitude arrogante e desafiante ante diversos policiais que o haviam multado por excesso de velocidade. Kohut anunciou a seu paciente que faria a interpretação mais profunda de toda a sua análise: "Você é um perfeito idiota". Fiorini sugere que se trata aqui de "confrontar o paciente com uma imagem, isto é, realizar uma passagem de indícios de condutas diversas a um trabalho no nível da imagem" (ibid., p.126). Logo em seguida sugere que é possível confrontar de um modo menos dramático que o empregado por Kohut. Estou de acordo com isso, mas considero que há pacientes que tendem a não registrar estas intervenções "menos drásticas"; com o qual, em determinadas situações pontuais pode ser conveniente empregar "palavras-força". Como diria Zaratustra, "Com trovões celestes e fogos de artifício é que se deve falar aos sentidos frouxos e adormecidos" (NIETZSCHE, F. (1890) Assim falou Zaratustra. São Paulo: Companhia das Letras. 2011, p.89.)

[393] Em algum lugar escutei, ou li, que historicamente o zero foi o último número que se "descobriu". Talvez seja o "mais simbólico" dos números, ou o que supõe um maior grau de capacidade representacional.

[394] Lembre-se aqui um dos fundamentos do "método": "O Acompanhante é um fingidor. Finge tão completamente, que chega a fingir que é verdade a verdade que de fato sente." (ver item 3.4). Na cena descrita eu tratava de "fingir" que não estava preocupado.

[395] PULICE; ROSSI, (1994) ibid., p.27.

[396] ETCHEGOYEN (1986) ibid., p.382-388.

[397] Ver LAPLANCHE; PONTALIS. *Vocabulário de Psicanálise*. São Paulo, Martins Fontes, 1967.

[398] WINNICOTT (1971b) ibid., p.121.

[399] FIORINI (1993) ibid., p.125.

[400] Ver FIORINI (1993) ibid.; SEARLES (1966) ibid.; STERN (1985); WINNICOTT (1965) ibid., p.223-233.

[401] FIORINI (1993) ibid., p.125.

[402] Grande parte da controvérsia parece ser devido ao modo de conceituar aquilo que se faz. Searles comenta que "nos exemplos de Rosenfeld e Bion é impossível saber até que ponto o que ajuda o paciente é o conteúdo verbal esclarecedor adequado da interpretação, e até que ponto a eficácia surge dos sentimentos de confiança, firmeza e compreensão que transmite no tom com que pronuncia essas palavras um terapeuta que sente que conta com uma base teórica sólida para formular os fenômenos clínicos em que se encontra." (SEARLES (1966), ibid., p.258) Winnicott (1987a; ibid., p.127) inclusive vai mais longe, e numa carta a Rosenfeld diz que, na hora de conceituar a psicanálise de psicóticos, explicita somente o material estritamente analítico e omite tudo o que é referente ao manejo.

Notas

[403] ROSENFELD (1987) *ibid.*, p.30.
[404] FIORINI (s/a) *ibid.*, p.53.
[405] *Ibid.*, p.57s.
[406] *Ibid.*, p.58s.
[407] Ver o item 5.2.2.
[408] Esta frase faz referência aos filmes "Asas do Desejo" (1987) e "Tão longe, tão perto" (1993) de Win Wenders, nos quais os protagonistas são anjos incorpóreos que experimentam a angústia de não sofrer nem ter prazer.
[409] BION, (1967), ibid.; ROSENFELD (1987) *ibid.*
[410] WINNICOTT (1965) ibid., p.296, ver item 1.4.
[411] FREUD, S. (1930) O mal-estar na civilização. In: FREUD, S. Obras completas de Sigmund Freud. Rio de Janeiro: Imago, 1996. vol. XXI, p.104.
[412] *Ibid.*, p.67.
[413] *Ibid.*, p.131ss.
[414] *Ibid.*, p.133.
[415] OGDEN (1989) *ibid.*, p.127-135.
[416] No capítulo 2.
[417] WINNICOTT (1971b) *ibid.*, p. 137.
[418] Ver o item 1.4.
[419] SERENO (1996), *ibid.*, p.113.
[420] WINNICOTT (1957) *ibid.*, p.188s; (1989a) *ibid.*
[421] OGDEN (1994) *ibid.*, p.511.
[422] Ver item 4.2.1s.
[423] NIETZSCHE (1890) *ibid.*, p.89.
[424] Estes "gritos" não têm necessariamente uma intencionalidade dirigida a determinado objeto, como também não há intencionalidade quando o neonato berra e espernea. Simplesmente, a necessidade "grita" (descarga motora).
[425] Ver Green, em AAVV (1970) p.74, 147; OGDEN,(1989) *ibid.*, p.135.
[426] OGDEN, (1989) *ibid.*, p.125.
[427] Green, em AAVV, 1970, 74s; OGDEN, (1989) *ibid.*, p.125-136.
[428] TERRAZAS, J. G. Introducción del narcisismo – o orden primordial de las valoraciones. In: Bleichmar, H. e outros. Lecturas de Freud, Buenos Aires: Lugar Editorial, 1990, p.101-169.
[429] *Ibid.*, 1990, p.146.
[430] OGDEN (1989) *ibid.*, p.135s.
[431] *Ibid.*; p.122-134.
[432] BRAGA (1997) *ibid.*, p.105ss.
[433] *Ibid.*, p.105.
[434] Do ponto de vista do desenvolvimento, a "interdição contribui para que a criança supere o prazer do órgão em favor de trocas afetivas com o outro e com o mundo" (SAFRA (1995) *ibid.*, p.123).

[435] *Ibid.*, p.104s.
[436] MACHADO, A. O olhos que vês. Disponível em: http://ruadaspretas.blogspot.com.br/2013/03/antonio-machado-o-olho-que-ves.html, acessado em 23/04/2017.
[437] WINNICOTT (1971b) *ibid.*, p.153.
[438] *Ibid.*, p.154.
[439] *Ibid.*, p.145.
[440] WINNICOTT (1989a) *ibid.*, p.210.
[441] Diversas situações experimentais demonstram que "os bebês preferem olhar para rostos em vez de outros variados padrões visuais" (STERN (1985) *ibid.*, p.36).
[442] WINNICOTT (1971b) *ibid.*, p.157.
[443] STERN (1985) *ibid.*, p.42-46.
[444] MALDAVSKY, D. Teoría e clínica de los procesos tóxicos: adicciones, afecciones psicossomáticas, epilepsias. Buenos Aires: Amorrortu, 1992, p.160.
[445] Na vida adulta esta unidade ou fusão dos sentidos, derivada da percepção amodal, se manifesta em diversas formas de expressão artística; e também será um dos fundamentos da metáfora (STERN (1985) p.137-144). Por sua vez, a linguagem verbal tende a privilegiar o sentido da visão; por exemplo, quando dizemos "olha que música bonita", "olha o que você está me dizendo"; mas não costumamos dizer "escuta que quadro bonito". Esse último é mais comum na metáfora poética.
[446] STERN (1985) *ibid.*, p.177.
[447] TERRAZAS (1990) *ibid.*, p.143.
[448] GREEN (1970) *ibid.*, p.22.
[449] STERN (1985) *ibid.*, p.184s, 221, 258s.
[450] *Ibid.*, p.252s.
[451] *Ibid.*, p.253.
[452] Ainda que o processo da especularidade se dê de diversas formas de estímulos visuais, auditivos, semânticos, etc., emprego os termos "ver" e "olhar" pois, como assinalava, a linguagem verbal tende a privilegiar as descrições em termos visuais. Dessa forma, cabe não perder "de vista" que muito do especular se processa, por exemplo, naquelas situações em que o terapeuta fala ao paciente como se esse fosse uma criança. Trata-se de algo especular no sentido de que, a partir de seu universo representacional que se manifesta através do tom de voz, das construções semânticas, etc., o terapeuta está refletindo para o paciente "imagens" (nesse caso infantilizadas) de si mesmo.
[453] MALDAVSKY (1992) *ibid.*, p.159.
[454] STERN (1985) *ibid.*, p. .)
[455] WINNICOTT (1971b) *ibid.*, p.154.

Notas

[456] *Ibid.*, p.155.
[457] PICHON-RIVIÈRE, E. Teoría del vínculo. Buenos Aires: Nueva Visión, 1979, p.117.
[458] Inclusive depois da catástrofe do colapso psicótico, e com os déficits e estereotipias gerados ao longo dos anos de cronificação, é comum observar que sobretudo algumas mães seguem sustentando uma imagem do filho psicótico como se ele fosse uma espécie de gênio, guru ou grande filósofo (ideal), ao mesmo tempo que lhe atribui todos os defeitos e atrocidades humanamente possíveis (resíduos).
[459] RACAMIER (1980) *ibid.*, p.140.
[460] Como indiquei (no item 4.2.1), emprego o termo "desmarque" no sentido em que alguém sai da "marca" da demanda do outro ou de algum tipo de "engate" com o outro. Em uma analogia futebolística, tratar-se-ia de "desmarcar-se" da marcação ou pressão que lhe impede ou anula.
[461] Vários autores (SUÁREZ, F. G.; CARRASCO, E. A. Psicohigiene institucional en residencias de ancianos. 1983, inédito.; SUÁREZ, F.G.; Residencia de ancianos: El equipo interdisciplinario, una posibilidad de cambio? In: Revista Española de Geriatría y Gerontología. 1982, no. 17, p.103-106. SUÁREZ, 1989; DOZZA, L. M. El viejo, el demente, el loco y el negro: de la mirada patética a la mirada poética (comentario al artículo de Merchán, E.; 1999). In: Area 3 – Cuadernos de Temas Grupales e Institucionales. Madrid: Asociación para el Estudio de Temas Grupales, Psicosociales e Institucionales. 1999, no. 7, p.14-17. Disponível em: http://asociacionciceron.org/wp-content/uploads/2014/03/00000116-el-viejo-el-dementeel-loco-y-el-negro.pdf, acessado em 27/05/2017; MERCHÁN, E. Acompañamiento a personas con demência en uma vivenda compartida de mayores. In: Area 3 – Cuadernos de Temas Grupales e Institucionales. Madrid: Asociación para el Estudio de Temas Grupales, Psicosociales e Institucionales. 1999, no. 7, p.4-13. Disponível em: http://www.area3.org.es/sp/item/122/E.%20Merch%C3%A1n:%20Acompa%C3%B1amiento%20a%20personas%20con%20demencia%20en%20una%20vivienda%20compartida%20de%20Mayores, acessado em 27/05/2017. SALVAREZZA, L. Vejez, medicina y prejuicios. In: Area 3 – Cuadernos de Temas Grupales e Institucionales. Madrid: Asociación para el Estudio de Temas Grupales, Psicosociales e Institucionales. 1994, no. 1, p.7-17. Disponível em: http://www.area3.org.es/Uploads/a3-1b-vejez-LSalvarezza.pdf, acessado em: 27/05/2017.) destacam também a questão da alienação (infantilização, tolificação) em idosos, e sobretudo nos institucionalizados. Parece que, a partir de um lugar próximo e distinto do psicótico, o idoso também tende a se oferecer ao mundo sob a condição suplicante de, pelo menos, ser a encarnação dos resíduos

alheios. Mesmo que aqui não corresponda falar de "buraco negro do não-ser", a velhice costuma implicar na perda de funções e papéis em nível familiar e social. Estes "buracos" (perda de identidade social) fomentam aquela condição suplicante, uma vez que assistimos como os profissionais (sobretudo a partir dos perfis de entonação) tendem a se relacionar com os idosos atribuindo-lhes uma série de resíduos socioculturais (infantiloide, bobo, incapacitado).

[462] Os profissionais e familiares costumam reconhecer a facilidade com a que o psicótico encontra o "calcanhar de Aquiles" de alguém. Estes "poderes telepáticos" parecem ter que ver com que o psicótico tende a encarnar o que é inconsciente no outro, como se sua existência real fosse o sonho do outro. Daí que se pode observar um alto grau de ansiedade sobretudo em profissionais que se propõem a "escutar" (no sentido amplo) o psicótico, dado que lhe escutar é escutar o inconsciente desprezado de si mesmo, e sobretudo na medida em que se converteu em objeto "psignificativo" para o paciente. Desse ponto seria possível pensar também as propostas de Foucault (1964) sobre o modo de existência e a palavra do louco como oráculo, mensageiro dos deuses, das verdades, do destino e das desgraças humanas. Nos termos desse capítulo, diria que o psicótico é mensageiro do inconsciente e da contracultura; um mensageiro que encarna e atua a mensagem.

[463] STERN et al. (1998) ibid.
[464] SEARLES (1966) ibid., p.185.
[465] FERENCZI, S. (1913) ibid., p.229.
[466] STERN (1985) ibid., p.145.
[467] Em seu livro Stern também fala dos efeitos estruturantes da linguagem verbal, através da qual "as crianças solidificam aquilo que têm em comum com o progenitor e mais tarde com os outros membros da língua, quando descobrem que seu conhecimento experiencial pessoal é parte de uma experiência maior de conhecimento, que elas estão unificadas com outros em uma base cultural comum." (STERN (1985) ibid., p.153)
[468] LABOV; FANCHEL (1977) citado por Stern (1985), ibid., p.161.
[469] STERN (1985), ibid. p.157.
[470] Ibid., p.160.
[471] ROSENFELD (1987) ibid., p.203.
[472] "Segal, Bion e Rosenfeld afirmaram que não fazia falta nenhuma mudança na atitude do analista senão somente mudanças menores na técnica [...]. Também confiaram quase exclusivamente nas interpretações para tratar a grave perturbação da linguagem e pensamento do paciente esquizofrênico [...]. O desenvolvimento do tratamento da psicose durante os últimos cinquenta anos sugere que está justificada

Notas

a esperança de Freud de que talvez chegue a ser possível certa aproximação ao tratamento da psicose." (Rosenfeld (1987) *ibid.* p.383s)

[473] No capítulo 9.3 infra.

[474] BAREMBLITT (1991) *ibid.*, p.82s.

[475] Sabe-se que Winnicott, que tinha um antidiscurso em relação ao discurso oficial da Sociedade Britânica, durante muitos anos não havia sido convidado a participar nos programas de formação. Por sua vez, em um capítulo intitulado "A Psicopolítica" Bauleo recorda que Ferenczi, quem propôs fundar a Associação internacional e foi um de seus primeiros presidentes, "esteve quase excluído ou esquecido nas 'citações', quase desaparecendo dos programas de formação." (BAULEO (1987) *ibid.*, p.44).

[476] BAREMBLITT (1991) *ibid.*, p.80.

[477] FREUD, S.; OPPENHEIM, E. Os sonhos no Folclore. In: FREUD, S. Obras completas de Sigmund Freud. Rio de Janeiro: Imago, 1996. Vol. XII, p.205.

[478] Talvez também seja válido pensar que os tesouros de uma cultura tendem a serem geridos no seio daqueles setores culturalmente desprezados. Assim, na cultura cigana da Espanha gestou-se o Flamenco; na cultura negra dos Estados Unidos gerou-se o Jazz, o Blues, o Hip-Hop. Paradoxalmente, estas manifestações artísticas dos setores desprezados logo se transformam em emblema e motivo de orgulho nacional.

[479] SEARLES (1966) *ibid.*, p.123s.

[480] É comum que os familiares do psicótico se queixem que ele é intrusivo e pouco respeitoso, ao mesmo tempo que costuma ser evidente uma intromissão familiar generalizada que recai principalmente sobre o psicótico. Primeiramente Searles atuou segundo este padrão vincular, o que faz pensar na estreita relação de proximidade entre a clínica especular e o paradoxo da atuação contratransferencial. Tanto numa quanto na outra, o fundamental é que em um segundo momento o terapeuta se desmarque.

[481] WINNICOTT (1958) *ibid.*, p.269.

[482] BAREMBLITT (1991) *ibid.*, p.80.

[483] WINNICOTT (1971b) *ibid.*, p.80.

[484] Ver 1.6 supra.

[485] WINNICOTT (1957) *ibid.*, p.154ss.

[486] WINNICOTT (1971b) *ibid.*, p.63.

[487] *Ibid.*, p.74.

[488] *Ibid.*, p.75.

[489] *Ibid.*, p.76.

[490] *Ibid.*, p.75.

[491] FREUD, S. (1905) Os chistes e sua relação com o Inconsciente. In: FREUD, S. Obras completas de Sigmund Freud. Rio de Janeiro: Imago, 1996. Vol.8, p.216.
[492] Ibid., p.213.
[493] Ibid., p.217.
[494] FREUD, S. (1927) O Humor. In: FREUD, S. Obras completas de Sigmund Freud. Rio de Janeiro: Imago, 1996. Vol.21, p.166.
[495] FREUD, S. (1905) ibid., p.214.
[496] DOZZA, L. M. (1994b) Función materna e función paterna en el acompañamiento terapêutico de pacientes psicóticos. Texto base para as conferências apresentadas em São Paulo, em Agosto e em Madri, em Novembro de 1994, inédito, p.24.
[497] FREUD (1905) ibid., p.212.
[498] FREUD (1905) ibid., p.126.
[499] Apesar de que Freud (1905) estabeleça algumas diferenciações terminológicas, para facilitar a exposição empregarei de forma indiscriminada os termos "chiste", "cômico" e "humor", considerando a modo de diferenciação que o jogo não implica necessariamente a produção de situações chistosas, cômicas ou humorísticas. Freud destaca as funções defensivas implicadas no humor, ao mesmo tempo que deriva o prazer humorístico fundamentalmente de "economia na despesa de afeto" (ibid., p.212). Disse que toda economia de despesa resulta prazeroso. Por sua vez, Winnicott privilegia uma descrição dos aspectos comunicacionais e criativos (transcisionais) implicados no brincar e o humor (Winnicott, 1971b). Tendo em conta que essas duas abordagens se complementam, empregarei as argumentações de ambos os autores segundo os demandem os temas e vinhetas discutidos.
[500] FREUD, S. (1905) ibid., p.207-212.
[501] Ibid., p.210.
[502] Ibid., p.191.
[503] Ibid., p.175, colch. LDM.
[504] Ibid., p.117.
[505] Ibid., p.118, colch. LDM.
[506] Esta "verdade" que o psicótico encarna não é necessariamente uma "verdade" de conteúdo semântico. A deficiência da repressão na psicose pode produzir uma série de manifestações que revelam aqueles modos primitivos de funcionamento psíquico que no neurótico estão atravessados pelo princípio de realidade e pelo processo secundário assim como pela repressão, pelos valores socioculturais, pela moral, pela lógica formal e linear, etc. Não se trata de dizer, por exemplo, que em sua "salada de palavras" o psicótico diz "verdades semânticas" sobre a existência humana ou um outro específico, mas que essa "salada" remete o neurótico ao ganho

Notas

de prazer derivado do jogo de palavras (homofonia, representação acústica) na infância.

[507] Ao falar do chiste, Freud comenta que o trabalho do sonho usa o absurdo e o disparate para "crítica amargurada e a contradição desdenhosa" (ibid., p.165), o que conduz a um rebaixamento pejorativo do conteúdo do sonho. De fato, em situações cotidianas vemos como as pessoas costumam contar seus sonhos como se se tratasse de um chiste ou um disparate. Sem esse rebaixamento pejorativo, possivelmente quase ninguém contaria seus sonhos aos demais (por exemplo, em uma reunião de amigos).

[508] Ibid., p.213, colch. tradutor.

[509] Segundo Freud: "O chiste originalmente não tendencioso [pulsional], que começa como jogo, põe-se secundariamente em relação com propósitos aos quais nada do que toma forma na mente pode escapar." (Ibid., p.129, colch. LDM)

[510] Ibid., p.117.

[511] STERN (1985) ibid., p.138.

[512] FREUD (1905) ibid., p.122ss.

[513] WINNICOTT (1971b) ibid., p.82.

[514] STERN e outros (1998) ibid., p.202.

[515] SEARLES (1966) ibid., p.155.

[516] DOZZA, em AAVV, 1991, p.73.

[517] CAUCHICK, M. P. Intervenções no Acompanhamento terapêutico. Dissertação de Mestrado em Psicologia Clínica. Pontifícia Universidade Católica de São Paulo, 1999, p.113-119.

[518] SEARLES (1966) ibid., p.155.

[519] DOZZA, L. M.; AGUIAR, C.; SERENO, D. O acompanhamento terapêutico e a clínica. In: AAVV, 1991, p.73.

[520] BAREMBLITT (1991) ibid., p.83s.

[521] FREUD (1905) ibid., p.187.

[522] Ibid., p.215.

[523] CERVANTES, M.D. (1605) Don Quijote de La Mancha. Barcelona: Editorial Juventud.

[524] MACHADO, A. Cantares. Disponível em: http://blogs.utopia.org.br/poesialatina/cantares-antonio-machado/, acessado em 29/04/2017.

[525] DOZZA, L. M.; AGUIAR, C.; SERENO, D. ibid., p.71.

[526] Ao falar da recuperação mnêmica de situações que não têm tanto a ver com a repressão, Stern cita Proust: "(...) o passado está escondido em algum lugar fora do domínio, além do alcance do intelecto, em algum objeto material (na sensação que aquele objeto material nos dará) que nós não suspeitamos. E quanto a esse objeto, depende do acaso encontrá-lo ou não antes de nós próprios morrermos... Mas quando de um passado muito distante nada subsiste, depois que as pessoas

estão mortas, depois que as coisas estão quebradas e espalhadas, ainda, só, mais frágil, mas com mais vitalidade, mais insubstancial, mais persistente, mais fiel, o cheiro e o sabor das coisas permanecem suspensos por muito tempo, como almas prontas para lembrar-nos, esperando e desejando seu momento, entre as ruínas de todo o resto; e possuem firmemente, na minúscula e quase impalpável gota de sua essência, a vasta estrutura da lembrança." (PROUST, apud: STERN (1985) ibid., p.246.)

[527] RACAMIER (1980) ibid.
[528] FREUD (1905) ibid., p.195.
[529] STERN e outros (1998) ibid., p.202.
[530] WINNICOTT, D.W. O ódio na contratransferência. 1958, p.267-279.
[531] Ibid., p.270.
[532] Ibid., p.269.
[533] A raiz de uma situação experimental na qual uma mãe estabelecia uma relação sobre-estimuladora e intrusiva com sua filha, Stern comenta que: "A maioria dos observadores que assistiram pela televisão a essas interações entre Molly e sua mãe experimentavam um tenso sentimento descrito como um nó no estômago, e lentamente compreendiam como estavam ficando enfurecidos (...) aqueles que se identificam com ela [sentem-se] impotentes e enfurecidos". (STERN (1985) ibid., p.176ss).
[534] FREUD (1905) ibid., p.63.
[535] Lembrem-se que: "Devido a que o verdadeiramente terrível é a angústia impensável de não ser, de não existir de modo algum no olhar alheio, involuntariamente o psicótico se oferece ao mundo sob a condição suplicante de pelo menos ser a encarnação dos resíduos representacionais alheios." (ver item 8.2.1). Na vinheta pode-se ver Carlos (que não era psicótico) sedo tratado como imbecil.
[536] «A teoria das estruturas dissipativas, conhecida também como teoria do caos, tem como principal representante o químico belga Ilya Prigogine, e propõe que o mundo não segue estritamente o modelo do relógio, previsível e determinado, mas tem aspectos caóticos. O observador não é quem cria a instabilidade ou a imprevisibilidade com sua ignorância: elas existem por si mesmas, e um exemplo típico é o clima. Os processos da realidade dependem de um enorme conjunto de circunstâncias incertas...», disponível em: http://www.manuelugarte.org/modulos/teoria_sistemica/la_teoria_de_las_estructuras_disipativas.pdf, acessado em 30/04/2017. [537] REYES, R.; ARAMBILET, B. Creando outro espacio de encuentro en família: grupos de famílias y alegados. In: Revista Intersubjetivo. Madrid, 2011, p.45-57.
[538] O programa de rádio pode ser escutado em http://audio.urcm.net/-Que-Locura-de-Radio- .

Notas

[539] Projeto impulsionado por Vanessa Lebrón que consiste em que os usuários recolham e preparem roupa de segunda mão e realizem bazares cujos benefícios são inteiramente destinados a associações necessitadas.
[540] MAY (2005) *ibid*.
[541] Como ilustração, nos últimos anos, no programa de formação da Fundação Manantial coordenado por Mónica Contreras (Madri), alguns docentes são pessoas com diagnóstico psiquiátrico.
[542] MAY (2005) *ibid*.